심리학으로 알아보는 마음 사용법

감정의힘책

| 이 화 인 |

양서원

머리말

감정은 기원전부터 이성의 반대편쯤에 있는 것으로 생각되어 왔지만 최근의 경험적 · 과학적 연구 성과들은 감정이 이성적 사고와 깊게 연결되어 있음을 증명하고 있다. 감정이 무너지면 적절한 이성적 사고를 할 수 없게 되며 감정이 바로 서 있어야 창의적이고 진취적인 사고를 할 수 있다는 것이다.

문제는 감정을 어떻게 유지하고 조절하는 것이 옳은 방법인지 알기가 어렵다는 데 있다. 이 책에서는 심리학적 이해를 바탕으로 감정을 인식하고 사용하는 방법을 전달하고자 한다. 심리학은 인간의 마음과 행동에 대해 과학적인 연구 기법을 통하여 그 원인과 결과를 설명하는 학문으로, 심리학자들은 감정을 이해하는 데 도움을 주는 여러 연구들을 수행해 왔다. 이러한 연구 결과들을 참고하면 감정 조절에 보다 효과적인 방법을 선택할 수 있을 것이다.

최근의 연구들은 감정을 알아채고 밖으로 꺼내는 것이 오히려 감정을 잘 다루는 것이라고 본다. 전 교육부장관 문용린은 저서 『문용린 교수의 정서 지능 강의』에서 "동양사회는 이성 중심의 사회가 아니라 덕과 지혜를 중시하는 감성 중심의 사회였다."고 말한다. 서양에서는 관리를 뽑을 때 법을 잘 아는지, 지식은 얼마나 되는지 알아보기 위해 시험을 치렀지만 한국을 포함한 동양에서는 시나 글을 보고 그 사람의 판단력을 믿고 등용시켰다는 것이다. 감성을 중시하던 흐름은 19세기 이후 제국주의의 팽배와 서구 열강의 침탈과 함께 동양의 문명이 서양에 밀리기 시작하면서 급속도로 변화한다. 게다가 우리나라는 일제강점기를 겪으면서 우리의 좋은 문화들을 지킬 수 없었다. 새로운 문화가 우리의 문화에 잘 어울릴지, 어떻게 받아들이면 좋을지, 어떤 것을 취하고 어떤 것을 버리는 게 좋을지 등을 생각해 볼 겨를도 없이 낯선 문화를 받아들여야 했던 것이다. 결과적으로 우리는 삶의 중심이 되어왔던 소중한 가치들을 잃게 되었는데, 그중 하나가 감정의 중요성에 대한 사회적 합의이다. 짧은 시간 동안 여러 가지 굵직한 역사적 사건들을 겪으며 우리는 예부터 중시해 온 감정을 등한시하고 오로지 합리주의에 기반한 성과만을 재촉해 왔다. 그 결과로 많은 현대인들은 자신을 이해하고 다독일 방법을 배우고 탐색할 길이 없어졌다.

시대는 한 바퀴를 돌아 그동안 잊고 있던 동양의 감수성을 요구하고 있다. 그동안 맞지 않는 옷을 입고 있던 우리가 다시 스스로에 맞는 옷을 찾기 시작한 것이다. 이러한 변화는 자기계발서가 출판되는 경향을 통해 살펴볼 수 있다. 과거에는 어학능력, 직무능력 등 개인의 지적 성장을 추구하는 자기계발서가 인기였다면 최근에는 자신의 마음을 돌보는 주제의 도서들이 대중의 호응을 얻고 있다. 출판의 흐름이 말해주듯, 급격한 성장의 후유증을 치료할 수 있는 유일한 방법은 그동안 돌보지 못했던 자신의 마음을 다독여주고 살펴주는 일뿐이다.

소설 『날씨가 좋으면 찾아가겠어요』에서 '굿나잇 책방'을 운영하는 은섭에게 해원은 책방 이름이 왜 굿나잇인지 묻는다.

"글쎄.. 잘 자면 좋으니까. 잘 일어나고 잘 먹고 잘 일하고 쉬고, 그리고 잘 자면 그게 좋은 인생이니까."

"인생이 그게 다야?"

"그럼 뭐가 더 있나? 그 기본적인 것들도 안 돼서 다들 괴로워하는데."

이 책에서는 기본으로 돌아가 감정을 다독일 수 있는 여러 방법을 소개하려 한다. 특히 “잘 자고 잘 일어나고 잘 먹고 잘 일하고 쉬는 좋은 인생”을 마련하기 위한 기초작업이 한창일, 갓 성인이 된 이들에게 도움이 되었으면 하는 마음이다.

이 책은 많은 분들의 도움 덕분에 무사히 나올 수 있었다. 먼저 늘 따뜻한 응원과 지지를 보내주는 사랑하는 우리 가족들께 감사드린다. 무엇보다도 엄마의 손길이 부족했을 어린 아들에게 미안함과 고마움을 함께 전한다(어서 글씨를 익혀 이 글을 스스로 읽게 되었으면…). 또한 이 책을 믿고 맡겨 주신 양서원 대표님과 정성학 이사님, 편집으로 원고에 새 생명을 불어넣어 주신 편집부 직원들, 넉넉한 조언을 아끼지 않았던 동료 교수님들께도 깊이 감사드린다. 마지막으로 즐겁게 수업을 들어주고 소통의 기쁨을 느끼게 해주는 학생들에게 고마움을 전한다.

우리 모두가 굿모닝한, 굿나잇한 날들이 되기를

2020년 9월

코로나19의 한가운데에서

이 화 인

차 례

책의 구성

이 책은 15주차 수업을 기준으로 오리엔테이션, 중간고사, 기말고사를 제외한 학사일정에 알맞도록 12장으로 구성되어 있다. 각 장은 '시작 활동'으로 시작하여 '맺는 활동'으로 마무리짓도록 하였다. '시작 활동'이 강의에서 다룰 내용에 대해 자신의 평소 생각을 떠올려보거나 강의 주제를 가볍게 미리 탐색해 보는 과정이라면 '맺는 활동'은 수업시간에 다룬 내용을 되새김질하고 연습해 보는 과정에 해당한다. 또한 학습 동기와 흥미 유발을 위하여 곳곳에 수업 내용과 관련된 신문기사나 영상, 심리검사 등을 배치하였다. QR코드를 따라가면 지면 관계상 담기 어려운 좋은 자료들을 접할 수 있다.

12장은 주제에 따라 다시 4부로 구성하였다. 제1부는 감정에 대해 알아두면 도움이 될 법한 것들을 넓은 범위에서 다루었다. 감정에 대한 기본적인 지식들을 통해 활용에 기초가 될 수 있도록 바닥을 다지는 역할을 해주는 부분이라고 할 수 있다. 제2부는 감정을 조절하는 세 가지의 틀을 소개하여 감정 조절의 방법을 이해할 수 있도록 하였다. 특히 감정 인식이 감정 조절의 기본이며 인지적 방법과 행동적 방법을 활용할 수 있음을 다루었다. 제3부는 감정을 긍정적, 부정적 두 가지의 차원으로 나누어 감정 조절의 방법을 보다 구체적으로 알아보도록 하였다. 긍정적 정서의 조절이 필요할 때는 7장을, 부정적 정서 조절이 필요할 때는 8장을 참고하면 된다. 제4부에는 감정을 활용하여 삶의 질을 높일 수 있는 여러 측면을 살펴보고 이를 습관화함으로써 일상에서 자리매김할 수 있도록 하였다. 마지막 장인 12장에서는 앞서 배운 내용들을 습관으로 만들 수 있는 방법을 소개하여 그동안 배운 지식이 '앎'으로 끝나지 않고 적극적으로 활용할 수 있도록 하였다.

강의 계획안 및 강의 목표

❖ 다음은 15주차로 구성된 강의계획안과 강의목표이다. 참고하여 강의 및 학습계획을 세우도록 한다.

❖ **강의목표**

- 감정이 인간의 마음과 행동에 미치는 영향과 중요성을 알고 감정 조절하는 방법을 학습하여 균형적인 정서를 유지할 수 있다.
- 자신의 감정에 대한 이해를 바탕으로 타인과 유연성 있게 교류할 수 있다.
- 성장하는 사회인으로서 갖춰야 할 건강한 가치관 함양을 돕는다.
- 제4차 산업혁명 시대에 인간에게 강조되는 정서지능의 중요성과 필요성을 안다.

❖ 주차별 강의계획안

주차	학습목표	주요학습내용
1주	강의 소개	- 교수자 소개 - 강의 및 평가방법 설명 - 준비물 안내
2주	심리학과 감정	- 심리학이 어떠한 학문인지 이해한다.. - 감정의 의미와 기능에 대해 살펴본다. - 감정과 관련된 뇌영역을 안다.
3주	정서지능	- 정서지능의 의미와 중요성을 알아본다. - 정서지능이 어떻게 활용될 수 있는지 이해한다. - 정서지능 검사를 통해 자신의 정서지능을 평가해 본다.
4주	문화와 감정	- 문화가 감정의 인식과 이해, 표현에 영향을 줄 수 있음을 안다. - 한국 문화의 정서적 특성에 대해 살펴본다.
5주	감정 인식	- 감정 조절 능력의 중요성을 안다. - 감정 조절의 첫 단계로서 감정 인식의 중요성을 안다. - 감정을 인식하는 방법을 학습한다.
6주	인지적 조절	- 인지적 정서 조절과 관련된 이론을 통해 정서적 측면이 인지적인 측면과 연결되어 있음을 안다. - 인지적 정서 조절 방법을 알고 활용할 수 있다.
7주	행동적 조절	- 행동적 조절 이론을 통해 행동과 감정이 연결되어 있음을 안다. - 감정을 행동적으로 조절하는 방법을 알고 이를 활용한다.
8주	[중간고사]	
9주	긍정적 정서	- 긍정적 정서의 기능을 이해한다. - 행복의 의미를 생각해 본다. - 행복에 도움이 되는 환경적, 개인적 조건을 살펴본다.
10주	부정적 정서	- 부정적 정서의 기능과 영향을 이해한다. - 우울, 불안, 분노의 원인과 조절방법을 살펴본다.
11주	자아존중감	- 자존감의 의미와 중요성을 알아본다. - 자존감의 형성과정에 영향을 주는 요인들을 이해한다. - 자존감을 높이는 방법을 알고 활용해 본다.
12주	대인관계	- 대인관계의 중요성을 안다. - 대인관계와 정서의 상관을 이해한다. - 대인관계의 기술을 통해 적절한 대인관계를 맺을 수 있다.
13주	스트레스	- 스트레스의 의미를 안다. - 스트레스의 유발요인을 분류해 본다. - 스트레스와 관련된 성격 및 사회적 요인을 이해한다. - 스트레스에 대한 대처방법을 개발한다.
14주	습관	- 습관을 만드는 유용한 기술을 안다. - 적응적 정서를 유지하기 위해 습관 만들기 방법을 활용할 수 있다.
15주	[기말고사]	

제**1**부

감정과 정서지능

제1장 심리학과 감정

제2장 정서지능

제3장 문화와 감정

제1장

심리학과 감정

CONTENTS

시작 활동

심리학과 감정

1 '심리학' 하면 떠오르는 것을 모두 써보자.

2 감정과 관련된 단어를 쓰고 분류해 보자.

1. 심리학이란

심리학은 마음과 행동을 과학적으로 연구하는 학문이다. '마음'이란 지각, 사고, 기억, 감정 등으로 구성된 눈에 보이지 않는 측면을 뜻하며 '행동'은 겉으로 드러나 관찰할 수 있는 부분을 말한다. 심리학자들은 인간의 정신과정을 과학적인 방법을 활용하여 객관적이고 체계적으로 이해하고자 다양한 측면에서 연구를 진행하고 있다. 심리학자들이 다른 사람의 마음을 읽거나 최면술을 사용하거나 특정한 행동을 유도해 낼 수 있을 거라 기대하는 이들이 많다. 그러나 거의 모든 심리

표 1-1 심리학 분야

분과학회	연구영역
임상심리학	개인이나 집단이 겪는 심리적인 문제를 평가하고 예방 및 치료를 위한 활동을 연구한다.
상담심리학	일반적인 적응문제와 진로 결정 등 생활과제의 해결과 인간적 성장을 위해 노력하는 학습과정을 돕는다.
산업 및 조직심리학	심리학적 방법, 사실, 원리를 산업 장면에 응용하여 조직, 사람, 일, 조직 환경 등을 과학적으로 연구한다. 채용, 선발, 보상, 평가, 훈련, 사회화, 동기, 리더십 등의 주제를 연구한다.
사회심리학	개인과 개인, 개인과 사회가 서로 주고받는 영향과 과정에 대해 연구한다.
성격심리학	개인이 갖고 있는 안정적인 특성에 대해 연구한다.
발달심리학	태아에서부터 사망에 이르기까지 인간의 신체적, 인지적, 정신적 변화에 대해 연구한다.
인지심리학	감각, 지각, 학습, 조건형성 등 감각기관을 통해서 현실이 인지되는 과정을 다룬다.
생리심리학	인간행동의 생리적 기초를 다루는 분야로 뇌의 기능과 신경계통 및 내분비계가 행동에 미치는 영향을 연구한다.
문화 및 사회문제심리학	우리 사회의 문제를 심리학적으로 분석하고 해결하기 위한 분야이다.
건강심리학	건강과 질병에 관한 학술적 이해, 예방 및 치료와 관련된 활동을 한다.
소비자광고심리학	소비활동과 관련된 심리적 과정이나 기제를 연구하는 학문이다.

학자들은 과학적 방법에 기초하여 객관적인 근거를 활용한 연구를 수행한다.

한국심리학회는 15개의 분과학회로 구성되어 있는데 이를 통해 심리학에서 다루는 분야들을 살펴볼 수 있다. 전체 분과와 각 분과에 대한 설명은 한국심리학회 홈페이지(www.koreanpsychology.or.kr)에 상세히 기술되어 있다. 〈표 1-1〉에 그중 일부를 소개한다.

한국심리학회
http://www.koreanpsychology.or.kr/

심리학에는 다양한 연구 분류가 있지만 거의 모든 분야에서 감정에 대해 다루고 있다고 해도 과언이 아니다. 임상 및 상담심리학에서는 자신과 타인의 감정을 알아차리고 조절하여 일상생활에 어려움이 없도록 돕는다. 생리심리학에서는 감정에 따라 신체에 어떤 변화가 일어나는지, 감정에 문제가 있다면 신체의 어느 부분과 관련되어 있는지 등을 연구한다. 또한 감정과 관련된 뇌 영역을 밝히고 어떻게 서로 연결되어 작용하는지도 알아본다. 발달심리학에서는 인간이 어느 시기부터 감정을 느낄 수 있고 어떤 감정부터 느낄 수 있는지, 감정이 발달하는 데 영향을 주는 것에는 어떤 것들이 있는지 연구한다. 성격심리학에서는 개개인의 독특한 행동 패턴을 통해 인간을 연구하는데 이러한 행동에는 서로 다른 감정이 원인이 된다. 이 외에도 많은 심리학 분야에서 감정을 주제로 연구하는데, 감정이 인간의 중요한 특성이며 우리의 삶에 큰 영향을 미치기 때문이다.

2. 감정이란

감정에 대한 관심은 철학자들로부터 시작하여 지금까지 계속되어 오고 있다. 플라톤은 '감정은 노예, 이성은 주인'이라고 하여 감정을 어떻게 하면 제거하거나 다룰 수 있는지에 관심을 가졌고, 아리스토텔레스는 '상대방의 감정을 흔들어야 설득할 수 있다'며 의사결정에 감정이 중요한 역할을 한다고 생각하였다. 데카르트는 '감정은 우리에게 무엇이 중요한지를 알려준다'며 감정의 역할을 설명하기도 하였다. 또한 프로이트는 많은 병리 현상의 원인이 감정에 있다고 보아 감정을 해소하는 치료법을 연구하였다.

감정에 대한 관심과 연구가 계속되어 오고 있음에도 불구하고 아직 감정에 대해 보편적으로 받아들여지는 정의는 없다고 볼 수 있다. 심리학자들은 감정에 대해 각기 다른 정의를 내리고 있다. 감정을 한 문장으로 정의내리기 어려운 이유 가운데 하나는 감정이 사람마다 다르게 느끼는 주관적인 것이며 단순히 드러나는 행동이나 표정만으로는 추측하기 어려운 부분이 있기 때문이다. 그러나 이러한 설명의 어려움에도 불구하고 많은 학자들은 여전히 감정의 특성들을 파악하기 위한 연구를 거듭하고 있다. 그중 일부 학자들은 감정을 다음과 같이 설명한다.

- 감정은 자극에 대한 추론된 복합적인 반응들의 연쇄로서 인지적 평가, 주관적 변화, 자율체계 및 신경세포의 각성, 행동 충동성 그리고 복합적인 연쇄를 유발시킨 자극에 영향을 주도록 고안된 행동을 포함한다(로버트 플러치크(Robert Plutchik)).
- 감정이란 기본적으로 외부의 물리적인 자극에 대해 주관적으로 경험하는 인간의 내적인 경험이다(이수정).
- 감정은 인지적, 신체적, 행동적 증상으로 뚜렷하게 표현되는 지속적인 마음의 상태이다(레스 패로트(Les Parrott)).

종합적으로 볼 때 감정은 '어떤 상황이나 일에 대해 주관적으로 느끼는 마음'으로 볼 수 있다. '주관적'이라는 말은 같은 사건을 겪어도 개인마다 다르게 느낄 수 있으며 느끼는 정도도 사람에 따라 차이가 날 수 있다는 것을 의미한다. 일반적으로는 '감정'이라는 단어를 사용하지만 심리학자들은 '정서'라는 단어 사용을 선호하는데, 감정과 정서 외에도 기분, 느낌 등이 유사한 의미로 사용된다.

한국심리학회에서는 심리학 용어사전을 제공하고 있는데 영어 단어에 대한 한국어 용어와 한국어 동의어를 다음과 제시하고 있다.

영어 단어	한국어 용어	한국어 동의어
Feeling	감정	느낌
Affect	감정	정서
Emotion	정서	
Mood	기분	

표준국어대사전에 따르면 감정과 유사한 단어들은 다음과 같은 뜻이 있다.

- **정서**(emotion, 情緒) : 사람의 마음에 일어나는 여러 가지 감정 또는 감정을 불러일으키는 기분이나 분위기
- **감정**(affect, 感情) : 어떤 현상이나 일에 대하여 일어나는 마음이나 느끼는 기분
- **기분**(mood, 氣分) : 대상 · 환경 따위에 따라 마음에 절로 생기며 한동안 지속되는, 유쾌함이나 불쾌함 따위의 감정
- **느낌**(feeling) : 몸의 감각이나 마음으로 깨달아 아는 기운이나 감정
- **감성**(sensibility, 感性) : 자극이나 자극의 변화를 느끼는 성질

표준국어대사전과 심리학 용어사전을 살펴보면 각각의 감정 관련 단어들이 서로를 설명하고 있는 것을 알 수 있다. 예를 들어 '정서'를 설명하는 데 '감정', '기분'이 쓰였고, '감정'을 설명할 때에는 '기분'이, '기분'을 설명할 때에는 감정이 쓰였다. 이는 각 단어들이 서로 유사한 의미를 갖고 있기 때문이다. 다만, 일상에서 감정을 이야기할 때 정서, 감성, 느낌, 기분 등의 단어는 미묘한 어감의 차이를 보인다.

나는 오늘 대화할 기분이 아니야.
나는 오늘 대화할 느낌이 아니야.
나는 오늘 대화할 감성이 아니야.
나는 오늘 대화할 정서가 아니야.
나는 오늘 대화할 감정이 아니야.

위 문장에서 쓰인 '감정' 관련 단어들은 서로가 서로의 의미를 설명할 만큼 유사한 뜻을 지니고 있지만 문장 안에서 다소 어색한 흐름을 보이는 단어도 있다. 이는 우리가 일상에서 각 단어를 쓰는 용법이 다르기 때문이다. 학술적으로도 용어마다 정의와 사용되는 상황이 조금씩 다르다. 이 책에서는 일상에서 감정을 이해하고 활용하는 데 목적이 있으므로 문맥에 따라 정서, 기분, 감정, 느낌 등의 단어들을 감정과 적절히 혼용하고자 한다.

감정은 크게 긍정적 감정과 부정적 감정으로 나눌 수 있다. 긍정적 감정이란 기쁨이나 즐거움, 만족, 행복과 같은 유쾌한 정서를 뜻하고, 부정적 감정이란 분노, 두려움, 슬픔, 죄책감, 혐오와 같이 불쾌한 정서를 의미한다. 긍정적, 부정적이라는 표현은 좋고 싫음이나 옳고 그름과는 다른 것으로 긍정적 감정이 좋은 감정, 부정적 감정이 나쁜 감정이 아님에 주의해야 한다. 예를 들면 두려움이나 분노와 같은 감정은 부정적 감정에 속하지만 위험으로부터 우리를 보호해 주고 원하는 목표에 집중할 수 있도록 해주는 '좋은' 기능을 하기도 한다.

최해연과 최종안(2016)에 따르면 한국 문화에서 주로 쓰이는 정서 단어는 〈표 1-2〉와 같이 분류할 수 있다. 이들의 연구 결과 긍정적 정서는 '애정', '성취', '재미', '평안', '감동 · 감사'의 5개 요인으로 부정적 정서는 '슬픔 · 우울', '분노 · 혐오', '불안 · 걱정', '선망 · 질투', '수치 · 죄책', '권태 · 싫증', '미분화 · 괴로움'의 7개의 요인으로 분류할 수 있다.

표 1-2 긍정적 정서와 부정적 정서의 분류

	범주	정서
긍정적 정서	애정	사랑스럽다, 반하다, 설레다, 정겹다
	성취	뿌듯하다, 자랑스럽다, 보람차다
	재미	재미있다, 유쾌하다, 즐겁다
	평안	평화롭다, 편안하다, 홀가분하다
	감동 · 감사	공감하다, 고맙다, 감탄하다, 감동하다
부정적 정서	슬픔 · 우울	우울하다, 슬프다, 서럽다, 상실감, 외롭다
	분노 · 혐오	괘씸하다, 화나다, 증오, 약오르다, 역겹다
	불안 · 걱정	초조하다, 불안하다, 근심걱정
	선망 · 질투	부럽다, 샘내다, 아쉽다
	수치 · 죄책	부끄럽다, 창피하다, 죄책감, 후회하다
	권태 · 실증	지겹다, 싫증나다, 귀찮다
	미분화 · 괴로움	심란하다, 속상하다, 답답하다, 속타다

출처: 최해연, 최종안(2016)

3. 감정의 기능

감정은 어떤 역할을 할까? 첫째, 감정은 행동의 동기를 만든다. 동기란 '어떤 것을 하려는 충동'을 의미하는 심리학 용어이다. 감정이 행동의 동기가 되는 상황을 예로 들어보자. '화가 났다'는 감정이 느껴지면 우리는 각자의 방식대로 화를 해결한다. 화가 나도록 만든 대상에게 화를 내거나, 친구를 만나서 이야기를 나누거나, 게임을 하기도 한다. 이렇게 '화를 낸다', '친구와 수다를 떤다', '게임을 한다'는 행동의 동기가 화나는 감정이 되는 것이다. 물론 모든 행동의 원인이 감정에 있는 것은 아니다. 예를 들어 음식을 먹는 행동, 잠을 자는 행동은 '배고프다', '자고 싶다'는 느낌의 '추동(drive)'에서 시작된다. 추동은 주로 몸의 불편함이 느껴질 때(목마르다) 어떤 행동을 하여(물을 마신다) 그 불편함을 없애는 식(목이 마르지 않다)으로 해결된다. 추동은 결핍으로부터 시작되어 충족될 때까지 느껴지는 것으로 심리학에서는 이를 감정과 다른 것으로 본다.

둘째, 감정은 사회적 기능을 한다. 감정은 우리가 타인과 상호작용할 때 반드시 필요하다. '고맙다'는 감정은 나에게 도움을 준 사람에게 드는 감정인데 이러한 감정을 잘 표현하는 것은 대인관계에서 매우 중요한 요소로 작용한다. 우리는 자신의 생각과 느낌을 다른 사람에게 전달함으로써 소통한다. 이때 감정은 나의 생각과 판단을 효과적으로 전달할 수 있게 한다. 단순히 사실만을 전달하는 것보다는 감정과 함께 전달하는 것이 더 빠르고 확실하게 기억된다. 예를 들어 아이에게 '곰을 보면 피해야 해'라는 생존의 기술을 전달하고 싶다면 '무섭다'는 감정과 함께 전달하면 더욱 효과적일 것이다. 진화심리학자들은 감정을 갖는 것이 인간의 생존과 번식에 긍정적인 영향을 주었을 것으로 생각한다. 다른 사람과의 연대는 개인을 더 오래 더 건강하게 생존할 수 있도록 돕기 때문에 호기심, 즐거움, 행복, 사랑, 외로움, 이타심 같은 감정은 사람들과 함께 있는 것을 혼자 있는 것보다 더 긍정적으로 판단하도록 했을 것이다.

셋째, 감정은 몸과 마음의 건강에 영향을 준다. 인간은 긍정적 감정을 느끼면 몸과 마음이 안정된다. 최근 다양한 연구결과를 통해 정신적 건강과 신체적 건강이 서로 연결되어 작용한다는 점이 증명되고 있다. 정신적인 건강을 유지하기 위해서는 신체도 건강해야 하는데, 심리적인 건강에 문제가 생길 경우에는 신체에도 문제가 생길 가능성이 높다. 따라서 감정을 잘 관리하고 조절한다는 것은 심신 모두에 영향을 준다고 볼 수 있다.

넷째, 감정은 인지적 기능을 돕는다. 여기서 인지적 지능이란 기억, 학습뿐 아니라 문제해결과 같은 고도의 정신적 능력을 뜻한다. 긍정적 감정은 사고의 폭과 유연성을 증가시켜 상황에 대처하는 다양한 대안이 잘 떠오를 수 있게 한다. 따라서 창의적이고 발전적인 생각은 긍정적 감정을 통해 발현될 수 있다. 부정적 감정

"내 성취? 불안감 때문에 했다니까요"

http://naver.me/5rh3CRDB

유현준 교수가 처음 지식인 패널로 방송에 등장했을 때 주목받은 이유 중 하나는 남다른 '학벌'. 연세대 건축학과를 졸업하고 매사추세츠공대(MIT)와 하버드대에서 건축설계 석사학위를 받은 사실이 공개되면서 '학벌 깡패'라는 별명을 얻을 정도였다. 하버드 졸업 후엔 현대건축의 거장이라 불리는 리처드 마이어에게 발탁돼 함께 일하기도 했다. 범인(凡人)은 엄두도 못 낼 커리어, 순탄해 보이는 인생. 그러나 유 교수는 이를 두고 "불안감이 만들어 낸 성취"라는 표현을 썼다.

> "건축 일이라는 게 뭐가 가장 고민이냐면, 내가 이걸 할 만한 재능이 있는지에 대한 의구심이 자꾸 들어요. 예술적이고 창의적인 측면이 있잖아요. '천부적인 재능이 있는 사람들이 해야 두각을 나타내는 일일 텐데, 교내 사생대회 상이나 받던 애가 이게 되겠나.' 자신감이 없는 거죠. 그 불안한 마음에 더 열심히 했던 것 같아요. 유학을 간 것도 일종의 '자기 테스트'예요. 지원해서 입학허가를 받으면 '내가 건축할 만한 자격이 되는구나' 용기를 얻는 거죠."

유 교수는 실제로 이 불안감 때문에 MIT 졸업 후 건축을 그만둘 생각까지 했다. 급기야 드라마 '모래시계'를 본 후 검사가 되겠다며 로스쿨 준비를 하기도 했다. 그런 그를 건축가의 길로 다시 끌어다 놓은 건 하버드에서 날아온 합격 통지서였다.

> "건축에 대한 회의가 MIT 다닐 때 많이 들었거든요. 건축가가 별것도 아닌 것 같고. 사실은 자신이 없어서였겠죠. 그런 생각을 종식하게 된 게 하버드에 들어가면서부터인 것 같아요. 마지막 테스트라는 생각으로 지원서를 하버드 딱 한 군데만 넣었어요. '여기에 합격하면 나는 그냥 건축으로 승부를 보련다' 결심한 거죠. 하버드 졸업한 다음엔 세계적인 건축가 사무실에 들어가게 되고. 그러면서 내 길이 점점 구체화된 거예요."

(후략)

출처: 아홉시, 2019.9.17. 김현주

은 당면한 문제에 집중할 수 있도록 생각과 행동의 폭을 좁히는데, 이를 통해 현재 문제에 주의를 기울여 우선적으로 급한 문제를 해결하도록 한다. 예를 들어 '과제를 하지 않아서 불안하다' 같은 부정적 감정은 다른 것보다 과제를 먼저 하도록 한다.

기억을 처리하는 과정에는 대체적으로 불쾌한 부정적 감정 상태일 때보다 즐겁고 유쾌한 긍정적 감정 상태일 때 정보를 더 효과적으로 처리하고 잘 기억해 낸다. 즐겁고 유쾌한 감정일 때 '해야겠다', '하고 싶다'는 긍정적인 의욕이 발생하면서 정보를 저장하고자 하는 동기가 증가하기 때문이다. 재미있는 과목의 공부가 더 쉽게 느껴진 경험을 해보았다면 유쾌한 감정에 따라 학습과 기억의 효율이 높아지는 것을 직접 체험한 것이다. 또한 감정은 정보를 선택하고 저장하는 과정뿐 아니라 저장된 기억을 떠올릴 때도 영향을 끼치는데, 이 때문에 감정 없이 기억을 형성하는 것은 불가능하다. 우리는 감정을 통해 어떤 정보가 중요한지 아닌지를 판단하고 그것을 집중적으로 처리하여 기억에 저장한다.

4. 감정의 3요소

감정은 인지적, 생리적, 행동적 요소로 구성된다. 인지적 요소는 감정 상태로 인해 시작되거나 감정과 관련된 생각이다. 시험 성적이 기대에 못 미쳤을 때 '나는 머리가 나빠', '시험 문제가 공부한 부분에서 안 나왔어'와 같이 생각하는 것에 해당한다. 즉, 인지적 측면은 감정을 느낀 상황을 어떻게 평가하고 해석했는지와 관련되어 있다. 같은 사건을 경험하더라도 사람마다 다 다르게 평가하

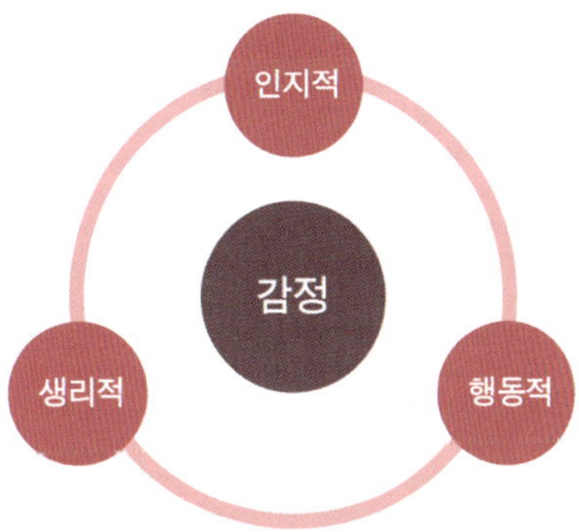

그림 1-1 감정의 3요소

기 때문에 주관적인 특성을 띤다. 자신이 의식하지 못한 채로 평가하게 될 때가 많아서 자신이 감정을 느끼기 이전에 상황에 대해 어떤 평가를 했는지 살펴보기 위해서는 특별한 주의를 기울여야 한다.

생리적 요소는 감정 상태와 함께 나타나는 신체적 반응이다. 우리가 공포를 느낄 때에는 심장이 두근거리고 근육이 긴장된다. 불안할 때는 손에 땀이 나고 위가 조이는 듯한 느낌이 난다. 우울할 때에는 몸이 무겁고 축 처지는 느낌을 받는다. 많은 사람들 앞에서 발표를 앞두고 긴장되었을 때, 어두운 밤길을 혼자 걸어 무서울 때, 약속시간에 늦는 친구 때문에 화가 났을 때, 좋아하는 사람과 함께 있어 설렐 때 등 감정이 유발되는 다양한 상황을 떠올려 보면 감정이 일어나면서 신체에도 변화가 일어난다는 것을 알 수 있다. 대부분의 감정적 상태들은 자율신경계 활동과 관련이 되어 있는데 이는 교감신경계와 부교감신경계 두 가지로 구성된다.

〈표 1-3〉을 보면 교감신경계와 부교감신경계는 활성화되었을 때의 신체적 반응이 정반대의 양상을 띤다. 교감신경계는 신체로 하여금 '싸움' 혹은 '도주'를 대비하는 '각성'과 관련되어 있다. 교감신경계가 활성화되면 근육에 에너지를 공급

표 1-3 각성, 이완에 따른 자율신경계 반응

	교감신경계 활성화(각성)	부교감신경계 활성화(이완)
증가	심장박동수 혈압 호흡 땀 분비 동공 크기	타액 분비 소화 기능 연동 운동
감소	타액 분비 소화 기능 모공 크기	심장 박동수 혈압 호흡 땀 분비 동공 크기

하고 산소공급을 늘려 신체활동을 돕는다. 따라서 심장박동 속도가 증가하고, 호흡 속도 또한 증가한다. 또한 땀을 분비시켜 과다한 근육활동으로 올라간 체온을 조절할 수 있도록 한다. 아드레날린 분비도 증가한다. 반면 소화기, 생식기, 피부의 혈액이 근육으로 보내지면서 소화활동과 성적 흥분은 감소된다. 예를 들어 우리가 지나치게 긴장을 한 상태에서는 음식을 먹으면 체하기 쉽다. 이것은 '긴장'이라는 감정이 몸을 각성 상태로 만들어 교감신경계가 활성화되었기 때문에 소화작용이 멈춘 것으로 이해할 수 있다.

부교감신경계는 신체를 안정적인 상태로 복원시키는 '이완'과 관련되어 있다. 부교감신경계가 활성화되면 내장근육들이 에너지를 사용할 수 있도록 근육의 혈액을 줄여서 소화기관으로 보내고 땀 분비를 감소시켜 체온이 떨어지지 않게 한다. 심장박동과 호흡이 줄어들고 침 분비가 늘어나 소화를 돕고 연동운동이 증가하여 대변과 소변을 배설한다.

행동적 요소는 어떠한 감정을 느꼈을 때 그 감정과 관련하여 어떤 행동이 하고 싶어지는 동기와 관련되어 있다. 우리는 감정을 통하여 현재를 평가하고 그 평가를 토대로 어떠한 행동을 하려는 준비를 한다. 예를 들어 즐거움 같은 긍정적 감정을 느꼈다면 만족스러운 현재를 경험하고 있다는 의미로서 미래에도 유사한 상황과 결과를 일으킬 행동을 되풀이하게 될 가능성이 높다. 우울이나 불안, 분노와 같은 부정적 감정의 경험은 현재를 부정적인 상황으로 인식하여 행동을 통한 변화가 필요하다는 의미로 볼 수 있다. 어떤 경우에는 감정에 대해 생각도 하기 전에 먼저 행동으로 반응이 나타나기도 한다. 만약 차가 갑자기 다가오면 공포를 느끼기 전에 몸이 먼저 차를 피한다.

TV에서 공포스러운 장면이 나오면 온몸의 털이 곤두서고 심장박동수가 높아지며 손에 땀을 쥐고 보게 된다(생리적). 이럴 때 우리는 '무섭다', '싫다' 혹은 '그만 보고 싶다'는 평가를 하게 된다(인지적). 그리고 이때 느껴진 감정과 관련하여 TV 채널을 돌리거나 전원을 끄려는 행동을 한다(행동적). 이러한 과정은 개인마다 차이가 있어서 사람마다 생리적, 인지적, 행동적 측면의 반응이 다르게 나타날 수 있다.

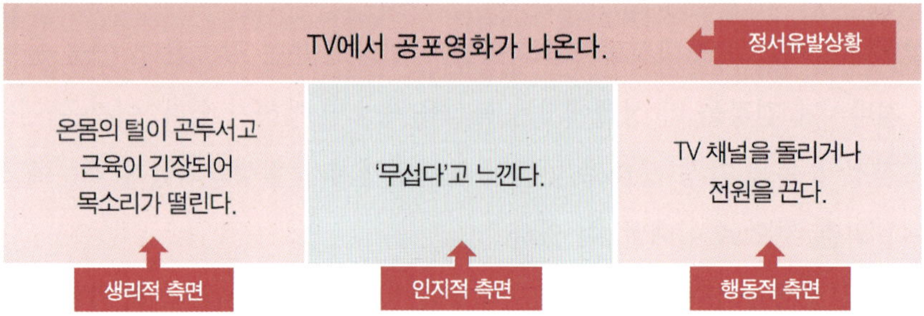

5. 감정 유발 요인

우리는 왜 감정을 느끼는가? 이를 설명하는 4가지 관점을 소개한다.

1) 진화론적 관점 : "감정은 생존과 번식을 돕는다"

진화론적 관점에서는 감정이 인간의 진화과정에 도움이 되어서 유전을 통해 계속해서 대물림되고 있다고 본다. 찰스 다윈(Charles Darwin)은 감정은 유기체가 환경에 적응해 나가는 것을 도와주는 기능이 있다고 하였고, 존 볼비(John Bowlby)는 감정의 주된 기능이 생존과 번식 가능성을 증가시키는 것이라 하였다. 플러치크(Robert Plutchik)는 감정의 기능은 유기체로 하여금 환경에 적응하도록 도와주는 것으로 보았다. 이 관점에 따르면 인간은 다양한 위험 및 문제상황에 대처하기 위하여 감정을 발달시키고 유지시켜 왔다고 볼 수 있다. 진화론적 관점에 따라 사람들이 생존하고 적응하고 번식하는 데 감정이 도움이 된다면 감정 경험이 없는 사람들은 생존에 불리할 수 있다. 예컨대, 태어난 지 얼마 안 된 아기들도 우는 행동을 통해 불쾌의 감정을 표현할 수 있는데, 이를 통해 보호자의 주의를 끌어 생존

가능성을 높일 수 있다. 또한 배냇짓 같은 행동은 보호자로 하여금 애정을 기반으로 한 관계 형성을 돕는다. 만약 신생아가 배고프거나 아플 때 울지 않는다면 보호자의 적절한 관심을 끌 수 없을 것이다.

진화론적 관점을 지지하는 증거는 다음과 같다.

- 동물들도 인간과 유사한 감정 표현을 한다.
- 태어난 지 얼마되지 않아 감정 표현을 학습할 기회가 없는 신생아도 기본적인 감정 표현을 할 줄 안다.
- 문화별 감정 인식이나 표현이 크게 다르지 않다.
- 선천적 시각장애로 인해 감정표현 학습의 기회가 없었더라도 일반인과 동일한 감정 표현이 나타난다.

이러한 증거들은 감정이 그 유용성과 가치로 인하여 세대를 거듭하여 유지되어 왔을 가능성을 시사한다.

2) 생리학적 관점 : "울기 때문에 슬프다"

일반적으로 인지적 측면이 선행하고 생리적 반응이 뒤따른다고 생각하지만('슬프기 때문에 운다') 윌리엄 제임스(William James)로부터 시작된 이 가설은 신체적인 변화로부터 감정이 시작된다고 본다('울기 때문에 슬프다'). 즉, 감정을 경험하고 나서 신체 반응이 나타난다는 기존의 관점과는 달리 교감신경계의 각성과 같은 생리적 변화에 의해 감정 반응이 생성된다는 것이다.

얼굴 피드백(Facial feed-back) 가설에 따르면 일부러 어떤 감정을 담은 표정을 흉내 내는 것이 실제 심리적 반응을 유발할 수 있다. 즉, 우리는 즐겁기 때문에 미소를 짓지만 거꾸로 미소를 지으면 즐거움을 느낄 수도 있다는 것이다. 한 연구에서 사람들을 두 집단으로 나누어 똑같이 만화를 보게 하였다. 한 집단에는 만화를 보는 동안 치아로 연필을 물게 했다. 그리고 다른 집단에는 웃을 때 근육이 움직이지 않도록 연필을 입으로 물게 했다. 그 결과 자기도 모르게 '미소를 지은' 사람들은 미소를 짓지 않은 사람들보다 만화를 훨씬 재미있게 읽었다고 평가하였다.

3) 인지론적 관점 : "인지적 평가에 따라 다른 감정을 느낄 수 있다"

인지론적 관점에서는 감정 반응이 개인의 인지적 평가에 따라 달라질 수 있다고 본다. 따라서 동일한 상황이라고 해서 사람들이 동일한 감정 반응을 보이는 것이 아니다. 이런 접근법의 선구자는 고대 스토아학파의 철학자들로, "일어난 일들이 인간에게 영향을 미치는 것이 아니라 그 일들에 대해 갖고 있는 생각이 인간에게 영향을 미치는 것이다"라고 주장하였다. 예컨대, 만나기로 한 친구가 연락이 되지 않을 때 '약속을 일부러 지키지 않았구나'라고 생각하면 화가 나지만 '무슨 일이 생겼구나'라고 판단했다면 걱정이 될 것이다.

인지행동 상담에서는 '인간이 경험하는 심리적인 문제는 외부에서 주어지는 자극을 인간이 비합리적 사고방식으로 지각하고 해석하기 때문이다'는 인지론적 관점을 치료에 활용하고 있다. 이 접근에서는 인간이 가진 사고에 초점을 두어 인지를 변화시킴으로써 내담자의 심리적 문제를 변화시킬 수 있다고 본다.

4) 문화론적 관점 : "감정은 학습된 것"

이 관점에 따르면 감정은 성장배경에 따라 학습되는 것으로 문화마다 다를 수 있다. 감정을 평가하거나 표현하거나 해석하는 데 문화별로 다른 부분이 있다면 감정은 학습된다고 볼 수 있다. 예를 들어 어떤 문화에서는 슬픔을 감춰야 하는 감정으로 생각할 수 있지만 또 다른 문화에서는 표현하는 것이 장려될 수도 있다. 사회화된 인간이라면 자신의 감정을 표현하거나 다른 사람의 감정을 해석할 때는 자신이 속해 있는 사회분위기에 따라야 하는데, 이러한 것이 문화론적 관점의 근거가 된다. 우리는 자신이 속한 사회집단으로부터 감정을 배운다. 가정에서는 부모가 자녀에게 어떤 감정을 어떤 방식으로, 어떤 상황에서 표현하고 조절해야 하는지를 전수한다. 아이들은 사회화 과정에서 자신이 속한 사회의 문화나 분위기에 따라 감정을 어떻게 이해해야 하는지, 어떻게 표현하는 것이 적절한지를 따라 하고 학습하게 된다. 감정을 풍부하게 표현하는 문화에서는 감정을 드러내는 것이 권장되지만 과도한 표현을 삼가는 문화에서는 되도록 감정을 드러내지 않는 것을 요구한다.

위에서 살펴본 감정에 대한 4가지 관점들은 충돌하는 부분이 존재하기도 하고 다른 관점이 설명하지 못하는 부분을 서로 설명해 주기도 한다. 분명한 것은 모든 설명을 가능하게 하는 단 하나의 관점은 없다는 것이다. 진화심리학자라도 감정에 의해 유발되는 상황이나 감정 표현의 규칙은 문화에 따라 달라질 수 있다고 생각한다. 문화론자들 역시 학습 없이 존재하는 몇몇 보편적 감정의 존재를 인정한다. 또한 인지주의자들도 일부 감정적 반응이 무의식적으로 일어난다는 점을 알고 있으며 생리학적 관점의 지지자들도 우리 감정이 인지적 평가에 따라 달라질 수 있다고 생각한다.

6. 감정의 뇌

1) 뉴런과 신경전달물질

우리의 뇌는 신경 세포(뉴런) 수십억 개로 이루어져 있다. 뉴런들은 시냅스라는 뉴런 사이의 틈을 활용하여 정보를 주고받는다. 한 뉴런에 전기 신호가 전달이 되면 뉴런들 사이에 있는 시냅스로 신경전달물질이 방출되고 다음 뉴런에 이 물질이 달라붙음으로써 정보가 전달된다. 뉴런들은 이렇게 시냅

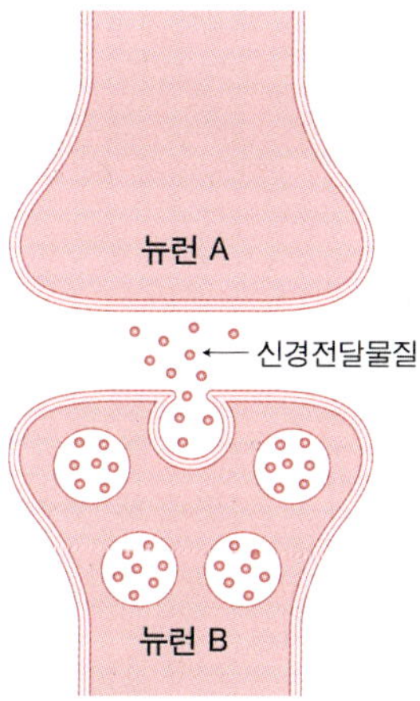

그림 1-2 시냅스

스를 활용하여 정보를 전달하는 네트워크를 형성하고 이 과정에서 우리의 생각과 감정, 행동이 결정된다.

신경전달물질은 시냅스(Synapse)에서 신경세포 간에 신호를 전달하는 매개체의 역할을 수행한다. 신경전달물질은 시냅스전 신경세포(〈그림 1-2〉의 뉴런 A)에서 합성되어 종말단추에서 방출되며, 방출된 신경전달물질은 시냅스후 세포(그림의 뉴런 B)에 존재하는 신경전달물질 수용체와 결합하여 수용체를 활성화시켜 새로운 신호를 발생시킨다.

감정과 관련하여 기능하는 신경전달물질과 그 기능은 다음과 같다.

표 1-4 신경전달물질과 그 기능

신경전달물질	분비 시 감정의 변화
세로토닌	의지력, 활동 의욕, 기분을 향상, 평화로움
노르에프네프린	사고와 집중력, 스트레스 대처능력
도파민	쾌감, 만족감, 성취감, 몰입, 중독
옥시토신	신뢰감, 사랑, 연대감 증진, 불안 감소, 친밀감, 신뢰감
엔도르핀	고통 완화, 고양된 감정, 재미, 즐거움

감정과 관련하여 반드시 알아두어야 할 호르몬은 세로토닌과 도파민이다. 세로토닌은 만족과 불만족을 결정하기 때문에 사람의 전체적인 기분을 지배하고 세상을 보는 시각을 만들어 낸다. 멜라토닌으로 변환되어 숙면을 취하도록 도와주는 역할도 한다. 세로토닌은 도파민, 아드레날린과는 달리 필수아미노산, 발효식품 섭취로 증가시킬 수 있다.

도파민은 성취의 기쁨을 느끼게 하고 동기를 부여하여 목표를 정해 지속적으로 노력하게 한다. 특정 과제에 몰입할 때 왕성하게 분비되는데, 특히 중요하다고 판단되는 과제에 몰입할 때 도파민의 분비가 크게 증가하여 흥분을 느끼고 긴장하게 한다. 과량의 도파민 분비는 내적 스트레스와 과도한 경쟁심, 충동성, 공격성을 유발하기도 한다.

2) 변연계와 전두엽

인간의 뇌는 기능에 따라 3층 구조로 나눌 수 있다(〈그림 1-3〉 참조). 가장 안쪽에 위치한 1층은 생명의 뇌, 2층은 감정의 뇌, 가장 바깥쪽의 3층은 이성의 뇌에 해당한다. 1층은 뇌의 가장 밑바닥에 있는 후뇌로 호흡·심장박동·혈압 조절 등과 같은 생명 유지와 본능적인 행동에 관련된 기능을 한다. 그래서 이를 '생명의 뇌'라고 부른다. 2층의 구조는 후뇌 바로 위에 있는 중뇌다. 특히 중뇌의 변연계에서는 감정과 관련된 일을 한다. 3층의 이성의 뇌는 가장 바깥쪽에 위치한 대뇌피질 부분이다. 뇌 구조들 중 가장 최근에 진화한 것으로 다른 동물보다 특히 인간의 뇌에서 가장 크다. 상황을 논리적이고 합리적으로 분석하고 결정을 내리며 계획을 세우는 일을 한다. 또 자기 자신을 인식하는 메타인지도 여기서 이뤄진다.

인간은 감정을 느끼는 영역과 감정을 관리하는 영역이 다르다. 감정을 느끼는 영역이 2층의 변연계라면 관리하는 영역은 3층의 대뇌피질 중 전전두엽에 해당한다. 전전두엽은 전두엽의 앞부분으로 이마 뼈 바로 뒤에 있는 부분에 해당한다.

변연계는 뇌의 안쪽에 자리하고 있는 부위들을 모아 부르는 개념으로 물리적으로 단일한 구조물이 아니라 기능적으로 연결되어 있는 여러 뇌 영역에 대한 명칭이다. 변연계는 흥분과 공포, 불안, 기억 등 감정에 대한 처리를 담당한다. 변연계의 시상하부는 다양한 호르몬을 조절해 신체 스트레스의 반응을 통제한다. 편도체는 불안과 공포 등 주로 부정적 감정을 담당한다. 우리는 공포에 민감한 부위인 편도체를 통해 공포를 느끼게 된다. 편도체는 신체의 모든 감각체계에서 자극 입력을

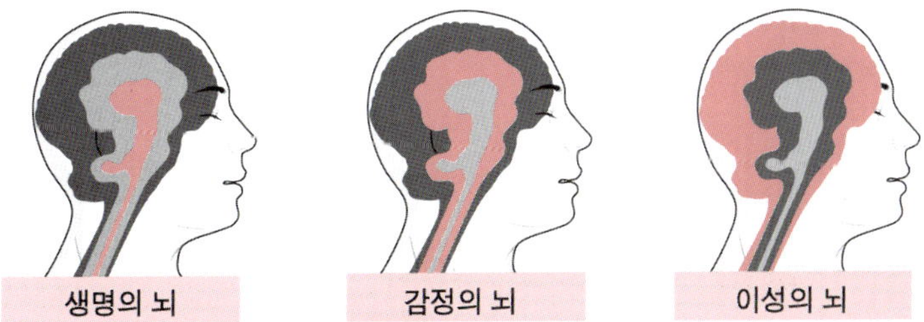

그림 1-3 뇌의 3층 구조

받고 평가를 수행하여 뇌의 다른 부분에 전달하는 역할을 한다. 편도체의 평가를 통해 뇌의 다른 부위에서 근육 긴장이나 심박수 증가 같은 신체 반응이 발생한다.

전전두엽은 의사를 결정하고 충동을 통제하며 뇌의 다른 영역의 기능을 조절한다. 고차원적인 사고를 하는 부분으로 계획을 세우거나 의사, 결과를 고려하여 충동과 동기를 통제하는 역할도 한다. 감정을 제어하고 이성으로 행동을 조절하는 감정조절능력은 전두엽 중에서도 우리 눈 바로 뒤에 위치한 안와전두피질(OFC)이라는 부위에서 담당하는데, 안와전두피질은 감정적, 감정적 정보를 상황에 맞게 조절하여 적절한 사회적 행동을 수행하게 하는 기능을 담당한다. 안와전두피질에 손상을 입으면 무책임해지고 사회적으로 부적절한 행동을 하게 된다. 피니어스 게이지(Phineas Gage)는 정직하고 친절하고 성실하여 직장에서 좋은 평가를 받았던 사람이지만 뇌 손상 후 성격이 완전히 바뀌어 잔인하고 이간질시키며 싸움을 좋아하는 사람이 되었다. 부검 결과 이마 부분의 전두엽이 크게 망가져 있었다. 인간의 감정을 관리하고 이성적으로 행동할 수 있게끔 판단하는 뇌의 영역인 전전두엽이 손상을 입었던 것이다.

나의 긍정적 감정과 부정적 감정

1 나는 요즘 어떤 감정을 느끼는가? 긍정 및 부정 감정성 척도를 통하여 최근 나의 감정 경험을 평가해 보자.

- 다음에 나오는 단어들은 다양한 감정을 기술한 것이다. 각 단어를 읽고 현재 또는 지난 일주일 동안 본인이 느낀 감정이나 기분의 정도를 가장 잘 나타낸 곳에 표시하시오.

전혀 그렇지 않다	약간 그렇다	어느 정도 그렇다	상당히 그렇다	매우 그렇다
1	2	3	4	5

1. 신나는	1 2 3 4 5	11. 화를 잘 내는	1 2 3 4 5
2. 괴로운	1 2 3 4 5	12. 맑고 또렷한	1 2 3 4 5
3. 활기에 찬	1 2 3 4 5	13. 창피한	1 2 3 4 5
4. 혼란스러운	1 2 3 4 5	14. 의욕이 넘치는	1 2 3 4 5
5. 자신감 넘치는	1 2 3 4 5	15. 신경질적인	1 2 3 4 5
6. 죄책감 느끼는	1 2 3 4 5	16. 확신에 차 있는	1 2 3 4 5
7. 위축된	1 2 3 4 5	17. 상냥한	1 2 3 4 5
8. 분노를 느끼는	1 2 3 4 5	18. 초조한	1 2 3 4 5
9. 열정적인	1 2 3 4 5	19. 활동적인	1 2 3 4 5
10. 자랑스러운	1 2 3 4 5	20. 두려운	1 2 3 4 5

채점방법

- 긍정감정: 1, 3, 5, 9, 10, 12, 14, 16, 17, 19번에서 응답한 점수의 합
- 부정감정: 2, 4, 6, 7, 8, 11, 13, 15, 18, 20번에서 응답한 점수의 합

숫자가 클수록 긍정적 혹은 부정적 감정이 높음을 나타낸다.

2 결과에 대한 나의 생각은 어떠한가?

출처: 긍정 및 부정 감정성 척도(PANAS; Watson 등, 1988)

제2장

정서지능

CONTENTS

정서지능평가

1 검사를 통해 자신의 정서지능지수를 확인해 보자.

1 전혀 그렇지 않다(전혀 없다)	2 별로 그렇지 않다(거의 없다)	3 보통이다	4 대체로 그렇다(많다)	5 매우 그렇다(아주 많다)

문항					
1. 나는 나의 기분을 정확하게 파악하는 편이다.	1	2	3	4	5
2. 나는 알 수 없는 감정에 사로잡혀 있을 때가 거의 없다.	1	2	3	4	5
3. 나는 감정 표현을 잘 해서 풍부한 감수성을 가지고 있다는 이야기를 듣는 편이다.	1	2	3	4	5
4. 나는 다른 사람들의 기분을 잘 알아차리는 편이다.	1	2	3	4	5
5. 나는 한겨울 길거리에서 구세군 냄비를 보면 기부하고 싶은 마음이 든다.	1	2	3	4	5
6. 나는 친구의 기분이 우울해 보이면 신경이 쓰인다.	1	2	3	4	5
7. 나는 영화나 드라마 속 주인공이 느끼는 감정에 쉽게 동화된다.	1	2	3	4	5
8. 나는 친구에게 좋은 일이 생기면 질투가 나기보다는 축하하는 마음이 더 크다.	1	2	3	4	5
9. 나는 화라는 감정을 가라앉힐 수 있는 나만의 방법을 가지고 있다.	1	2	3	4	5
10. 나는 우울할 때 그 감정을 어떻게 다뤄야 할지 안다.	1	2	3	4	5
11. 나는 상황에 맞게 내 기분을 전환시킬 수 있다.	1	2	3	4	5
12. 내가 계획한 일에 대한 성공 여부는 마음 먹기에 달려 있다고 생각한다.	1	2	3	4	5
13. 나는 우울하면 왜 이런 기분이 생겼는지 그 원인을 파악하는 편이다.	1	2	3	4	5
14. 나는 시원섭섭하다는 의미가 무엇인지 이해할 수 있다.	1	2	3	4	5
15. 나는 복잡하고 미묘한 감정 상태를 이해할 수 있다.	1	2	3	4	5
16. 나는 추리 영화보다는 로맨스 영화를 좋아하는 편이다.	1	2	3	4	5
17. 나는 화가 나도 다른 사람을 생각해서 조절하는 편이다.	1	2	3	4	5
18. 나는 불쾌한 기분이 들어도 마음을 잘 추스르는 편이다.	1	2	3	4	5
19. 나는 기분이 나빠도 화풀이를 엉뚱한 사람에게 절대 하지 않는다.	1	2	3	4	5
20. 나는 두려운 감정이 들어도 피하지 않고 적극적으로 해결하려는 편이다.	1	2	3	4	5

채점방법

각 문항에 응답한 점수를 더한다.

점수	규준
90~100	매우 높은 편
75~89	높은 편
60~74	보통
45~59	낮은 편
44점 이하	매우 낮은 편

2 점수 결과에 대해 어떻게 생각하는가?

출처: 내 아이의 강점지능(곽윤정)

1. 정서지능이란

1) 정서지능의 개념

정서지능이란 '정서를 이해하고 관리하는 능력'이다. 기억, 지각, 계산, 추리, 언어 능력 등을 이성의 영역이라고 한다면 감성은 감정, 정서와 관련된 영역이다. **인내심**(잘 참는 능력), **지구력**(힘든 일을 잘 견뎌내는 능력), **충동 억제력**(흥분된 감정 표현을 자제하는 능력), **만족지연능력**(유혹에 대한 저항력으로 만족을 지연시켜 결국 더 큰 만족을 성취하는 능력) 등은 이성의 힘보다는 감성의 힘에 속한다. 이를 최근 심리학자들은 정서지능 혹은 감성지능이라고 부른다.

정서지능의 개념은 1990년에 미국 예일 대학교의 피터 샐로비(Peter Salovey) 교수와 뉴햄프셔대학교의 존 메이어(John Mayer) 교수가 처음으로 사용하였다. 이들은 정서지능을 '자신과 타인의 정서를 알아내고 정서 간의 차이를 구별하며 그 정보를 자신의 사고나 행동에 활용한 능력으로 사회적 지능의 한 유형'이라고 정의하였다. 이후 대니얼 골먼(Daniel Goleman)의 『Emotional Intelligence』가 출간되어 TIME지에 소개되면서 정서지능의 개념이 일반인에게도 많이 알려지게 되었다. 골먼은 정서지능을 '좌절 상황에서도 자신을 동기화하고 충동을 통제하고 지연시켜 만족할 수 있으며 기분 상태나 스트레스로 인해 합리적인 사고를 억누르지 않게 하며 타인에 대해 공감할 수 있고 희망을 버리지 않는 능력'이라고 설명하였다.

정서지능은 지능지수인 IQ를 대체하는 새로운 지능 영역으로 기대되며 대중적인 인기를 끌게 되었다. 우리나라에서는 'Emotional Intelligence'가 'EQ정서지능'이라는 제목으로 번역되어 EQ열풍을 일으켰다. 지능지수를 뜻하는 IQ는 Intelligence Quotient의 약자로 지적인 능력을 측정하여 숫자로 표현하고 있다. 정서지능은 이에 대비되는 개념으로서 EI(Emotional Intelligence)보다는 EQ(Emotional Quotient)로 더 알려져 있다.

정서지능에 대한 이야기를 한 것은 샐로비와 메이어 교수가 처음이지만 비슷한 개념에 대한 논의는 그 전부터 계속되어 왔다. 에드워드 손다이크(Edward Thorndike)는 지능을 기계적 지능, 추상적 지능, 사회적 지능의 세 가지 차원으로 분류하였다. 이 중 사회적 지능은 자신과 타인을 포함하여 사람을 이해하고 관리하며 대인관계적 상황을 다루는 능력을 말한다. 사회적 지능은 자신과 타인의 감정과 사고를 비롯한 내적 상태와 행동을 지각하고 그러한 정보를 바탕으로 타인의 관점과 행동을 이해하며 사회적 상황에서 적절하게 행동하는 능력으로 정의할 수 있는데, 이는 정서지능의 개념과 상통한다.

하워드 가드너(Howard Gardner)는 기존의 언어능력과 수리능력으로 지능을 측정하려는 견해에 반하여 1983년 '다중지능이론'을 제안하였다. 다중지능이론에 따르면 지능은 좋고 나쁨의 단일한 차원으로 설명할 수 있는 능력이라기보다는 서로 독립적으로 작용하는 여러 지능으로 구성된다고 볼 수 있다. 구체적으로는 언어, 논리-수학, 음악, 공간, 신체운동, 자연 그리고 대인관계지능과 자기이해지능이 다중지능에 속한다. 대인관계지능은 다른 사람을 이해하고 효과적으로 상호작용하는 능력을, 자기이해지능은 자기 자신을 통찰할 수 있는 능력을 뜻하여, 자신의 강점과 타인의 감정을 알아차리고 조절하는 것을 기본으로 하는 정서지능의 개념과 유사한 것으로 볼 수 있다.

2) 정서지능의 구성

샐로비와 메이어에 따르면 정서지능은 다음과 같은 영역들로 구성되어 있다.

(1) **정서의 지각, 평가, 표현**: 각 개인이 정서나 정서적 내용을 규명하는 데 있어서의 정확성에 관한 것으로, 이 범주에는 자신과 타인의 정서를 규명할 수 있는 능력, 정서 및 그 정서와 관련된 욕구를 정확하게 표현할 수 있는 능력, 표현된 정서의 정확성을 구분할 수 있는 능력이 포함되어 있다.

(2) **정서를 통한 사고의 촉진**: 정서가 사고에 영향을 미치는 것을 의미한다. 중요

한 정보에 우선적으로 주의 집중하는 능력, 정서생성능력, 정서의 가변성을 이해하는 능력, 문제해결을 위한 정서활용능력 등이 포함되어 있다.

(3) **정서의 이해와 분석** : 정서를 이해하고 정서적 지식을 활용하는 능력에 대한 것으로 정서들 간의 관계에 대한 이해능력, 정서의 원인과 결과에 대한 인식능력, 복합적인 정서의 해석능력, 정서들 간의 전환에 대한 이해와 예측능력으로 구성되어 있다.

(4) **정서의 조절** : 정서의 조절은 정서를 개방적으로 수용하는 능력, 정서적 상황에 개입, 지속, 초연할 수 있는 능력, 정서를 반영적으로 평가하는 능력, 자신과 타인의 정서조절능력으로 구성되어 있다.

2. 정서지능의 중요성

정서지능은 다양한 방식으로 개인의 적응을 돕는다. 생존뿐 아니라 삶의 만족도에 영향을 미치고 사회적 관계, 결혼, 건강, 교육적 성공, 직무 수행, 임상적 장애와 같은 다양한 영역에서 중요한 역할을 한다.

1) 사회적 적응

정서지능과 사회적 적응과의 관계가 일관성 있게 보고되고 있다. 즉, 높은 정서지능을 갖고 있는 사람들이 낮은 정서지능을 갖고 있는 사람들보다 사회에 잘 적응한다는 것이다. 의사소통 및 대인관계에서 상대방의 메시지가 의도하는 바를 잘 이해하고 자신의 감정을 잘 조절해서 반응하기 위해서는 정서지능이 필수적이다. 연구에 따르면 정서지능 점수가 낮은 청소년들은 정서지능이 더 높은 또래들보다 상대적으로 더 공격적이고 갈등적이며 반사회적인 행동을 더 많이 하였다. 이는 정서지능이 사회적 상황에 적합하게 행동하는 능력과 관련이 있다는 의미로 해석할 수 있다.

2) 건강

정서지능이 높은 사람들은 낮은 사람들보다 심리적, 신체적으로 건강하다. 높은 정서지능을 갖고 있는 사람은 규칙적으로 운동하거나 휴식을 취하는 것이 자신이 긍정적인 정서를 더 오래, 쉽게 유지하는 데 도움이 된다는 것을 알고 삶에 이를 적극적으로 적용한다. 따라서 건강한 방식으로 다이어트를 하고 적극적인 자기관리를 한다. 또한 과하게 유흥에 빠져서 생활의 균형을 깨뜨리는 나쁜 습관은 장기적으로 자신의 심리적 건강에 부정적인 영향을 끼친다는 것을 파악하여 이러한 행동을 하게 될 확률이 낮다. 정서적 문제가 생겼을 때에는 이를 관리하기 위해 전문적인 도움을 기꺼이 받아 정서상 문제가 커지지 않도록 방지한다.

3) 학업성과

학습과 관련된 정서지능은 자신의 감정을 파악하고 학습에 적합한 감정 상태를 유지하는 식으로 사용된다. 따라서 정서지능의 향상은 학업에서의 성취와도 높은 관련성이 있다. 정서지능은 학생들이 더 높은 수준으로 성취하도록 동기를 갖게 하고 사회·정서적으로 더 유능하게 하고 더 책임감 있고 생산적인 사회의 구성원이 되도록 하는 데 도움을 준다. 정서지능은 동기와 자기통제력을 향상시키고 생산적인 학습 협력을 촉진하는 것으로 알려져 있다. 정서지능이 높은 학생은 교실 학습에도 성실히 참여하고 선생님이나 다른 학생들과 긍정적인 관계를 맺는데, 이러한 긍정적 사회적 평가는 다시 긍정적 정서를 일으켜 학습을 하고자 하는 욕구와 동기를 만든다. 반면 정서지능이 낮은 학생은 충동조절능력이 부족하여 공격성과 폭력성을 보이거나 학습동기가 부족하여 교실 상황에서 부정적인 평가를 받을 가능성이 높다.

4) 직업성과

일반적으로 지능지수가 높은 사람이 업무수행능력도 뛰어날 것이라 생각한다. 그러나 연구에 따르면 IQ와 직업성취는 큰 관련이 없다. 반면 정서지능에서 높은 점수를 받은 사람들은 우수한 직무 수행을 보이는 것으로 나타났다.

1980년대 중반 메트로폴리탄 생명보험회사는 신입사원 교육비용으로 1인당 3만 달러 이상을 들였다. 그러나 업무 개시 첫 해에 절반 이상이, 그리고 4년 이내에 5분의 4가 회사를 그만두었다. 똑똑하고 뛰어난 능력을 가진 사람들이었지만 영업을 하면서 문전박대를 당하면 쉽게 좌절했기 때문이었다. 이후 회사는 신입사원에게 면접시험과 함께 낙관성 척도 검사를 실시했다. 그래서 면접시험에서 탈락한 사람이라도 낙관성 검사에서 높은 점수를 받으면 채용했다. 1년 후, 낙관성 검사에서 높은 점수를 받은 사람들은 한 사람도 그만두지 않았다. 영업 실적에서도 낙관성이 높은 사람이 비관적인 사람보다 21%나 높은 업무 향상을 보였는데, 다음 해에는 업무 능력이 57% 성장하여 시간이 갈수록 낙관성의 영향력이 증가하는 모습이 관찰되었다. 이러한 결과는 좌절감을 잘 처리하고 거절당하는 일을 좌절이 아닌 도전으로 받아들이는 능력이 업무 성과에 더 큰 영향을 준 것으로 볼 수 있겠다.

정서지능이 높은 사람은 수행을 촉진하기 위해 정서를 잘 사용하고 동료와의 긍정적인 상호작용을 위해 효과적으로 자신과 타인의 감정을 조절하며 효과적으로 의사소통한다. 또한 직무스트레스에 잘 대처하고 직무 과제에 집중하고 성취하기 위해 긍정적 정서와 부정적 정서를 잘 활용한다.

5) 행복

많은 학자들이 정서지능이 행복과 분명한 상관을 보인다는 연구결과를 보여주었다. 자신의 정서를 잘 이해하고 조절하는 능력은 자신을 좀 더 긍정적 상태로 만드는 데 도움이 된다. 앞에서 살펴보았듯 정서지능은 사회적 적응과 관련이 있는데, 이는 인간이 행복을 느끼는 데 매우 중요한 요인이다. 또한 몸과 마음의 건강, 학업과 직업에서의 성과는 행복의 또 다른 필수 요소라고 할 수 있다. 정서지능이 높은 사람들은 자신의 정서를 잘 알고 조절하여 환경에 더 잘 적응하고 사회에서 좋은 성취를 거두어 결과적으로 다양한 측면의 긍정적 결과를 이루어 낼 수 있는 것이다.

3. 정서지능 발달에 영향을 주는 요인

1) 기질

정서지능의 발달은 기질로부터 시작된다. 기질이란 정서적 반응에서 보이는 잘 변하지 않는 개인의 특성으로서 성격의 근원으로 간주되는 것이다. 기질은 발달 초기에 나타나며 비교적 안정적인 특성으로 기본적인 정서 반응, 정서의 강도, 자극에 대한 민감성, 특정 정서를 표현하는 경향성, 자기규제능력 등이 포함된 개념이다. 기질은 크게 세 가지 유형으로 나눌 수 있다.

어떤 신생아들은 태어난 직후부터 매우 활동적이고 강하게 반응하지만 또 다른 아기들은 대체로 조용하고 흥분하지 않는다. 영아를 대상으로 연구한 결과 쉬운(easy) 기질은 전체의 약 40% 정도로 규칙적인 생리적 리듬을 갖고 있으며 일반적으로 명랑하고 새로운 상황에 쉽게 적응한다. 까다로운(difficult) 기질은 전체의 약 10%로 생리적 리듬이 불규칙하고 새로운 상황에 적응하기 어려워하며, 일반적으로 반응이 강하고 부정적인 경향을 보인다. 더딘(slow to warm up) 기질은 환경적 자극에 대하여 활발한 반응을 보이지 않고 약간은 불안하고 부정적인 상태를 나타내며 적응하는 데 시간이 걸린다. 나머지 약 35%의 영아는 세 기질에 포함시킬 수 없는 다양한 특성이 혼재된 채로 나타나는 양상을 보였다.

이러한 기질의 분류는 개인의 주된 정서적 특성이 어느 정도는 타고나거나 혹은 아주 어릴 때 결정될 가능성을 시사한다. 다만, 기질은 연령 변화에 따라 변하기도 하는데 이는 정서지능 발달에 있어서 환경적인 요인들이 영향을 미치기 때문으로 볼 수 있다.

2) 애착

애착이란 양육자나 특별한 사회적 대상과 형성하는 친밀한 관계를 뜻한다. 양육자와 형성한 애착 유형은 이후 대인관계의 질을 결정하게 된다. 부모와 불안정한 애착을 형성하면 나중에 심리적 문제가 발생할 확률이 높다.

정서학습은 애착과도 밀접한 관련이 있다. 안정 애착을 형성한 유아는 정서지능이 높고 타인의 감정에 공감하며 타인과 원만한 관계를 형성하는 것으로 나타났다. 부모와 안정적으로 애착이 형성되었을 경우 어려움에 처하면 도움을 받을 수 있는 외부 체계가 존재한다는 사실을 안다. 그러나 불안정애착이 형성되었을 경우 도움 받을 수 있다는 확신이 없기 때문에 자신의 정서 표현을 억제하거나 극도로 예민하게 반응할 가능성이 높다. 애착은 성인기까지도 지속적으로 영향을 미치게 되는데 어린 시절 안정애착을 형성하지 못했던 사람도 좋은 친구, 연인, 배우자를 통해 새로운 대인관계 반응 패턴을 만들어 나갈 수 있다.

		자기모델	
		긍정	부정
타인모델	긍정	**안정애착**	**저항애착**
	부정	**회피애착**	**혼란애착**

그림 2-1 바솔로뮤와 호로위츠의 성인의 애착 4가지 모형

킴 바솔로뮤(Kim Bartholomew)와 레너드 호로위츠(Leonard Horowitz)의 성인애착 유형 연구에 따르면 어린 시절의 애착관계 경험은 개인의 인지, 정서, 행동의 내적 표상으로 작동한다. 이러한 정신적 표상을 자신과 타인에 대한 두 개의 축으로 나누어 각각에 대해 어떠한 표상을 갖고 있느냐에 따라 애착 유형을 나눌 수 있다(〈그림 2-1〉 참조). 자기와 타인에 대한 내적 모델은 사랑과 지원을 받을 가치가 있는 존재로서 자신을 인식할 수 있는가의 여부와 신뢰롭고 활용할 수 있는 존재로 타인을 인식할 수 있는가의 여부에 따라 네 가지 작동모델로 구분된다. 자기모델과 타인모델을 긍정적 또는 부정적으로 평가하는 것에 따라 안정애착과 불안정애착으로 분류할 수 있다. 불안정애착은 다시 회피, 저항, 혼란형으로 분류된다.

(1) 안정애착 : 자기긍정-타인긍정

자신을 가치 있는 사람이라 여기며 타인을 접근 가능하고 반응적이라 기대한다. 친밀감과 더불어 편안한 느낌을 갖는다. 비교적 쉽게 다른 사람들과 정서적으로 가까워지는 편이다. 타인에게 의지하고 타인이 나를 의지하는 것을 편안하게 느낀다.

(2) 회피형 불안정애착 : 자기긍정-타인부정

가까운 정서적 관계를 맺지 않고 지내는 게 편안하다. 독립심과 자기 충족감을 느끼는 것을 중요하게 생각한다. 타인에게 의지하거나 타인이 나를 의지하는 것을 좋아하지 않는다.

(3) 저항형 불안정애착 : 자기부정-타인긍정

타인과 정서적으로 완전히 친밀해지기를 원하지만, 다른 사람들은 내가 원하는 만큼 가까워지기를 꺼리는 것 같다고 느낀다. 누군가와 친밀한 관계를 맺어야 안심이 되지만 때때로 내가 다른 사람들을 소중하게 생각하는 만큼 나를 소중하게 생각하지 않을까 봐 염려스럽다.

(4) 혼란형 불안정애착 : 자기부정-타인부정

타인과 가까워지는 것이 편안하지 않고 정서적으로 가까운 관계를 원하기는 하지만 완전히 신뢰하거나 전적으로 의지하는 것에 어려움을 겪는다. 또한 타인과 가까워지면 상처를 받을까 봐 걱정한다.

성인애착유형 질문지(ECR)
http://typer.kr/test/ecr/

성인 애착 유형 검사를 통해 자신의 애착 유형을 측정해 볼 수 있다.

3) 부모 양육태도

(1) 부모와의 상호작용

부모와의 적절한 상호작용은 자녀가 자신의 정서를 인식하고 조절하며 사회적으로 수용 가능한 방식으로 표현하도록 하는 정서사회화의 과정을 돕는다. 정서의 사회화 과정에서 자녀는 부모와 직접적인 상호작용 또는 관찰을 통해 정서학습이 이루어진다. 아동들은 부모와의 상호작용을 통해 특정한 정서표현은 수용되는 반면, 수용될 수 없는 정서도 있다는 사실을 배우게 된다. 또한 자신의 가족이나 문화에서 허용되는 정서적 표현의 범위도 알게 된다. 분노, 짜증, 슬픔 등과 같은 부정적 정서를 표현했을 때 어머니가 정서 코칭 반응을 많이 보일수록 정서 인식 및 조절, 표현, 활용능력이 높게 나타났다. 자신의 정서 상태에 대해 부모와 이야기를 나누는 것은 정서에 대한 아동의 이해력을 증진시키며 스트레스 상황에서 정서표현에 대한 부모의 격려는 아동의 사회정서적 대처능력을 향상시킨다. 부모는 대화를 통하여 자녀가 자신의 정서 상태를 인식하고 명명하는 것을 도와주고, 자녀의 감정을 존중하며, 이를 사회적 상황과 연관시켜 생각하도록 돕는다.

이러한 과정은 각 가정마다 차이가 있기 때문에 개인들은 서로 다른 감정조절 양상을 보이게 된다.

한편 부모와의 간접적인 상호작용을 통하여 정서를 인식하고 표현하고 조절하는 법을 알게 되기도 한다. 아동들은 관찰을 통해 부모의 정서조절 방식을 모방하며 학습한다. 연구에 따르면 양육자가 문제중심 정서조절 전략을 많이 사용할수록 아동은 적극적인 정서조절 방식을 더 많이 사용하였다. 우울한 양육자의 자녀들은 타인과의 상호작용에서 더 비판적이고 적대적이고 부정적인 정서반응을 보이는 것으로 나타났다. 긍정적인 양육자의 자녀는 실망스러운 상황에서도 부정적인 정서 반응을 덜 보이고 우울한 양육자의 자녀는 우울한 정서를 모방하였다.

(2) 권위 있는 양육태도

다이아나 바움린드(Diana Baumrind)는 요구(demandingness)와 반응(responsiveness)의 두 차원에 따라 [그림 2-2]와 같이 부모 양육태도를 구분하였다. 요구는 아동의 행동을 통제하는 정도이고, 반응은 아동의 행동을 수용하는지를 의미한다.

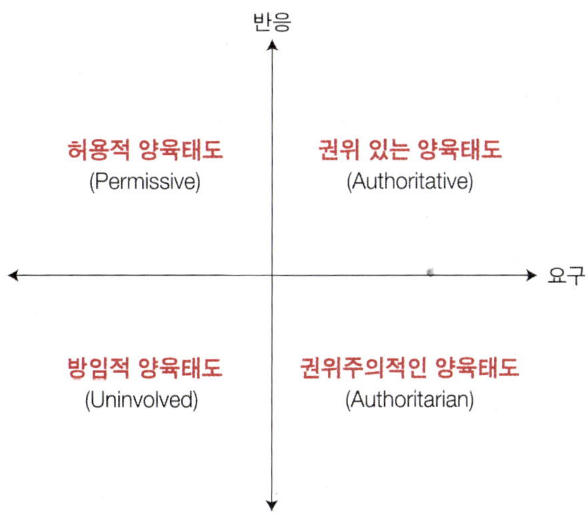

그림 2-2 바움린드의 양육태도 유형

① **권위 있는 양육태도**(Authoritative)는 유연성 있고 민주적인 부모로 가장 이상적인 양육방식이라 볼 수 있다. 애정을 기반으로 하여 적절한 통제를 제시하며 온정적인 태도로 자녀의 요구에 민감하게 반응한다. 자녀에게 일관되고 합리적인 기대 수준을 제시하면서 자녀의 행동을 효과적으로 통제한다. 권위 있는 부모의 자녀는 자기조절능력과 인내심을 획득하여 정서를 잘 조절할 수 있게 되며 높은 자존감을 형성하고 사회적, 도덕적으로 성숙된 모습을 보이게 된다.

② **권위주의적인 양육태도**(Authoritarian)의 부모는 확고한 원칙을 제시하여 자녀를 통제하면서 요구는 잘 수용해 주지 않는다. 자녀에 대한 통제력을 확보하기 위하여 명령적이고 위협적으로 지시하는 경향이 있다. 자녀가 부모의 지시에 대해 무조건적인 복종을 하지 않으면 강하게 처벌한다. 자녀는 항상 불안을 느끼고 낮은 자존감을 형성하게 될 가능성이 높다.

③ **허용적 양육태도**(Permissive)는 온정적이고 수용적이지만 부모가 자녀의 요구에 대해 지나치게 관대하거나 관심이 적은 유형이다. 행동 통제가 느슨하여 자녀의 행동을 올바른 방향으로 조절하려 하지 않고 자녀의 발달 수준에 상관없이 모든 결정을 하도록 허락한다. 이러한 상황에서 아동들은 적절한 훈련을 받을 수 없다. 허용적 양육태도를 가진 부모의 아동들은 충동적이거나 반항적이기 쉽다. 참을성이 없고 의존적이거나 반사회적 행동을 보일 가능성도 있다.

④ **방임적 양육태도**(Uninvolved)의 부모는 자녀와 정서적으로 분리되어 있고 자녀를 전혀 통제하지 않으며 자녀의 결정에 대해서도 무관심하다. 이런 양육태도의 부모는 부부 갈등, 경제적 문제, 사회적 지지 부족 등으로 인해 과도한 스트레스와 우울증으로 시달리는 경우가 많다. 부모가 아동의 발달 초기부터 이런 양육태도를 가지고 있으면 애착관계 형성, 인지 발달, 놀이관계 발달, 사회적 기술의 발달 등 발달 전반에 영향을 줄 수 있다. 자녀는 자아존중감이

낮으며, 학업성취에 어려움을 겪고 우울, 분노, 반사회적 행동 등의 문제를 보이기도 한다.

자녀들은 부모와의 애착과 신뢰감 형성을 기반으로 적절한 통제와 제한이 있을 때 건강하게 정서가 발달한다. 애착과 신뢰관계가 잘 형성된 경우라 해도 통제와 제한이 없을 경우 제대로 된 발달을 기대하기 어렵다. 애정만 가득한 양육은 아이의 감정 조절을 방해한다. 무조건 자녀의 요구대로 해주는 것도 일종의 방임으로 볼 수 있다.

4) 또래

또래와의 놀이는 정서발달을 촉진시킨다. 친한 또래 친구가 있으면 새로운 환경에서 덜 긴장하고 자존감이 더 높고 우울감과 같은 감정적 문제를 덜 경험하며 학교에서의 학업성취 수준이 높다. 또래 친구들과 좋은 관계를 유지하기 위해 다른 사람의 입장에서 생각을 해보거나 자기 감정을 조절하거나 갈등을 해결하는 능력을 발달시키게 된다. 또래들을 통해 사회적 기술을 학습하고 정체감 형성에 도움이 되며 일상적인 일을 해결하는 방법을 학습하는 등 개인이 사회화되는 데 중요한 도움을 받는다.

5) 문화

문화적 배경도 정서조절에 영향을 줄 수 있다. 정서를 조절하기 위해 어떤 전략을 사용하는가는 개인의 지식구조에 기반하는데, 지식 구조의 상당 부분은 그 개인이 속한 문화적 환경에 의해 형성되기 때문이다. 정서를 언제 어떻게 조절해야 하는가에 관한 지식은 정서 경험과 표현에 관한 문화적 가치와 규범의 영향을 받게 된다. 따라서 정서의 조절은 개인의 주관적 평가체계와 함께 그 개인이 속한 사회, 문화적 평가 및 표현체계에 의해 좌우된다고 할 수 있다.

4. 정서지능의 활용

1) 정서지능 활용의 목적

정서지능 학습의 궁극적인 목적은 정서를 인식하고 조절하는 능력을 발달시키는 데 있다. 인간의 기본적 성향은 쾌락을 추구하고 고통을 회피하는 것이다. 인간은 누구나 편안하고 유쾌한 긍정적인 정서를 지향하는 반면, 불편하고 불쾌한 부정적인 정서는 회피하려 한다.

감정은 느끼고 표현되지 못하면 어떤 방식으로든 배출되길 원한다. 감정은 참고 억누른다고 해서 조용히 사라지거나 가만히 있지는 않는다. 감정이 원하는 것은 느끼고 표현되는 것이다. 감정의 그릇은 크기가 유한하기 때문에 꾹꾹 눌러 담으면 넘치게 된다. 화를 내려고 하지 않았는데 별것 아닌 일에 갑자기 화를 내게 되었던 경험이 있는가? 이러한 경험은 이전 사건들로 인해 해소되지 않은 감정이 가장 최근의 사건으로 인해 분출된 것으로 설명할 수 있다.

감정에 문제가 생기면 감정에만 주의가 집중되어 다른 일을 할 에너지가 남지 않는다. 따라서 감정이 발생할 때마다 쌓아두지 말고 그 감정에 주의를 기울여 어떤 감정인지 왜 그 감정을 느꼈는지 알아차려야 한다. 그 다음 그 감정을 해소할지 조절할지 판단하여 적합한 행동을 취해야 한다. 부정적인 감정으로 인해 고통을 겪는 사람은 그 고통에서 벗어나기 위해 많은 노력을 기울인다. 그때부터 대부분의 심리적 에너지는 기본 욕구의 실현에 쓰이지 못하고 고통으로부터 자기를 방어하는 활동에 집중된다. 따라서 건강한 인생을 살아가기 위해서는 문제를 덮어놓고 피해 다니는 것이 아니라 직면하여 해결하는 편이 낫다.

2) 정서 조절의 과정

정서를 조절하기 위해서는 정서 인식이 선행되어야 한다. 정서 인식이란 어떤 감정인지 지각하는 능력을 뜻한다. 정서 인식은 정서지능의 가장 기본이 되는 능력으로 자신이나 타인의 표정이나 신체감각에 근거해서 자신이 어떤 감정을 느끼고 있는지 정확하게 알아차리는 것이다. 자신의 내적 상태에 대해 지속적으로 주의를 기울이고 스스로의 감정 상태를 깨닫는 능력은 감정 조절의 시작점이 되므로 상당히 중요하다.

정서 조절이란 자신의 감정이나 기분을 상황에 따라 적절하게 표현하고 통제하는 능력이다. 자신이 느낀 정서가 그 상황에서 자신에게 유용한지를 생각한 후 정서를 표현하거나 표현하지 않는 능력으로, 정서 조절 학습을 통해 정서와 행위를 분리할 수 있다는 것을 배울 수 있다.

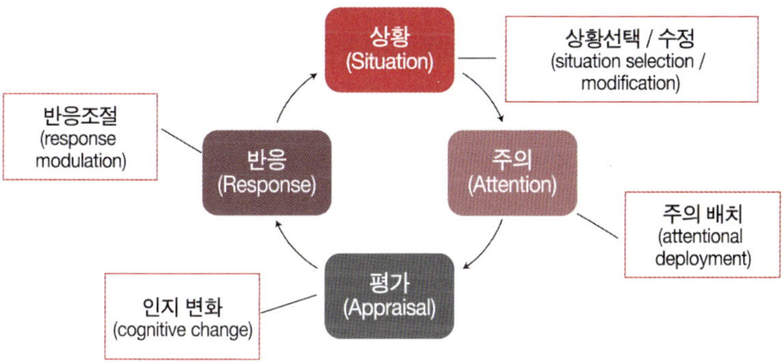

그림 2-3 정서 유발 과정과 정서 조절 방법

제임스 그로스(James Gross)에 따르면 정서는 상황, 주의, 평가, 반응의 과정을 통해 이루어진다([그림 2-3] 참조).

(1) **상황**: 어떠한 상황에서 일어난 감정인가? 감정을 경험하는 데 앞서서 무슨 일이 있었나?
감정이 발생하게 된 촉발 사건을 탐색해 본다. 어떤 상황이 자주 발생한다면 그러한 상황이 오기 전에 미리 대처할 수 있다. 어떠한 상황에서 감정 조절의 필요성을 느끼는지 파악하는 것은 감정 인식의 가장 기본이자 핵심적인 요소이다. 감정을 건드리는 사람과 상황을 구체적으로 알아내서 어떠한 사람, 상황, 환경 조건이 촉발 요인이 되는지 알아낸다면 상황을 다루기가 훨씬 수월해진다.

(2) **주의**: 상황 중 어떠한 것에 주의를 기울이게 되었나?
앞서 일어난 사건 중 우리는 여러 가지에 주의를 기울일 수 있음에도 불구하고 어떠한 측면에 선택적으로 주의를 기울이게 되며 그러한 부분이 우리에게 중요하게 작용을 했을 가능성이 있다. 따라서 다른 부분에 주의를 기울일 수 있는 선택권이 있음에도 불구하고 왜 특정 상황에 주의를 기울이게 되었는지를 분석해 볼 필요가 있다.

(3) **평가**: 어떤 생각이 들었나?
주의를 기울이게 된 상황에 대해 인지적으로 어떠한 평가와 판단을 내렸는지를 살펴본다. 같은 사건을 경험했다고 해도 다른 판단을 내릴 수 있다.

(4) **반응**: 그래서 어떤 감정을 느끼고 어떻게 행동했나?
상황에 의해 유발된 반응을 탐색해 본다. 자신이 어떤 사건에 대해 어떠한 감정 및 감정에 따른 행동을 보이는지 스스로 알아볼 수 있다.

그로스의 정서 조절 과정 모델은 정서 조절 과정을 분류하여 살펴봄으로써 자신의 정서 처리 과정을 인식하고 평가하는 데 도움이 된다. 어느 과정의 문제로 인해 부적절한 정서가 일어났는지 검토해 볼 수 있다. 또한 각 과정의 문제 인식을 토대로 문제에 알맞은 방법으로 정서를 조절할 수 있다.

3) 정서 조절의 목표

정서 조절의 목표는 부정적 또는 긍정적 정서의 감소 또는 증가이다. 부정적 감정은 감소시키고 긍정적 감정의 수준을 높이기 위해서만 감정 조절을 하는 것은 아니다. 부정적 감정은 우리가 불쾌하게 느끼는 감정이라는 뜻이지 그 자체가 나쁜 것은 아니다. 때로 부정적 감정을 일으키거나 긍정적 감정을 감소시켜야 할 때가 있다. 예를 들어 너무 들뜨고 설레어 공부에 집중이 잘 되지 않을 때 차분하고 우울한 노래를 트는 것은 긍정적 감정을 적정 수준으로 감소시키고 집중력을 높이기 위한 노력으로 볼 수 있다. 목표를 이루고 싶을 때에는 이완되고 안정된 상태보다는 다소 불안한 마음을 갖고 결심을 다지거나 과거 실패했던 경험을 되새기며 더 열심히 노력하겠다고 다짐한다(〈표 2-1〉 참조).

표 2-1 정서 감소, 증가의 예

	감소	증가
부정적 정서	분노를 가라앉히기 위해 운동을 한다.	학습에 집중하기 위해 신나는 음악 대신 우울하고 차분한 음악을 듣는다.
긍정적 정서	장례식장에 들어가기 전에 밝은 표정을 짓지 않도록 주의한다.	기분을 즐겁게 하기 위해 노래방에 간다.

부정적 감정에도 쓸모가 있어서 우리를 위험으로부터 피하게 해주고(두려움) 마음을 가라앉혀 목표에 집중하게 해주고(우울) 타인과 연대하게 한다(외로움). 또한 긍정적 감정이라고 해도 과도하게 지속되면 정신병리와 연결된다. 따라서 우리가 처한 상황에 따라 긍정적 감정과 부정적 감정 모두를 유연하게 사용할 수 있는 것이 정서 조절의 핵심이라 볼 수 있겠다.

가장 이상적인 상태는 적당한 비율의 정서를 유지하는 것이라 볼 수 있다. 심리적으로 건강한 사람들은 긍정적 사고와 부정적 사고가 대체로 1.6 : 1의 비율로 존재한다고 한다. 이러한 관점에서 볼 때 우울증은 부정적 사고의 비율이 긍정적 사고의 비율보다 압도적으로 많아진 상태라고 볼 수 있다. 반대로 긍정적 사고의 비율이 과도하게 많아지면 자신을 과대평가하여 비현실적이고 무모한 판단을 하게 되는 양극성 장애의 조증에 해당하는 부적응을 초래한다.

정서를 조절하는 목적은 정서의 억압이 아니라 정서의 균형이다. 즉, 적당히 불안하고 적당히 즐거운 상태를 유지해야 하는 것이다. 부정적 정서를 자주 느끼면

Q. 정서지능은 바뀔 수 있을까?

A. YES!

우리는 훈련을 통해 뇌를 변화시킬 수 있다. 뇌는 근육과 같아서 자주 쓰는 연결은 발달하고 그렇지 않으면 쇠퇴한다. 뇌의 입장에서는 자주 안 쓰는 길을 정돈하고 넓혀 놓을 필요가 없는 까닭이다. 많은 사람이 지나다니는 길은 넓어지고 편해지며 효율성도 높아진다. 감정조절 또한 마찬가지로 감정을 조절하는 노력을 계속하면 관련 뇌 연결이 활성화되면서 처음보다 수월하게 감정을 조절할 수 있게 된다.

신경계의 이런 유연한 성질을 '가소성(plasticity)'이라고 부른다. 오랫동안 과학자들은 어릴 때 두뇌가 다 자라면 나이 들어서는 바뀌지 않는다고 생각했다. 그러나 신경가소성에 대한 연구가 계속되면서 '성인의 뇌는 쇠퇴할 뿐 변하지 않는다'는 기존 신념은 조금씩 도태되어 갔다.

뇌의 가소성 측면에서 살펴볼 때 감정조절 능력은 어린 아이부터 성인까지 얼마든지 훈련이 가능하다. 뇌신경이 환경, 경험, 신체상태에 따라 변한다는 것이 확인되고 있기 때문이다.

신경가소성과 관련된 유명한 연구는 런던 택시 운전사의 해마에 관련된 연구이다. 해마는 기억을 처리하는 역할을 하는 뇌의 한 구조물인데, 연구에 따르면 복잡한 길을 모두 외워야만 자격이 주어지는 런던 택시 운전사들은 해마의 특정 부분이 일반인보다 더 두터워졌다. 특정 경험이 뇌의 변화를 유도한 것이다.

정서조절 교육은 특히 아동과 청소년들에게 효과적일 것으로 보이는데 이들은 통제와 조절을 담당하는 전두엽 회로가 성숙되지 않은 상태이기 때문이다. 아동들을 연극 수업, 키보드 수업, 노래 수업, 아무것도 안 하는 수업에 무선적으로 할당하고 아동들이 목소리 톤을 근거로 그 사람의 정서를 구별하는 능력을 검사하였다. 그 결과 연극 수업이나 키보드 수업을 받은 아동들이 노래 수업이나 아무런 수업을 받지 않은 아동들보다 수행을 더 잘하였다.

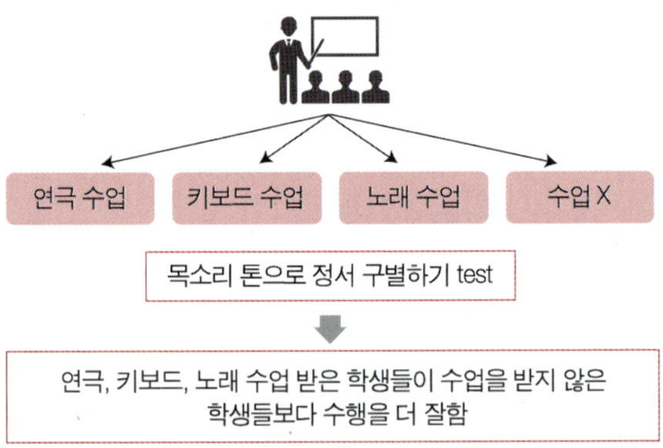

덜 느끼도록 노력함과 동시에 긍정적 정서를 자주 느낄 수 있는 방법을 찾아야 한다. 긍정적 정서를 너무 자주 경험하여 집중을 하거나 꾸준한 노력을 하는 것이 어렵다면 긍정적 정서 수준을 낮출 수 있어야 한다.

자극적인 쾌감을 계속 경험한다고 해서 긍정적 정서의 상태가 계속 유지되지는 않는다. 적응의 동물인 인간은 쾌감에도 적응을 하기 때문이다. 이를 쾌락 적응이라고 한다. 어떤 특별한 방법을 통해 극단적인 행복을 느낄 수 있도록 끊임없이 자극을 제시한다고 해도 다시 비슷한 정도의 행복을 느끼기 위해서는 더 큰 자극이 필요하다. 또한 부정적 정서를 지나치게 강하게 혹은 강도가 약하더라도 오랫동안 경험하게 되면 우울, 불안, 무기력 등 다양한 심리적 부적응을 겪을 수 있다.

맺는 활동

나의 정서 조절 방법은?

1 정서조절코칭연구소 사이트 www.emotioncoach.co.kr 에 방문하여 정서 조절 패턴을 자가진단해 보자.

정서조절코칭 연구소
http://www.emotioncoach.co.kr/

결과 해석

- 점수가 나타내는 바는 불쾌한 감정을 조절하기 위해 평소에 해당 방법을 사용하는 빈도로 100점에 가까울수록 그 방법을 자주 사용하고 있다고 볼 수 있다.

2 나는 정서를 조절할 때 주로 어떤 방법을 사용하는지 자가진단 결과를 요약해서 서술해 보자.

제3장

문화와 감정

CONTENTS

시작 활동

문화와 정서 인식

• 각 그림을 보고 가운데 사람의 기분을 추측해 보자.

1. 문화의 영향

1) 문화의 의미

문화는 일반적으로 사회 집단 혹은 사회에 의해 공유되고 다음 세대로 전수되는 사회적 역할, 규범, 가치, 관습 등을 일컫는다. 비슷한 역사적 배경을 가진 한 사회의 구성원들은 같은 시대를 살면서 그 사회의 문화적 특성을 만들어 나가고 이를 세대를 거듭하여 전달하면서 문화가 형성된다. 문화는 국가, 언어, 종교, 인종, 나이, 성별 등의 집단에 따라 달라지는 특성을 지닌다. 우리는 부모, 학교, 또래, 대중매체 등을 통해 우리가 속해 있는 문화를 자연스럽게 학습하게 된다. 예를 들어 아이들은 부모로부터 자신과 타인의 감정과 정서 상태를 어떻게 파악하여야 하는지를 배운다. 또한 자신의 정서 상태를 상황에 따라 적절히 표현해야 한다는 것도 알게 된다.

문화는 우리가 상황을 해석하는 방식에 큰 영향을 준다. 따라서 같은 문화에 속한 사람들은 비슷한 생각과 가치, 평가기준을 공유하게 된다. 예를 들어서 어떤 문화에서는 남성이 슬픔을 표현하는 것에 대해 부정적인 사회적 압력이 존재하지만 또 다른 문화에서는 남성의 슬픔 표현을 부정적으로 평가하지 않는다.

한국민족문화대백과사전에 따르면 문화의 기능은 다음과 같다.

> "문화의 기능에서 가장 본질적인 것은 사회의 재생산이라고 할 수 있다. 문화는 그 사회의 생활양식이자 상징체계다. 인간이 한 사회의 구성원이 된다는 것은 그 사회에 이미 존재하는 삶의 양식과 상징체계를 습득하여 사용할 수 있게 된다는 의미이고 이는 그 삶의 양식과 상징체계가 반영하고 있는 사회의 질서와 규범, 가치를 따르게 된다는 것을 의미한다. 문화는 천성적으로 타고나는 것이 아니라 교육되는 것이다."

즉, 문화는 그 사회 구성원들에게 생활 전반에 걸친 행동과 생각의 틀을 제시하고 이를 학습하도록 요구하는 것이다. 이러한 문화는 처벌규정이 있는 것은 아니지만 그 구성원이 주어진 문화를 거부하거나 새로운 것을 추구할 때 크고 작은 억압을 가하여 문화에 합치하는 행동을 하도록 한다.

2) 문화와 정서

표정 연구에 기반을 둔 정서이론에서는 사람들이 학습이 없어도 지을 수 있는 표정이 있으며 이러한 경향이 문화 공통적으로 나타난다는 점을 들어 정서를 생리학적이고 타고나는 기본적 능력이라고 보기도 한다. 이러한 관점에서는 공포, 분노, 혐오, 슬픔, 기쁨, 놀라움의 감정을 기본 정서로 본다. 태어난 지 얼마 되지 않은 아기들도 특별한 학습 없이 기본 정서를 표현할 수 있으며 환경이나 문화와 상관없이 모든 사람에게서 공통적으로 나타난다. 기본 정서 덕에 서로 다른 문화권에 있는 사람이라고 해도 표정만 보고 다른 문화권 사람의 기분을 알아맞힐 수 있다.

정서가 인식 및 표현되는 과정은 문화와 무관하게 보편적이라는 것에 대해 많은 학자들이 동의하지만 정서에 대한 해석과 설명은 문화에 따라 달라질 수 있다. 감정을 다루는 태도도 문화마다 큰 차이를 보이기도 한다. 이러한 태도는 그 문화의 역사적 배경 속에서 천천히 형성되어 온 것으로 세대를 거듭하여 전수되어 한 문화의 특징적인 정서를 만들어 낸다.

문화는 어떤 정서를 표현해야 할지, 어떤 행동이 적합한 정서표현인지 판단하는 데 영향을 준다. 언제, 어디서, 어떻게, 어떤 정서를 표현하는 것이 알맞은지를 알려주는 것이다. 또한 정서를 어떻게 해석할지를 전달하기도 한다. 정서의 학습은 개인의 성격이나 부모의 양육, 또래 관계들 같은 개별적 상황에 영향을 받지만 문화에 의해서 결정되는 부분이 크다. 문화는 사회적 압력이 되어 사회적 상황에서 감정의 표현을 조절하게 하고 나아가 개인의 정서 인식에도 영향을 준다.

2. 문화의 구분

다큐프라임 - 동과서 제1편
https://youtu.be/J5hOkggR_nk?t=2272

1) 개인주의와 집단주의

문화를 구분하는 데 가장 많이 사용되는 개념은 개인주의 · 집단주의 차원이다. 이 둘은 무엇보다 인간관에서 큰 차이를 보이는데 개인주의에서는 독립된 개인을 존중하는 반면 집단주의에서는 개인보다는 자신이 속한 집단과 그 구성원과의 관계에 초점을 둔다. 개인주의 · 집단주의의 구분은 1980년에 게르트 호프스테드(Geert Hofstede)가 문화 비교를 위해 제안한 개념으로 최근까지 문화를 설명하는 가장 일반적인 분류로 사용되고 있다.

〈표 3-1〉을 통해 개인주의 문화와 집단주의 문화를 비교하여 살펴볼 수 있다.

표 3-1 개인주의 문화와 집단주의 문화 비교

개인주의	집단주의
개체 중심적	관계 중심적
인간을 독립적인 존재로 파악	상호의존적인 관계 속에서 역할과 의무를 중시
개인의 독립성, 독특성의 추구	개인 간의 연계성 강조
개인의 욕구, 감정, 성향 등 자율성 강조	타인에 대한 관심과 배려, 내집단 조화 추구
자기 실현 중시	자기 억제, 양보, 겸양, 협동이 미덕

집단주의 문화에서는 자신을 집단의 일부로서 규정하는 관계 중심적인 특성을 띤다. 개인적 목표보다는 집단의 목표를 중시하여 상호의존적인 관계 속에서 자신의 역할과 의무를 다하려 노력한다. 개인의 욕구, 감정, 목표보다는 집단의 조화, 화합을 가치 있는 것으로 생각한다. 이런 문화에서 개인의 권리, 욕구, 감정의 표현은 오히려 갈등을 야기하는 부정적인 것으로 인식될 수 있다. 반면 개인주의 문화에서는 개인의 목표가 우선시되며 개인의 욕구, 감정, 자유 등이 강조된다. 개인의 독립성, 독특성이 중시되어 자아실현적인 가치 추구를 강조한다.

집단주의 문화는 동양에서, 개인주의 문화는 서양의 국가들에서 주로 나타난다. 그래서 집단주의와 개인주의를 동서양의 차이로 간주하기도 한다. 미국으로 대표되는 서양의 문화에서는 독립된 자아를 존중하고 개성적인 아이디어나 행위에 보다 허용적인 태도를 보인다. 위계질서에서도 비교적 자유롭다. 그러나 한국과 같은 동양 문화에서는 관계 속에서 자신을 규정하며 체면과 조화를 중시한다. 또한 자신의 생각과 감정을 간접적으로 표현하여 갈등을 피하고 위계질서에 엄격하면서 온정적인 태도를 갖고 있다.

문화 성향을 토대로 서로 다른 사회를 비교할 때에는 어느 한 사회의 문화가 개인주의 혹은 집단주의라고 해서 그 사회의 성원들이 모두 개인주의자 또는 집단주의자인 것이 아니라는 점을 유의하여야 한다. 동일한 문화 속에서 살고 있는 사람이라 하더라도 개인별 차이가 크기 때문에 집단주의 문화에서 살고 있다고 해도 개인주의적인 사람들이 다수 존재한다.

2) 수평적-수직적 차원

해리 트리안디스(Harry Triandis)는 [그림 3-1]과 같이 개인주의-집단주의 개념에 권위의 수용 정도에 따라 수직적-수평적 차원의 구분을 더하여 문화별 특징을 설명한다. 트리안디스에 따르면 문화는 수직적 개인주의, 수직적 집단주의, 수평적 개인주의, 수평적 집단주의의 4가지 양식으로 분류할 수 있다. 수직 성향이 강한 문화에서는 사람들 간의 관계가 서열을 바탕으로 전개된다. 나이, 직위, 역할 등은 서열에 영향을 미치는데 서열이 높은 사람은 많은 권리를 행사할 수 있으며 의견이 존중되지만 서열이 낮은 사람은 권리보다는 의무를 많이 지니고 상대의 의견을 구하고 존중해야 한다. 수직적인 사회에서는 서열이 중요하므로 상위 서열을 차지하고자 하는 경쟁이 심하다. 반면, 수평적 사회에서는 사람들 간의 관계가 비교적 대등하다. 필요에 따라 서열이 성립하기도 하지만 계속해서 유지되는 것이

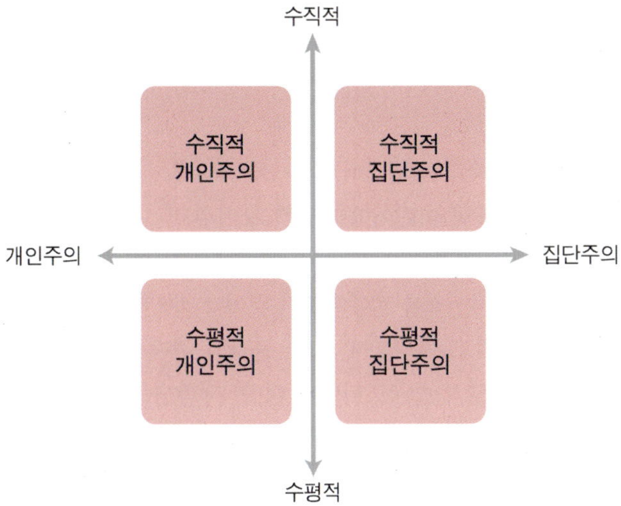

그림 3-1 트리안디스의 4가지 문화 양식

아니라 상황에 따라 변할 수 있는 역할로 본다.

수평적 집단주의는 자신을 다른 사람과 동등하다고 생각하며 공동의 목표를 강조하는 경향이 있다. 지위나 위계를 중시하지 않기 때문에 권위에 굴복하지 않으며 공동체적 목표를 강조하고 대인관계를 중시한다. 수직적 집단주의의 경우 집단의 목표를 위해 자신의 목표를 희생하는 집단 일체감을 중요시한다. 집단 구성원들 간 위계질서가 확고하며 권위를 중시한다. 수평적 개인주의는 개별적 자율성을 중시하여 집단 구성원보다는 개인을 중심으로 생각하는 경향이 강하다. 특히 타인과 대등한 관계를 중요하게 생각하여 자신 또한 남보다 탁월한 존재로 여기지 않고 높은 지위를 지향하지 않는다. 수직적 개인주의는 자신의 독특성과 개성을 강조하는 동시에 다른 사람보다 우월하다는 인정을 받는 것에 관심이 크다. 타인과의 관계를 경쟁으로 여기는 측면이 강하다.

3) 집단중심-관계중심 집단주의

마릴린 브루어(Marilynn Brewer)와 야 루 첸(Ya-Ru Chen)은 집단주의를 집단중심

"동양적 사고와 서양적 사고, 무엇이 다른가"

(전략)

http://bit.ly/9ZtrHf

발달심리학자인 치우리앙황의 실험이다. 닭 · 소 · 풀 세 개의 그림을 미국 어린이와 중국 어린이에게 각각 보여주고 셋 중 둘을 묶는다면 무엇을 묶을지를 생각하라고 했다. 그 결과 미국 어린이는 닭 · 소를 하나로 묶었다. 동물로 닭 · 소를 범주화시킨 것이다. 반면 중국 어린이는 소 · 풀을 하나로 묶었다. 소가 풀을 먹고 자라기에 소와 풀과의 관계를 중시한 것이다.

좀 더 발전시켜 미국 대학생과 중국 · 타이완(대만) 대학생을 대상으로 실험했다. 팬더 곰 · 원숭이 · 바나나 이들 세 가지 이름을 제시하고 서로 관련 있는 두 개를 고르게 했다. 예상한 대로였다. 미국의 대학생은 동일한 분류 범주에 해당하는 팬더 곰과 원숭이를 골랐다. 반면 중국 · 타이완 대학생은 '원숭이는 바나나를 먹는다'라는 서로의 관계에 근거해 원숭이와 바나나를 고르는 경향을 보였다.

'사물을 먼저 배우는 서양아이와 관계를 먼저 배우는 동양아이'의 실험도 재미있다. 발달심리학자인 앤 퍼널드(Anne Fernald)와 히로미 모리카와는 생후 6 · 12 · 19개월 된 아이가 있는 미국의 가정과 일본의 가정을 각각 방문해 아이 어머니에게 그들이 준비해 간 장난감(개 · 돼지 · 자동차 · 트럭)을 건네주면서 아이와 놀아보게 했다.

미국 어머니는 일본 어머니에 견주어 사물의 이름('돼지' · '멍멍이')을 두 배 정도 더 많이 언급했다. 반면 일본 어머니는 미국 어머니에 견주어 사회적 관계에서 중요한 예절을 두 배 더 언급했다.

미국 어머니는 "이건 차란다. 차 보이지? 차 좋아해? 와, 바퀴가 아주 멋있지!"와 같은 대화를 시도했다. 일본 어머니는 "자, 여기 봐, 부릉부릉! 자, 차를 너한테 줄게. 이제 다시 엄마에게 줘 봐. 옳지, 잘했어"라는 식의 말을 많이 했다.

두 어머니와 이들 아기와의 대화를 통해서 미국 어린이는 세상을 사물로 이루어진 곳으로 배우고 일본 어린이는 세상을 관계로 이루어진 곳으로 배운다.

끝으로 '문화적 차이는 순전히 언어의 차이에 기인하는가?'는 문화적 차이가 반드시 언어 차이에서만 오는 것이 아님을 진술한다. 아이를 양육하는 방식에서 생기는 문화 차이도 있다.

(후략)

출처: 오마이뉴스, 2004.07.19. 명희복

과 관계중심 측면에서 구분하였다. 집단중심 집단주의는 집단에 대한 의무를 강조하며 집단의 규범과 권위에 복종하는 것을 중시한다. 집단의 이익을 위해 개인의 이익을 희생할 수 있다고 생각하며 집단 소속감을 중요하게 생각하는 경향을 보인다. 반면 관계중심 집단주의는 관계성을 강조하여 상호협력, 상호의존, 사회적 연결을 중요한 가치로 여긴다. 주로 동양 문화권에서 발견되며 집단에 대한 소속감보다는 집단 내에서 개인적 관계를 더 중요하게 생각하는 관계적인 특징을 보인다. 즉, 전체의 이익보다는 자신과 친밀한 다른 구성원과의 관계를 더 중시하는 특성을 나타낸다.

3. 한국 문화의 정서 특성

1) 한국 문화의 특성

(1) 집단주의

호프스테드의 1991년 문화비교연구에서 한국은 개인주의 지수가 50개 국가 및 3개 지역 집단 중 43위로 나타나 집단주의 성향이 매우 높은 국가로 평가됐다. 호프스테드의 문화모형에 따르면 한국과 중국, 일본은 동아시아의 같은 문화권에 속해 있으며 유교의 영향을 받은 강한 집단주의 경향을 띤다는 공통점이 있다. 그러나 집단주의 틀 안에서도 다양한 차원이 존재하기 때문에 집단주의 문화권이라고 해도 그 특성은 모두 다르게 나타난다. 마치 '개'라는 동물의 종류 안에 진돗개, 말티즈, 치와와와 같은 세부 종이 다른 것과 같다.

특히 한국인들의 집단적 성향은 일반적인 '집단주의'의 개념으로 설명하기에는 무리가 있다. 서양에서 말하는 집단주의는 개인보다 집단이 중요시된다는 개념으로 집단을 위한 개인의 희생, 집단 구성원들 간의 조화 중시, 집단으로 일하는 것을 선호하는 특징을 가진다. 그러나 한국인들은 집단의 목표를 위해 개인의 목표를 희생하기보다는 개인의 목표를 달성하기 위하여 집단을 이용하는 경향이 있다. 또한 집단 내 구성원들 간의 조화보다는 자신과 집단 구성원들 간에 좋은 관계를 형성하고 유지하는 것을 더 중요하게 여긴다.

우리나라는 강한 집단주의적 성격을 띤다는 것이 일반적인 통념이지만 최근 연구들은 한국 문화가 생각보다 덜 집단주의적일 가능성을 제기한다. 1980년에서 1999년 사이에 연구된 집단주의와 개인주의 관련 연구들을 메타분석(유사한 주제로 연구된 많은 연구물들을 종합하여 고찰하는 연구방법)한 결과 집단주의 수준에서 한국인과 유럽계 미국인은 유의미한 차이가 없었다. 한국인과 유럽계 미국인의 개인주의 성향은 차이가 있었으나 그 차이가 크지 않은 것으로 나타났다. 1997년부터 2017년까지 한국심리학회에 발간된 학술지에서 집단주의와 개인주의를 주제로 한 연구를 메타분석한 연구에서도 유사한 결과가 보고되었다. 박혜경, 김상아의 연구에 따르면 집단주의 성향이 개인주의 성향보다 더 큰 것으로 나타났으나 그 차이가 현저하지 않은 것으로 드러났으며 연령대가 낮을수록 개인주의 성향이 더 강한 것으로 분석되었다.

한국에서도 젊은 세대일수록, 고등교육을 받은 사람일수록, 도시에 살수록 개인주의 성향이 강한 것으로 나타났다. 이러한 결과는 어느 집단주의 사회나 개인주의 사회 모두 개인중심 성향자와 집단중심 성향자가 혼재해 있음을 의미한다. 집단주의 문화는 집단주의적 사고와 행동을 하는 사람의 비율이 개인주의적 성향의 사람보다 높다는 의미로서 집단주의적 문화에도 개인주의적 사고와 행동을 하는 개인이 존재한다.

(2) 수직적 집단주의에서 수평적 개인주의로의 전환

전통적인 한국 사회는 서열과 위계질서를 중시하는 수직적인 가치를 중시하는 사회로 평가되어 왔다. 그러나 최근 집단주의적이던 생활 태도는 개인주의적으로, 수직적 특성은 수평적으로 변화하고 있다. 한규석, 신수신이 한국인을 대상으로 연구한 바에 따르면 응답자 중 수평적 개인주의자의 비율이 46%로 가장 높았으며 수평적 집단주의 27.9%, 수직적 집단주의자 21.1%, 수직적 개인주의자 5%의 비율로 나타났다. 특히 연령이 증가할수록 수평-개인주의자의 비율이 적었고 수직-집단주의자의 비율이 늘어 이러한 변화가 젊은 세대들의 주도로 나타나고 있음을 알 수 있다.

최근 사회적으로 '혼자 하는 문화'가 확산되는 것 또한 이러한 변화를 반영한다. '혼밥', '혼영', '혼술'과 같은 단어에 들어가는 '혼'은 '혼자 하는'의 의미로 각각 혼자 밥 먹는 것, 혼자 영화 보는 것, 혼자 술 마시는 것을 뜻한다. '혼X' 문화는 1인 가구의 증가 및 개인주의의 확산과 함께 젊은 세대를 위주로 확산되는 추세이다.

(3) 관계중심성

한국과 일본은 같은 집단주의 국가로 분류되지만 관계주의적 특성에서 큰 차이를 보인다. 일본의 경우 전체 집단과 조직을 위해 개인을 희생하는 집단중심 집단주의 국가에 해당한다. 따라서 공식적인 집단이나 조직 속에서 자신에게 정해진 의무에 충실하려고 노력하고 주어진 역할을 다한다. 또한 정해진 매뉴얼에 따라 정확하게 행동하여 조직과 완벽한 조화를 이루려 한다. 과거 사무라이 문화에서 조직에 해를 끼친 조직원이 할복자살하거나 폭탄이 장착된 비행기를 몰아 자살공격을 감행한 가미카제와 같은 역사가 이를 대변한다.

반면 한국은 조직 자체보다 조직 내에서의 관계를 더 중요시하는 관계중심 집단주의 국가이다. 따라서 회사와 같은 조직보다는 내 옆자리 동료 혹은 상사, 부하직원과의 관계가 중요시된다. 때로는 공적 관계에서 조직의 이익보다 사적 관계를 우선하여 문제가 되기도 한다. 한국 사회 특유의 정서적 속성을 연구한 최상진은 한국의 집단주의를 '우리성(we-ness)'이라는 개념으로 설명한다. 우리성은 상호의존성과 정(情)에 기반을 둔 관계중심적 현상으로, 한국인들의 사회적 관계에 있어 '우리' 집단을 만들고 유지하며 '우리' 관계를 통하여 정을 교류하는 것을 통해 얻게 된다. 우리성 관계가 형성되면 서로를 아껴주고 의존하며 희생적으로 봉사하는 것을 이상적으로 생각한다. 반면 우리성 관계에 포함되지 않는 타인들은 등한시되거나 배척되기도 한다.

(4) 급격한 변화와 서구 문화의 유입

현대의 한국 문화는 샤머니즘, 불교문화, 유교문화, 서구문화가 공존하면서 갈등과 통합의 시기를 겪고 있다. 비교적 짧은 시간 동안 우리나라는 일제강점기, 해방, 민족분열, 한국전쟁, 군사독재, 자유민주화, IMF 경제위기, 국정농단과 대통령 탄핵, 코로나19 팬데믹 등의 큰 사건을 한꺼번에 겪고 있다. 급속한 경제성장과 서구문화의 유입 또한 이러한 역동적인 사회의 혼란에 영향을 주었다. 우리는 급격하고 다양한 일련의 사건들을 겪으며 정치체제, 경제제도, 생활방식, 교육제도 등 사회 전반에 걸쳐 의식구조의 변화를 겪었다. 이러한 분위기 속에서 서로 다른 역사적 사건을 경험한 세대, 지역, 이념 집단 간 갈등이 계속되고 있는 실정이다.

(5) 비언어적, 억제적 소통

500년 이상 우리 문화의 토대가 되어 온 유교문화는 예를 강조하고 감정과 욕구의 절제를 중시한다. 한국의 집단주의는 조선시대의 통치와 인간관계의 중심 이념이었던 유교에 바탕을 둔 권위적 집단주의의 특성을 띤다. 이러한 문화에서는 개인보다는 가정과 사회의 질서와 조화를 강조한다. 따라서 집단 내의 갈등과 불화를 유발할 위험이 있는 부정적 정서와 자기중심적 정서를 억제하도록 하였다. 유교적 집단주의에서는 중용과 겸양, 평상심을 강조하고 예의를 중시하기 때문에 과도한 정서적 흥분을 자제하도록 하며 감정을 겉으로 드러내지 않도록 교육한다. 이러한 감정의 억제는 서로의 감정을 직접적으로 표현하지 않는 비언어적인 소통을 촉진시키는데, 이는 대인관계에서 경우 '눈치'를 보게 만든다. '눈치'

는 직접 감정을 표현하지 않고 에둘러 표현함으로써 상대방이 자신에 대해 어떤 감정과 태도를 가지고 있는지를 알 수 있게 한다. 타인과의 관계가 중요한 관계중심적, 집단주의적 문화 안에서 우리는 눈치를 통해 부정확하고 불명확한 여러 단서들을 추측함으로써 상대방의 감정을 이해해야 한다. 눈치를 보거나 눈치를 주는 경향은 상대방의 의중을 파악하는 데 많은 주의를 기울이게 하고 때로 오해의 소지를 제공하여 대인관계에 부정적인 영향을 주기도 한다.

2) 한국인의 정서

(1) 정서의 억제

우리나라뿐 아니라 집단 내의 조화와 질서를 강조하는 집단주의 사회에서는 개인의 감정을 조절하는 것을 중요하게 생각한다. 특히 부정적 정서(분노, 슬픔, 공포 등)나 자기중심적 정서(자부심, 좌절감)에 대해서는 표현이 집단의 갈등을 일으키고 조화를 방해할 수 있기 때문에 겉으로 드러나지 않도록 억제하는 경향이 있다. 앞서 살펴본 바와 같이 우리나라는 관계중심적인 집단주의 사회로 분류되는데 이러한 사회에서 개인은 집단으로부터 분리될 수 없는 상호의존적인 존재로 인식된다. 따라서 타인들과 조화되고 자신에게 부여된 의무와 역할에 충실할 뿐 개인의 내적인 감정과 생각의 표현은 특별히 강조되지 않는다.

한국 문화의 억제적 특성은 자신의 정서를 인식할 때에도 타인의 평가, 즉 '눈치'를 보도록 장려한다. 한국과 미국의 대학생들에게 최근 즐거웠던 경험을 써보고 얼마나 행복했는지 평가하도록 한 후, '누군가 그 경험을 읽고 부정적으로 평가했다'고 말해주었다. 시간이 흐른 뒤 그 여행이 얼마나 즐거웠는지 다시 평가하게 하였는데 나라별로 차이가 나타났다. 미국의 대학생들은 처음에 보고한 것과 큰 차이가 없이 여전히 즐거웠다고 답한 반면, 한국의 대학생들은 처음보다 즐거운 정도가 감소하였다. 즉, 미국의 대학생들은 타인의 평가에 영향을 받지 않았으나 한국의 경우 타인의 평가에 따라 자신의 즐거움을 달리 보고한 것이다. 이러한 결과는 한국인들에게 있어서 자신의 정서를 인식할 때 사회적 또는 관계적 압력이 작용해 왔음을 증명한다.

정서를 억제하는 성향은 집단적인 차이뿐 아니라 개인적인 성향에 따라서도 차이가 난다. 한 연구에서 우리나라 고등학생을 집단중심 성향과 개인중심 성향으로 나누어 연구한 결과, 집단중심 성향자가 개인중심 성향자에 비해 일상생활에서 느끼는 분노 수준이 낮고 분노 표출을 통제하는 경향이 높았다. 즉, 타인과의 조화를 중시하기 때문에 자기표현을 억제하게 되고, 따라서 분노를 표현하지 않는 경향이 높은 것으로 보인다. 집단중심적인 특성은 사회에서도 개인 내에서도 정서를 억제하게 하는 것이다.

감정 표현에 대한 부정적 사회 분위기는 일상생활에서 한국인들이 미국인들보다 정서를 더 많이, 더 수월하게 억제하게 한다. 의식적으로 자신의 감정을 억압해 왔던 한국인들은 미국인들에 비해 자신의 감정을 더 잘 조절할 수 있는 것이다. 대개 정서의 억제는 주관적 안녕감에 부정적인 영향을 줄 것으로 생각한다. 이러한 정서적 억제에 대해 한국인들은 크게 부정적으로 느끼지는 않는 것 같다. 한국인 집단과 미국인 집단을 비교한 연구 결과 미국인 집단에서는 정서 억제를 많이 할수록 주관적 안녕감 수준이 낮아졌지만 한국인 집단에서는 정서 억제와 주관적 안녕감 사이에 유의한 관련성이 없었다. 즉, 한국 사회에서는 정서의 억제가 개인의 행복에 크게 나쁜 영향을 주지는 않는 것이다. 개인의 자율성과 독특성이 강조되는 개인주의 문화에서는 자신의 감정과 생각을 표현하는 것이 스스로 정체성을 확립하는 것이지만, 관계중심으로 조화를 중시하는 집단주의 문화에서는 정서 표현을 억제하는 것이 자연스러울 뿐만 아니라, 서양과 달리 오히려 바람직한 특성으로 여겨질 수 있다. 이는 문화적 영향에 따라 정서 억제의 효과가 다르게 나타날 수 있음을 의미하는 것으로 해석할 수 있다.

감정에 대한 억압은 부정적 정서뿐 아니라 긍정적 정서에서도 나타나는 것으로 보인다. 여러 연구에서 보고된 바로는 한국인은 서양인들과 비교했을 때 상대적으로 부정적 정서는 더 많이 느끼고, 긍정적 정서는 덜 느끼는 것으로 나타났다. 일반적으로는 이를 한국인이 부정적 정서를 더 많이 경험하는 것으로 해석한다. 그러나 최근 민경환은 『한국인은 누구인가』에서 한국인이 정서를 억제하는 특성상 자신의 행복을 떠벌리고 싶지 않아서 높게 보고하지 않았을 가능성을 제기하였다. 한국에서는 자신의 부정적 정서뿐 아니라 긍정적 정서도 억제하는 겸양을 미덕으로 하는데, 이러한 유교의 영향이 행복에 대한 보고에서도 자신이 실제 느끼는 수준보다 행복한 정서를 느끼는 것처럼 응답했을 가능성이 있다는 것이다.

https://youtu.be/J5hOkggR_nk?t=1570

『EBS다큐프라임 동과 서』에서는 타카히코 마수다(Takahiko Masuda) 교수의 서양과 동양 사람들의 문화에 따른 정서 인식의 차이에 대한 연구를 소개한다. 실험 참여자에게 왼쪽 그림과 오른쪽 그림을 각각 보여주고 가장 가운데 있는 사람('2'가 쓰인 옷 착용)의 기분이 어떤지 물었다. 두 그림은 주인공의 표정은 같지만 주변 사람의 표정이 다르다는 차이가 있다. 그 결과 서양 사람들의 경우 대부분 그림 속의 중심인물에만 초점을 맞춰 두 그림 모두에서 주인공은 긍정적 정서를 보일 것이라 대답하였다. 반면 동양인들은 오른쪽 그림의 주인공은 긍정적인 정서(즐겁다, 행복하다)를 보이지만 왼쪽 그림의 주인공은 즐겁거나 행복하지 않다고 답변했다. 왼쪽 그림에서는 주변 사람들의 표정이 부정적 정서를 표현하는데 중심인물의 정서가 주변에 따라 달라질 것이라 생각했기 때문으로 볼 수 있겠다.

출처: 다큐 프라임 - 동과 서 제1편 명사로 세상을 보는 서양인, 동사로 세상을 보는 동양인(2009)

(2) 정서의 표현

정서 억제 효과는 심리적 문제가 신체적 증상으로 나타나는 '신체화' 현상을 부추기기도 한다. 걱정을 하다 머리가 아프다거나, 학원에 가기 싫을 때 배가 아프다든가 하는 것이 신체화에 해당한다. 권위적이고 억제적인 문화, 비언어적인 소통을 중시하는 문화적 분위기에서 오랜 기간 충분히 정서 표현을 하지 못하고 억제하게 되면 이는 신체에도 변화를 일으킨다. 부정적인 정서가 누적되면 자율신경계의 활동이 증가하고, 만성적인 각성 상태가 유지되어 심리적으로 겪는 갈등과 고통이 신체 증상을 통해 표현된다.

한국인들의 정신병리적인 특징에 대해 권석만은 감정의 표현을 자제하거나 우회적으로 표현하는 문화 특성이 알코올 중독이나 화병에 영향을 주었을 것으로 분석하였다. 권위적이고 억제적인 한국 문화에서 술은 정서적 억압을 약화시켜 평소에 표현하기 어려웠던 감정을 표출하게 하는데 이때 심리적 갈등과 부정적 감정이 배출되어 해소된다는 것이다. 이러한 사회적 효용성 때문에 한국 문화에서는 술을 마시고 하는 실수에 대해 관대할 가능성이 있다.

알코올중독이 주로 남성들이 겪는 문제라면 화병은 주로 여성들이 겪는 신체화 문제이다. 화병(Hwa-byung)은 한국에서 처음 정의된 질환으로 영문표기법도 Hwa-byung이다. 화병은 전통적으로 우리나라 민간에서 사용되는 병명인데 주로 분노, 우울, 불면증을 동반하며 소화가 잘 안 되거나 가슴에 응어리가 맺힌 것 같은 느낌, 입맛이 없거나 머리가 아픈 것 같은 신체적 증상이 함께 나타난다. 화병은 남성보다는 여성에게서 주로 나타나는 이유는 유교적 문화에서 여성에게 '하지 말아야 할 것'이 많았던 것을 원인으로 생각해 볼 수 있다. 여러 측면으로 여성에 대한 구속이 심하였던 사회적 분위기에서 여성은 감정을 표현하는 것뿐 아니라 술을 통해 해소할 수도 없었다. 결국 억압된 감정은 사회적으로 용인되기 쉬운 신체적 증상을 통해서 표출되었던 것이다. 그렇다면 화병은 왜 남성에게서 덜 나타날까? 남성성이 강조되는 문화에서 신체화가 나타나는 것은 나약함을 의미하기 때문이다.

한국인은 정서를 억제하는 동양적 문화 속에서도 비교적 자신의 감정을 솔직하게 표현하는 편이다. 한국인의 언어 및 감정 표현은 직설적이고 분명한 측면이 있다. 이러한 특징은 정서 표현을 억제하는 문화와 다소 상충되는 측면이 있겠으나 좀 더 자세히 들여다보면 억제되는 맥락과 표현되는 맥락이 다름을 알 수 있다. 한국 문화에서 정서의 표현을 억제하고 위계질서가 요구되는 것은 공적인 맥락에 해당한다. 공적 관계는 이웃이나 직장의 동료 및 선후배와 같이 신뢰적 관계라기보다는 최소한의 예의를 지키는 관계로서 이때에는 정서의 표현을 되도록 억제한다. 그러나 사적인 영역인 '우리' 관계에서는 솔직하고 개방적인 정서 표현이 나타난다. 가족, 친구, 연인 등 오랫동안 지속하여 친근하고, 서로 간에 신뢰감이 높은 관계에서는 감정을 적극적으로 표출하는 것이다. 이러한 성향은 자기가치감이 높고 자신의 영향력을 외부로 확장시키기 원하는 한국인의 주체적이고 주도적인 특성과 관련하여 이해할 수 있다.

억제되었던 감정은 표현이 허용되는 안전한 상황에서 폭발적으로 나타나기도 한다. 우리나라는 밤에 더욱 흥분되고 달아오르는 유흥문화로 유명하다. 에너지가 넘치고 화끈하다고 해석할 수도 있지만 낮에 표현되지 못한 감정들이 자극적인 유흥으로 그 모습을 유지하고 있는 것으로 보는 시각도 있다. 콘서트장에 가보면 사람들이 긍정적 정서를 어디까지 폭발시킬 수 있는지 관찰할 수 있다. 많은 해외 뮤지션들은 한국에서의 공연을 가장 기억에 남는 공연으로 꼽는다. 이러한 열광적인 분위기는 억제된 감정을 표출하도록 사회적으로 용인된 몇 안 되는 장소이기에 가능한 일로 해석할 수 있다.

"세계에서 가장 열정적인 관중들(Craziest Audience In The World)"
2017년 10만 명의 청중을 불러모은 Coldplay의 내한공연에서,
보컬 크리스토퍼 마틴(Christopher Martin)

나의 문화성향 파악하기

- 다음의 문항들을 통해 자신의 성향이 수직-수평적 개인-집단주의의 어느 유형에 해당하는지 살펴보자.
- 각 문항의 서술이 본인의 생각과 가까운 정도에 따라 1-7점으로 평가한다.

전혀 그렇지 않다	대체로 그렇지 않다	다소 그렇지 않다	보통이다	다소 그렇다	대체로 그렇다	매우 그렇다
1	2	3	4	5	6	7

번호	문항	점수
1	내 주변에 있는 사람이 행복해야 나도 행복하다.	
2	어느 경쟁에서나 이기는 것이 가장 중요하다.	
3	내가 속한 집단을 위해 나의 이익을 양보한다.	
4	다른 사람들보다 어떤 일을 못한다면 기분이 언짢다.	
5	내가 속한 집단의 구성원들과 사이 좋게 지내는 것이 중요하다.	
6	내가 매사에 다른 사람들보다 더 잘해야 한다.	
7	나는 이웃과 사소한 것도 나누는 것을 즐긴다.	
8	격렬한 경쟁사회에 참여하는 것을 즐긴다.	
9	나의 동료가 잘 되는 것이 나에게 중요하다.	
10	나는 내 방식대로 산다.	
11	만일 친인척이 재정적인 어려움을 겪고 있다면, 나는 능력이 되는 데까지 도와준다.	
12	경쟁은 삶의 원천이다.	
13	만일 동료가 상을 탄다면 나도 자부심을 느낄 것이다.	
14	나만의 개성을 추구하는 것은 나에게 중요하다.	
15	나의 즐거움은 다른 사람들과 함께 있는 것이다.	
16	다른 사람들이 나보다 더 좋은 성과를 얻었을 때, 나는 분발하게 된다.	
17	아이들은 자기 할 일을 먼저 한 다음에 놀아야 한다.	
18	경쟁 없이는 좋은 사회를 만들 수 없다.	
19	사람들과 함께 어떤 일을 같이 할 때 기분이 좋다.	
20	어떤 사람들은 이기는 것을 중요시하지만 나는 그런 사람이 아니다.	

21	내가 속한 집단들의 결정 사항을 존중하는 것이 나에게 중요하다.	
22	나는 다른 사람들에게 의존하기 보다는 나에게 의존한다.	
23	가족들은 어떠한 희생이 요구된다 하더라도 서로 단결해야 한다.	
24	다른 사람들을 믿기 보다는 나 자신을 믿는다.	
25	부모님과 자식들은 가능한 한 함께 살아야 한다.	
26	다른 사람들과 달리 독립적인 인격체가 되는 것이 나에게 중요하다.	
27	내가 원하는 것을 희생해서라도 나의 가족을 부양해야 한다.	
28	나는 내가 하나의 인격체라는 사실이 중요하다.	
29	나는 다른 사람과는 구별되는 독특한 사람이다.	
30	나는 내가 속한 집단의 대다수의 의견을 존중한다.	
31	나는 독특한 개성을 가지고 있는 것을 자랑스럽게 생각한다.	
32	어떤 일을 결정하기 전에 친한 친구의 의견과 자문을 구하는 것이 중요하다.	

평가방법

- 각 성향에 해당하는 문항 번호끼리 더하여 점수를 구한다.
- 가장 높은 점수가 나온 유형이 본인의 유형에 해당한다.

문화 성향	해당 문항	점수 합
수직적 개인주의	2, 4, 6, 8, 12, 16, 18, 20	
수평적 집단주의	1, 5, 7, 9, 11, 13, 15, 19	
수직적 집단주의	3, 17, 21, 23, 25, 27, 30, 32	
수평적 개인주의	10, 14, 22, 24, 26, 28, 29, 31	

출처: 한국인 내담자의 문화적 성향과 의존성향에 따른 상담방식 선호에 대한 연구(장은아, `2016)
*타당도를 위한 22번 문항은 제외하였음

제2부

감정 조절

제4장

감정 인식

CONTENTS

내 감정 인식하기

- '지금 내 기분은'으로 시작하는 문장을 완성하고 이어지는 글을 써보자.
- 3분간 마음에 떠오르는 것은 무엇이든 쓴다.
- 첫 문장과 관련된 글을 쓸 수도 있고 다른 내용에 대해 써도 좋다.
- 시간이 다 될 때까지 쓰기를 멈추지 말고 '무슨 말을 써야 할지 모르겠다'라는 생각이 들었다면 '무슨 말을 써야 할지 모르겠다'라고 쓴다.

지금 내 기분은 ______________________________.

감정은 인식과 조절을 통해 해소할 수 있다. 감정 인식은 자신의 감정을 알아차리고 이름 붙이는 것이다. 감정 조절은 감정 인식을 바탕으로 상황에 맞게 자신의 감정의 강도나 빈도를 변화시키는 것을 뜻한다. 감정 조절은 개입하는 방법에 따라 다시 인지적 조절과 행동적 조절로 나눌 수 있다. 인지적 방법은 생각을 통해 감정을 조절하는 방법이고, 행동적 방법은 어떤 행동을 함으로써 감정 변화를 일으키는 방법이다. 우리의 몸과 마음은 항상 연결되어 작용하기 때문에 인지적인 부분과 행동적인 부분을 정확히 나누기는 어렵다. 따라서 '신체의 직접적 움직임이 있는가'에 따라 인지적, 행동적 조절 방법을 구분하고자 한다. 즉, '나를 행복하게 하는 것을 생각해 본다'는 조절 방법이 있다면 이는 사고의 과정이므로 인지적 방법에 해당하지만, '나를 행복하게 하는 사람을 만난다'면 행동적 방법에 해당한다.

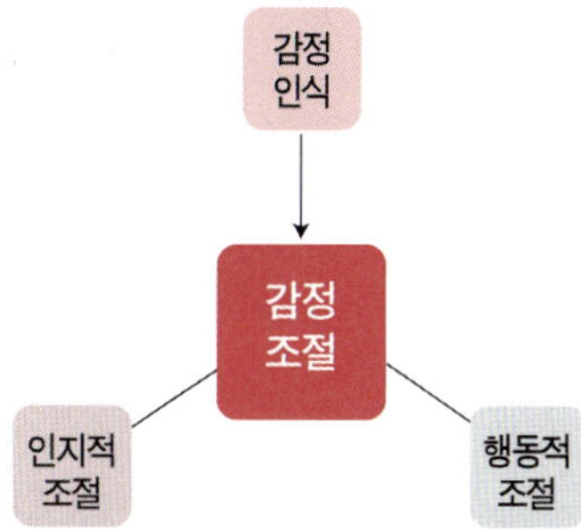

4장에서는 정서를 조절하는 가장 첫 단계로 '감정 인식'에 대해 살펴볼 것이다. 이어서 5장과 6장에서는 '감정 인식'을 통해 알게 된 문제를 인지적으로 조절하는 방법과 행동적으로 조절하는 방법을 살펴보도록 한다.

1. 감정 인식하기

감정에 압도되지 않고 조절하기 위해서는 먼저 나에게 어떤 감정이 느껴지는지 알아차려야 한다. 때로는 감정을 인식하는 것만으로도 마음이 풀리기도 한다. 감정 인식만으로는 문제가 해결되지 않을 때에는 보다 적극적인 접근이 필요하다. 자신의 감정을 분석하여 감정과 관련된 문제를 해결할 때에는 자신에게 언제 어떤 감정이 나타나는지 알아야 한다. 내가 느끼는 감정이 어떤 감정인지 알지 못한 채로 조절을 할 수 없기 때문이다.

우리는 감정이 나 자체가 아니라 내 몸과 마음에서 일어나고 경험되는 것이라는 이해로부터 감정 조절을 시작한다. 즉, '나는 화가 나'보다 '내가 지금 화가 나 있는 상태구나'와 같이 한 걸음 떨어져서 자신의 감정을 바라보는 것이다. 이러한 감정 인식과정에는 '메타인지(metacognition, 상위인지)'가 필요하다. 메타인지는 '생각에 대한 생각'이다. 메타라는 말은 '~에 대해서'라는 뜻으로 메타인지는 '내가 무엇을 알고 모르는지에 대해 아는 것'이라 볼 수 있다. 메타인지 능력의 발달에 따라 우리는 스스로 하고 있는 생각을 모니터링하여 자신의 사고과정 전반에 대한 이해와 평가를 할 수 있게 된다. 메타인지를 활용하면 우리는 자신이 느끼고 있는 감정이 무엇인지 생각해 볼 수 있다. 때로는 왜 그런 감정이 들었는지를 스스로 알아차리는 것만으로도 감정이 정리되면서 마음이 치유되기도 한다. 이처럼 감정을 조절하기 위해서 가장 먼저 해야 할 일은 바로 메타인지를 통해 나의 정서를 살펴보는 것이다.

존 메이어에 따르면 〈표 4-1〉과 같이 감정을 다루는 태도를 세 가지 유형으로 구분할 수 있다.

표 4-1 감정을 다루는 태도 유형

유형	내용
자기인식형 (Self-awareness)	자신이 가지고 있는 기분을 인식하는 유형. 정서 생활을 다루는 능력이 세련되고 정교화되어 있다. 이 유형에 속하는 사람들은 자신의 한계에 대해 확실히 알고 있으며, 심리적으로 건강하고 인생에 대해 긍정적인 견해를 가지고 있다.
몰두형 (Engulfed)	자신이 느끼는 감정에 압도당하여 그 감정에 휩싸이는 유형이다. 자신이 압도당하고 있는 기분에서 벗어나고자 노력하지 않으며 자신의 정서생활에 대한 통제력이 없다.
수용형 (Accepting)	자신이 느끼는 감정이 무엇인지 인식하고 그대로 수용하는 유형이다. 나쁜 기분을 느낄지라도 그것에서 벗어나고자 노력하는 것이 아니라 그대로 받아들이고 그저 그러려니 하며 수동적으로 유지하는 것이다. 만성적인 우울증 환자에게서 찾아볼 수 있는 유형이다.

즉, 자신을 잘 인식하는 것이 감성지능의 핵심 능력이라고 할 수 있는 것이다. 감정에 휩쓸리거나 감정을 그대로 받아들이기보다는 나와 감정을 분리하여 적극적으로 살피는 것이 이상적인 태도이다.

2. 감정 인식의 방법

감정을 인식하는 방법으로는 스스로가 자신을 관찰하는 주관적 인식과 심리검사를 활용한 객관적 인식이 있다. 주관적 인식은 자신을 돌아보며 일상에서 일어나는 일들을 통해 자신의 감정을 탐색해 보는 것이다. 객관적 인식은 검사를 통해 자신을 여러 측면에서 살펴보고 수치화한 결과를 얻는 것이다.

1) 주관적 인식법

주관적 인식방법은 자신의 마음과 행동을 스스로 관찰하는 방법이다. 타인이 알 수 없는 나의 속마음을 솔직하게 드러낼 수 있기 때문에 자신에 대해 깊은 부분까지 탐색하려 할 때 적합한 방법이다. 다만 수치화가 어렵기 때문에 타인과 비교하여 살펴보기는 어려운 점이 있다.

(1) 감정일지

자기인식을 할 때 가장 큰 어려움은 자신의 일을 스스로 파악하기가 어렵다는 것이다. 따라서 어떤 사건이 자신의 감정을 촉발하였고 그에 대해 어떻게 반응했는지를 일지식으로 작성해 보는 것이 좋다. 이를 통해 자신의 감정 패턴과 성향에 대해 더욱 살 이해할 수 있다. 다시 말해 자신을 우울하게 하는 감정, 즐겁게 하는 감정, 참기 힘든 감정 등 여러 감정에 대해 명확히 파악할 수 있다는 것이다. 그로 인해 강한 감정을 불러일으키는 사람 또는 상황을 예측하여 대비할 수 있다. 감정과 신체적 반응을 기록하면 자신을 좀 더 정확하게 바라볼 수 있으며 자신의 성향을 이해할 수 있다. 감정일지를 통해 자신의 감정을 촉발시킨 사건은 주로 어떤 상황에서 발생하는지, 어떤 기분을 주로 느끼는지, 그 기분이 긍정적인지 부정적인지 파악할 수 있다.

약속시간에 자꾸 늦는 친구를 만나게 된 상황을 그로스의 정서 조절 과정 모델을 활용하여 분석해 보자. 〈표 4-2〉와 같이 우리는 같은 상황에서도 다른 주의, 평가, 반응을 할 수 있음을 알 수 있다.

표 4-2 정서 조절 과정 모델에 따른 자기인식 방법

	상황	주의	평가	반응
상황 1	약속시간에 친구가 많이 늦었다.	기다리고 있는 상황에 주의를 둠	나와의 약속을 소중히 하지 않네!	화가 남
상황 2		책에 주의를 둠 쇼핑에 주의를 둠 핸드폰에 주의를 둠	무슨 일이 있나?	걱정됨

우리는 상황에 주의를 기울이고 자신이 어떤 부분에 주의를 두었는지를 감정일지 작성을 통해 알 수 있다. 또한 평가와 반응을 통해 자신의 감정의 흐름을 이해할 수 있다.

감정은 거의 자동적인 반응으로 일어나기 때문에 단순히 머릿속으로 생각하는 것만으로는 감정의 흐름을 파악할 수 없다. 우리는 감정과 관련된 전체적인 사고의 과정을 분석함으로써 어떤 상황에서 어떠한 감정에 빠지기 쉬운지를 분석해야 한다. 메타인지를 활용하여 자신의 감정에 대한 흐름을 알게 되면 문제가 되는 부분을 파악하고 개입하는 것이 수월해질 수 있다.

UCLA의 매튜 리버먼(Matthew Lieberman) 연구소에서 감정 라벨링(Affect Labeling)

이라는 간단한 자기조절법의 효과를 연구하였는데, 그 결과 감정에 이름을 붙이는 것만으로도 감정 조절에 도움이 되었다. 내가 경험하고 있는 감정에 이름을 붙이면 그 감정을 관리하는 데 도움이 된다. 감정에 이름을 붙이는 행위는 대개 뇌에서 통제를 담당하는 전전두피질 영역의 활동 증가로 이어지며 이를 통해 편도체가 진정되기 때문이다.

(2) 인생그래프 그리기

자신에게 있었던 혹은 있을 것으로 예상되는 사건을 나이와 함께 기록하고 그 경험을 통해 얼마나 긍정적 또는 부정적 감정을 느끼는지를 〈그림 4-1〉과 같이 그래프에 표현해 봄으로써 자신이 언제 긍정적 감정과 부정적 감정을 느끼는지 살펴볼 수 있다.

그림 4-1 인생그래프

인생그래프를 그리는 방법은 다음과 같다.

① **과거, 현재, 미래 버전 설정하기**: 태어나서 지금까지로 할 것인지(과거), 지난

1달 동안(현재)으로 할 것인지, 현재부터 생을 마감하기 전까지(미래)로 할 것인지 정한다.

② **인상 깊은 경험을 쓰고 점 찍기**: x축은 나이, y측은 감정점수로 0을 중심으로 아래로 갈수록 해당 사건이 부정적 감정을, 위로 올라갈수록 긍정적 감정을 유발하였음을 나타낸다. 유의할 점은 감정점수를 자신의 주관적인 생각을 바탕으로 정해야 한다는 것이다. 객관적으로는 불행하게 보일 수 있는 일이지만 본인이 긍정적으로 평가한다면 긍정적인 점수를 주면 된다. 예를 들어 여행을 갔다가 태풍을 만나 비행기가 연착한 것은 부정적 사건이지만 그 경험을 통해 가족들과 시간을 더 보내서 좋았다면 주관적으로는 긍정적 평가를 내릴 수 있을 것이다.

③ **점과 점 사이를 선으로 연결하기**: 선을 연결하여 연속적인 그래프로 나타낸다.

④ **분석하기**: 긍정적으로 평가했던 사건들과 부정적으로 평가한 일이 무엇인지를 살펴본다. 긍정적 사건들의 공통점, 부정적 사건들의 공통점을 통해 나를 행복하게 하는 요인과 나를 힘들게 하는 요인을 찾아볼 수 있다.

과거, 현재뿐 아니라 내가 예측하는 미래에 대한 인생그래프를 활용하면 앞으로 어떤 부분에서 문제를 겪을 것으로 예상되는지, 어떤 사건을 통해 행복을 느끼게 될지를 예상함으로써 현재 자신에 대한 평가를 살펴볼 수 있다.

(3) 책이나 영화, 음악 활용하기

자신의 내면을 발견하기 좋은 방법 중 하나는 영화, 음악, 소설, 시, 그림 속에서 자신의 감정을 발견하는 것이다. 우리는 종종 음악을 듣거나 영화를 봄으로써 감정의 변화를 느끼게 된다. 자신이 인상 깊게 느꼈던 작품에는 자신의 감정이 반영되어 있다. 자신의 내면에서 감정 패턴과 성향을 발견하는 데 어려움이 있다면 영화나 음악 또는 책을 통해 감정을 일으키고 자신의 감정 인식과정에 주의를 기울여 본다. 음악을 듣고 책을 읽거나 영화를 보고 나아가 미술 작품을 감상하는 것은 자신의 내면 깊은 곳에 있는 감정을 들여다볼 수 있는 통로 역할을 하기도 한다. 특히 영화는 감정을 살펴보기 좋은 도구이다. 영화를 보면서 우리가 본받아야 할 행동과 피해야 할 행동을 습득할 수 있다. 사회 인식 기술을 높이기 위해서는 다른 사람에게 어떤 일이 일어나는지를 인지하는 연습이 필요하다. 영화를 감상할 때에는 등장인물들의 상호작용, 관계와 갈등을 주의 깊게 관찰함으로써 타인의 생각과 감정을 살펴볼 수 있다.

2) 객관적 인식법

자기보고식 심리검사를 통해 자신이 파악하지 못한 부분에 대해 고려해 볼 수 있다. 검사의 실시, 해석, 채점이 간편하며 스스로 탐색했을 때 발견하지 못했던 점들을 알 수 있다. 또한 수치화된 결과를 제공받기 때문에 이해가 쉽고 직관적이다. 다양한 질문을 통해 측정되기 때문에 자신이 몰랐던 자신의 부분에 대해서도 생각해 볼 수 있는 기회가 되기도 한다. 그러나 모든 객관적 인식 검사는 자기보고식으로 측정되기 때문에 응답자의 의도에 따라 결과가 달라질 수 있다. 스스로를 과대 또는 과소평가할 경우 신뢰로운 검사 결과를 얻을 수 없다. 또한 응답이 문항 내용에 대한 것으로 제한되기 때문에 응답받고자 하는 내용 외 부분에 대해서는 정보를 얻을 수 없다.

(1) MBTI(Myers-briggs type indicator)

칼 융(Carl Jung)의 심리 유형론에 근거하여 제작된 자기보고식 검사이다. MBTI에서는 인간의 성격을 에너지 방향, 인식기능, 판단기능, 이행양식의 4개의 차원에 따라 외향(E)-내향(I), 감각(S)-직관(N), 사고(T)-감정(F), 판단(J)-인식(P)의 양극으로 분류하여 총 16가지의 성격 유형으로 설명한다

외향(E) Extroversion	← 에너지방향, 주의초점 →	내향(I) Introversion
감각(S) Sensing	← 인식기능(정보수집) →	직관(N) iNtuition
사고(T) Thinking	← 판단기능(판단, 결정) →	감정(F) Feeling
판단(J) Judging	← 이행양식 / 생활양식 →	인식(P) Perceiving

① **에너지의 방향 - 외향형**(Extroversion) **/ 내향형**(Introversion) : 개인의 주의집중 및 에너지 방향이 인간의 외부로 향하는지 혹은 내부로 향하는지를 나타낸다.

외향형(E)	• 에너지가 외부세계의 일이나 사람에게 향하는 것을 선호한다. • 폭넓은 활동력과 적극성, 정열을 특징으로 한다. • 다른 사람이 자신을 어떻게 보는가에 관심을 가진다. • 이해를 우선으로 하며, 글보다는 말로 표현하는 경향이 있다.
내향형(I)	• 에너지를 내부세계의 아이디어에 집중하는 것을 선호한다. • 깊이와 집중력이 있으며, 신중하고 조용하다. • 자신이 지금 무엇을 하고 있는지에 관심을 가진다. • 이해을 우선으로 하며, 말보다는 글로 표현하는 경향이 있다.

② **인식기능 - 감각형**(Sensing) / **직관형**(iNtuition) : 정보의 인식 및 수집 방식에 있어서 경향성을 반영한다.

감각형(S)	• 오감을 통해 직접적으로 인식되는 정보에 주의를 기울이고 실제로 존재하는 것을 선호한다. • 실용적인 현실감각이 있으며, 실제 경험을 강조한다. • 과정지향적이며, 세부적이고 진지한 관찰을 수행한다. • 정확한 일처리를 강조하며, 숲보다는 나무를 보려는 경향이 있다.

직관형(N)	• 육감을 통해 얻은 정보에 관심을 기울이고 실제로 존재하는 것이 아닌 있음직한 것 혹은 있을 법한 것, 즉 숨어 있는 의미를 알아차리는 것을 선호한다. • 은유, 이상, 환상, 공상, 이미지 등과 연관된다. • 미래지향적이며, 아이디어를 강조한다. • 신속한 일처리를 강조하며, 나무보다는 숲을 보려는 경향이 있다.

③ **판단기능 - 사고형**(Thinking) / **감정형**(Feeling) : 인식된 정보를 토대로 판단 및 결정을 내리는 경향성을 반영한다.

사고형(T)	• 판단을 할 때 사실과 논리에 근거를 두고 객관적인 가치에 따라 결정내리는 것을 선호한다. • 진실 및 사실이 주된 관심사이다. • 논리와 분석, 원리와 원칙을 추구한다. • 옳고 그름에 대한 판단을 내리며, 지적인 비평을 강조한다.
감정형(F)	• 개인적인 가치와 인간중심적 가치에 근거하여 결정을 내리는 것을 선호한다. • 인간 및 인간관계가 주된 관심사이다. • 온화함과 인정, 우호적인 협력을 추구한다. • 좋고 나쁨에 대한 느낌을 반영하며, 의미와 영향을 강조한다.

④ **생활양식 - 판단형**(Judging) / **인식형**(Perceiving) : 외부세계에 대한 태도, 생활방식 및 적응양식에 있어서 어떠한 과정을 선호하는지 나타낸다.

판단형(J)	• 무엇이든 나름대로 판단하여 서둘러 결정을 내리는 것을 선호한다. • 일에 대해 철저한 준비와 계획을 중시하며, 임무 완수를 강조한다. • 조직력과 계획성, 통제성을 추구힌디. • 목적의식이 명확하며, 자기의사가 확고하다.

인식형(P)	• 결정을 가능한 한 미루면서 새로운 가능성의 소지를 남겨두는 것을 선호한다. • 어떤 일에 대해 서둘러 결정을 내리기보다는 그 과정을 즐긴다. • 적응성, 개방성, 수용성을 추구한다. • 자율적, 융통적, 잠정적이며, 상황에 따른 포용성을 발휘한다.

(2) 한국 가이던스

한국가이던스 무료검사
https://www.guidance.co.kr/Intgr/freetest/free-etest.html

한국 가이던스에서는 성격 검사, 방어기제 유형 검사, 사랑유형 검사, 애착 유형 검사, 대인관계 능력 검사, 스트레스 검사, 우울, 불안증 검사 등 다양한 검사를 무료로 제공하고 있다. 더 정확한 정보를 제공받고 싶을 경우 유료로 온라인 검사를 시행할 수도 있다.

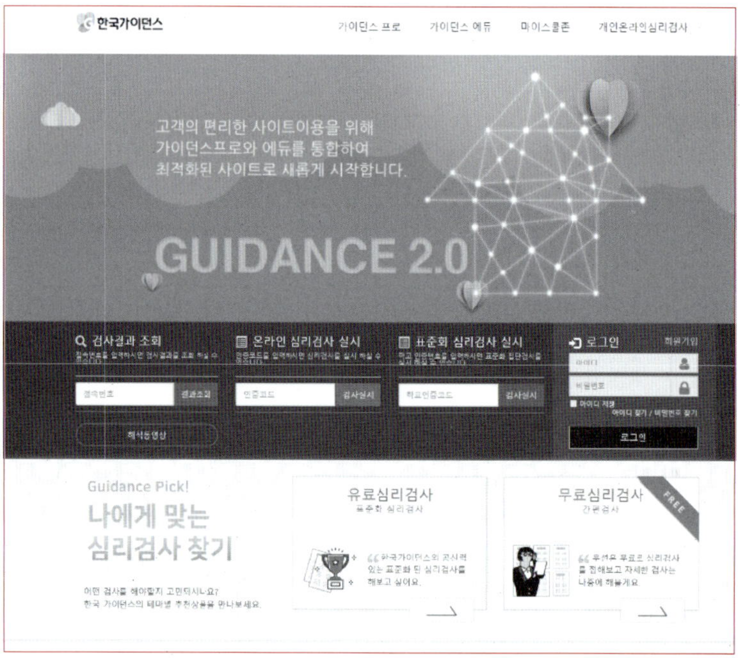

(3) 워크넷 직업선호도 검사 L형

표 4-3 워크넷 직업선호도 L형 검사의 구성

하위검사	측정요인	하위검사	측정요인
흥미검사	현실형	생활사 검사	대인관계지향
	탐구형		독립심
	예술형		
	사회형		가족친화
	진취형		야망
	관습형		학업성취
성격검사	외향성		예술성
	호감성		운동선호
	성실성		종교성
	정서적 불안정성		직무만족
	경험에 대한 개방성		

출처: 워크넷.

워크넷 성인용검사
https://www.work.go.kr/consltJobCarpa/jobPsyExamNew/jobPsyExamAdultList.do

워크넷에서는 다양한 심리검사들을 무료로 제공하고 있다. 대부분 직업과 관련된 검사들이지만 성격이나 가치관 등 개인의 심리 특성을 알아볼 수 있는 다양한 검사들로 구성되어 있으며 온라인으로 검사결과를 바로 받아볼 수 있다. 특히 성인용 직업선호도 검사 L형은 흥미, 성격, 생활사 검사로 구성되어 있어 자신의 성향을 다양한 측면에서 검토해 볼 수 있다.

카카오 같이가치
https://together.kakao.com/hello

(4) 카카오 같이가치

카카오에서는 서울대학교 심리학과의 행복연구센터와 함께 '같이가치' 서비스를 제공하고 있다. '같이가치'의 '안녕지수', 'Big 5진단' 카테고리에서는 성격 유형 검사부터 인간관계, 애착관계, 외향성지수 등 자신의 심리적 상태를 측정할 수 있는 서비스를 무료로 이용할 수 있다. 간단한 테스트를 통해

결과를 바로 받아 볼 수 있어 자신에 대한 탐색 자료로 활용할 수 있으며 이 외에도 명상 사운드, 마음챙김 명상 가이드를 제공하고 있다.

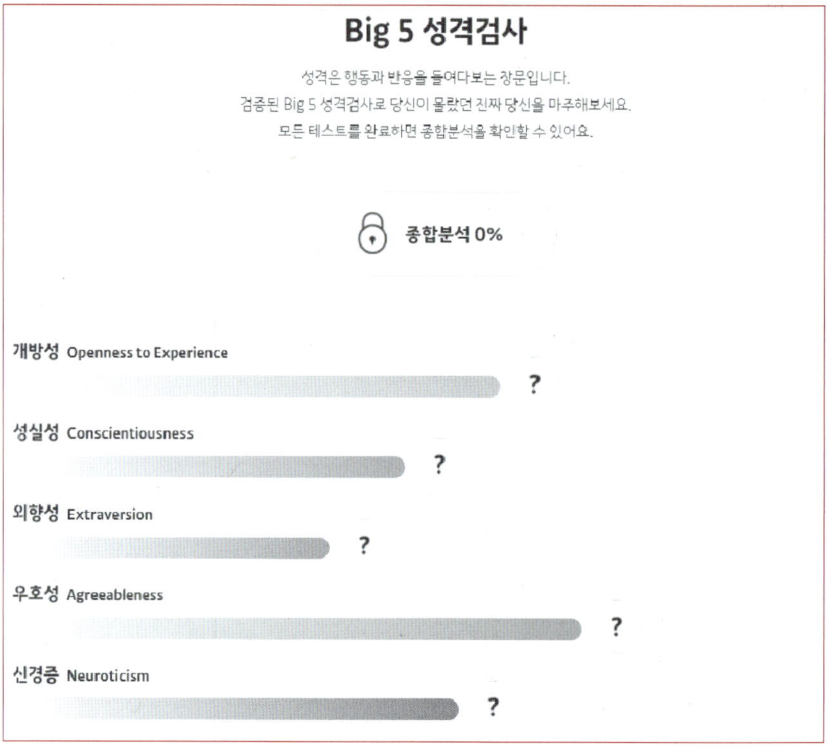

나의 인생 그래프

- 인생 그래프를 그려보자.
- 가로축은 시간의 흐름을, 세로축은 긍정적 또는 부정적 정서 경험을 나타낸다.

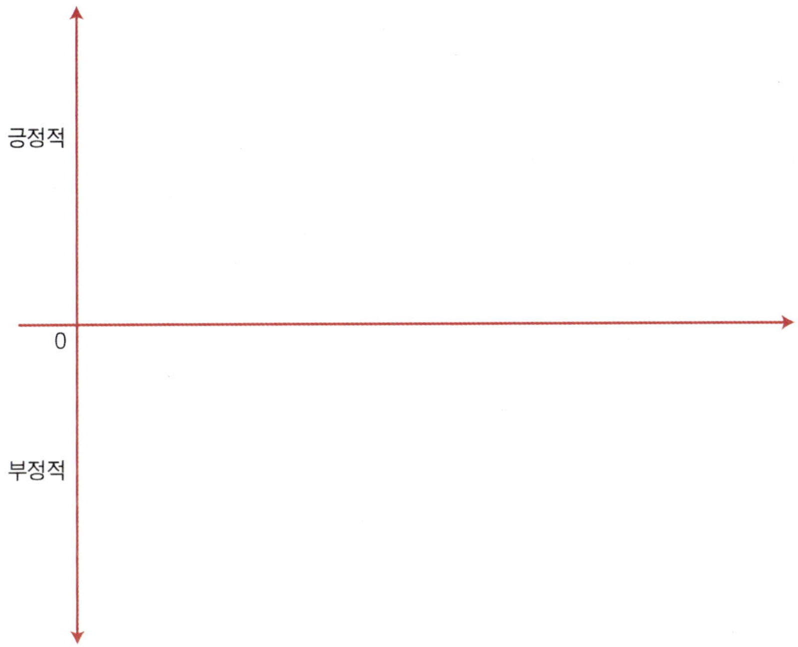

제5장

인지적 조절

CONTENTS

시작 활동

명 상

1. 자세를 바르게 하고 마음을 편안하게 해주는 음악을 들으면서 2분간 호흡에 집중해 보자.

2. 신체의 어떠한 변화가 느껴졌는가?

3. 어떠한 생각과 감정이 떠올랐는가?

1. 인지적 정서 조절 이론

심리적 문제에 대해 인지적 관점을 취하는 심리학자들은 사람들이 심리적 문제를 겪는 이유가 어떠한 사건을 경험하고 이를 합리적이지 못한 방식으로 해석하기 때문이라고 본다. 이들은 비합리적인 사고로 인해 나타나는 문제는 비합리적 사고를 합리적인 사고로 바꾸면 해결된다고 주장한다. 정서장애를 가진 사람들뿐 아니라 대부분의 사람들이 인지적 오류를 겪는데, 이러한 인지적 오류가 정서적인 문제의 주요 요인이라고 할 수 있다.

스탠리 샥터(Stanley Schachter)와 제롬 싱어(Jerome Singer)는 정서를 느끼려면 인지적인 해석이 반드시 필요하다고 하였다. 전통적인 정서 이론은 자극을 지각하면 정서를 느끼고 그에 따라 신체 반응이 일어난다는 것이지만 2요인 이론이라고도 불리는 샥터-싱어의 이론에 따르면 우리가 어떻게 생각하는가에 따라 같은 상황에서도 다른 정서를 느낄 수 있다.

1962년 샥터는 이를 증명하기 위해 실험 참가자를 두 집단으로 나누어 각 집단에 각성제(에피네프린)를 주입하였다. 한 집단에는 주사의 효과를 알려주었으나 다른 집단에는 주사의 효과를 알려주지 않았다. 이후 두 집단 모두에게 웃기거나 성가신 일을 겪게 하였는데, 첫 번째 집단은 특별한 정서를 경험하지 않았으나 주사

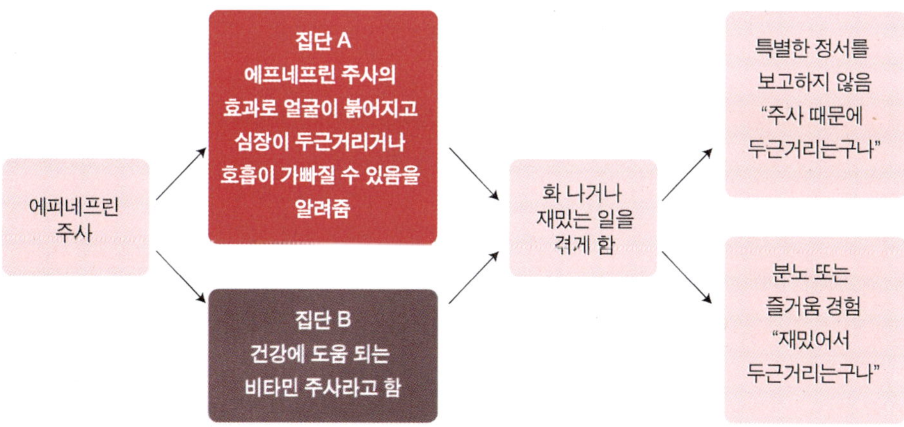

의 효과를 알지 못했던 다른 집단은 즐겁다거나 짜증난다는 정서를 보고하였다. 주사의 효과를 알고 있던 첫 번째 집단은 신체 변화가 각성제 때문에 일어났다고 생각했기 때문에 이후에 일어난 유쾌하거나 불쾌한 사건을 정서의 해석에 사용하지 않았다고 볼 수 있다. 반면 두 번째 집단은 신체 변화를 화나거나 재미있는 사건 때문으로 해석하였기 때문에 분노 또는 즐거움을 경험했던 것으로 해석할 수 있다.

1) 알버스 앨리스(Albert Ellis)의 비합리적 신념 이론

사람들이 정서적 문제를 겪는 이유는 일상생활에서 겪는 사건 때문이 아니라 그 사건을 합리적이지 못한 방식으로 지각하고 받아들이기 때문이다. 즉, 어떤 사건을 자신이 가지고 있는 비합리적인 사고 방법으로 해석하기 때문에 정서적 문제를 경험하게 된다는 것이다. 앨리스가 언급한 11가지 비합리적 신념은 다음과 같다.

앨리스의 11가지 비합리적 신념

- 나는 내가 만나는 모든 사람에게 사랑이나 인정을 받아야 한다고 생각한다.
- 나는 완벽할 정도로 유능하고 합리적이며 가치 있고 성공한 사람으로 인식되어야 한다.
- 어떤 사람들은 나쁘고 사악하고 악랄하기 때문에 비난과 벌을 받아야 한다.
- 내가 원하는 대로 일이 되지 않는 것은 내 인생에서 큰 실패를 의미한다.
- 불행은 내가 통제할 수 없는 상황에 의해 발생한다.
- 위험하거나 두려운 일들이 내게 일어나 큰 해를 끼칠 것이 항상 걱정된다.
- 어떤 난관이나 책임은 부딪혀 해결하려 하기보다 피하는 것이 더 쉽다.
- 나는 다른 사람들에게 어느 정도는 의존해야 하며 나를 돌봐줄 수 있는 사람들이 주위에 있어야 한다.
- 과거의 영향은 결코 사라지지 않고, 과거의 경험과 사건들은 현재 나의 행동을 결정한다.
- 나는 다른 사람들의 문제나 고통을 나 자신의 일처럼 아파해야 한다.
- 모든 문제는 완벽한 해결책이 있으므로 그 해결책을 찾아야 한다. 그렇지 않으면 큰 혼란이 생길 것이다.

비합리적 신념 이론에 따르면 개인의 왜곡된 지각과 잘못된 생각의 뿌리에는 비합리적이고 자기패배적인 관념들이 깔려 있으며 사람들은 '반드시 OO해야 한다'는 비합리적인 신념들을 스스로 계속 되뇌고 확인함으로써 느끼지 않아도 될 불쾌한 정서를 만들고 유지한다.

2) 아론 벡(Aaron Beck)의 인지적 오류 이론

인지적 오류 이론에서는 생활 사건의 의미를 해석하는 과정에서 인지적 오류로 인해 자신과 미래, 환경에 대한 비현실적이고 비관적인 사고 경향이 부정적인 감정을 초래한다고 본다. 인간의 감정과 행동은 객관적인 현실뿐 아니라 주관적 해

표 5-1 인지적 오류의 유형

인지적 오류	역기능적 사고	대안적 사고
흑백논리(이분법적 사고, 양자택일적 사고) : 사건의 의미를 둘 중 하나로 해석하는 오류. 두 가지 극단 중 하나로 경험을 범주화하는 것	모든 과목에서 A를 받지 못했으니 이번 학기는 완전히 실패했어.	좋은 성적을 받은 과목도 있어.
과잉일반화 : 한두 가지 사건이 모든 상황에 해당한다고 생각함	세차하고 나면 꼭 비가 와.	비가 온 적도 있지만 오지 않은 때가 더 많아.
독심술 : 타인이 어떤 생각을 하고 있는지 본인이 안다고 생각하는 것. 충분한 근거 없이 다른 사람의 마음에 대해 단정하고 확신하는 것	나를 싫어하는 게 분명해.	나를 싫어할지 좋아할지 내가 알 수 있는 방법은 없어.
의미 확대 또는 축소 : 어떤 사건의 의미를 실제보다 확대하거나 축소해서 생각함. 특히 비이성적으로 부정적인 측면을 강조하고 긍정적인 면을 최소화	소개팅에 실패하다니 나는 이성적인 매력이 전혀 없나봐.	이번 상대와는 잘 맞지 않았나 봐.
개인화: 자신과 무관한 사건을 자신과 관련된 것으로 잘못 해석	사람들이 나를 보고 수군거리네.	단지 이야기 중에 나와 눈이 마주쳤을 뿐이야.
파국화 : 미래에 대한 부정적인 생각. 어떤 사건에 대해 과하게 염려하거나 두려워하는 것	이것도 못하다니 다 끝장이야.	이번엔 잘 못했지만 다음 번엔 잘 해봐야겠다.
감정적 추론 : 느낌만으로 어떤 일의 결과를 판단하는 것	느낌이 안 좋아. 해도 실패할 거야.	걱정되는 마음에 불안한 건 당연해.

석에 의해 결정되므로 주관적 해석을 스스로에게 도움이 되는 방식으로 교정하면 심리적 고통에서 벗어날 수 있다고 하였다. 인지적 오류란 어떤 경험이나 사건을 해석하고 받아들이는 과정에서 생기는 추론 혹은 판단의 오류이다. 인지적 오류는 잘못된 사고, 부적절한 정보에 근거한 잘못된 추론 등으로부터 오는 부적절한 가정 혹은 개념으로 인지적 오류가 빈번하게 발생하면 심리장애를 초래하기도 한다. 〈표 5-1〉은 인지적 오류와 그에 따른 역기능적 사고, 그리고 이를 대체할 수 있는 사고를 정리한 것이다.

이러한 인지적 오류들은 우리가 살면서 숱하게 겪는 생각의 습관이다. 일반적인 상황에서는 그다지 문제가 되지 않는다. 예를 들어 '세차하고 나면 꼭 비가 와'라는 생각이 단지 웃어 넘길 흥미로운 사건이라고 생각하면 대안적 사고를 할 필요가 없다. 그러나 '나는 정말 운이 안 좋아', '나는 하는 일마다 안 돼'라는 파국적 생각의 과정이 된다면 의식적 노력을 통해 이를 수정해야 한다. 정말 자신이 세차를 할 때마다 비가 온다는 생각을 한다면 세차를 할 때마다 그날 또는 다음날 비가 왔는지 여부를 체크해 보면 그러한 생각이 사실인지 확인해 볼 수 있다. 2016년 서울지역을 기준으로 365일 중 227일이 비가 오지 않았는데 이는 약 62%에 해당한다. 바꿔 말하면 일 년의 38% 정도는 비가 오는 날이다. 실제로는 세차의 여부와 무관하게 비가 상당히 자주 온다고 볼 수 있겠다.

3) 귀인이론

사람들은 자신이나 타인의 행동이 왜 발생했는지 그 원인을 평가하려는 강한 동기를 가지고 있다. 심리학자들은 행동의 원인을 설명하기 위해서 거치는 과정을 귀인(attribution)이라고 한다. 우리는 일상적이고 평범하며 예측 가능한 일에 대해서는 그 원인을 찾고자 하지 않지만 예상치 못한 일이 일어났을 때나 강렬한 감정을 느끼는 경험을 할 때 '왜'라는 질문을 한다. 예를 들어, 우리는 '왜 아침에 일어나고 밤에 자야 하는가?'와 같은 질문보다는 '왜 나는 이성친구가 없는가?'와

국민 10명 중 9명 '인지적 오류' 습관

보건사회연구원 1만 명 조사…91%가
'날 무시하나' 등 부정적 생각

http://news.khan.co.kr/kh_news/khan_art_view.html?art_id=201702172136015#csidx27f2065905b58b5a2bc3c276d664e9a

인지적 오류 조사 문항

- 어떤 일을 결정할 때 사람들이 내 의견을 묻지 않는다면 그것은 나를 무시하는 것이라고 생각한다(**임의적 추론**).
- 나는 하나를 보면 전체를 알 수 있다고 생각한다(**선택적 추상화**).
- 내가 다가가자 사람들이 하고 있던 얘기를 멈춘다면 나에 대한 안 좋은 얘기를 하고 있었음이 틀림없다고 생각한다(**개인화**).
- 세상의 모든 일은 옳고 그름으로 나누어진다고 생각한다(**이분법적 사고**).
- 나는 어떤 일이 일어날 때 최악의 상황을 먼저 생각한다(**파국화**).

'어떤 일을 결정할 때 사람들이 내 의견을 묻지 않았다면 그것은 나를 무시하는 것', '내가 다가가자 사람들이 하고 있던 이야기를 멈추면 그건 나에 대해 안 좋은 얘기를 하고 있던 것' 평소에 이런 생각을 해본 적이 있다면, 자신의 정신건강을 다시금 살펴볼 필요가 있다. 이는 부정적 정신적 습관인 '인지적 오류'에 해당하기 때문이다.

한국인 10명 중 9명은 '인지적 오류' 습관을 갖고 있다는 조사 결과가 나왔다. 17일 한국보건사회연구원 '한국 국민의 건강 행태와 정신적 습관의 현황과 정책대응' 보고서에 따르면 '인지적 오류' 영역에 해당하는 5개 항목 중 1개 이상에 대해 '그런 습관이 있다'고 답한 사람의 비율은 90.9%로 나타났다. 연구원들은 지난해 9월 12세 이상 한국인 1만 명을 대상으로 설문조사를 실시해 이 같은 결과를 얻었다.

'하나를 보면 열을 안다고 생각하는 것(선택적 추상화)', '세상 모든 일은 옳고 그름으로 나뉜다고 생각하는 것(이분법적 사고)', '최악의 상황을 먼저 생각하는 것(파국화)'도 인지적 오류의 사례로 제시됐다. 연구자들은 정신건강과 관련이 있는 부정적인 정신적 습관을 7개 영역, 30개 항목으로 나눠 각 항목에 대한 설문조사 문항을 만들었다.

과거의 잘못과 실수, 실패를 되새기는 '반추'(3개 항목)나 어떤 일을 시작하기도 전부터 시간이 부족하거나 잘못되지 않을까부터 생각하는 '걱정'(3개 항목)에서 1개 이상 항목에 해당한다고 답한 이의 비율은 각각 82.4%, 70.8%였다. 자신을 가치 없는 인간으로 여기는 '자신에 대한 부정적 사고'(4개 항목)는 60.1%, 미래에 대한 희망이 없는 '무망'(4개 항목)은 47.6%, 어려운 일에 직면하면 회피하는 것이 최선이라고 보는 '자기 도피'(4개 항목)는 48.2%였다.

출처: 경향신문, 2017.02.17. 홍진수

같은 질문에 대해 더 궁금해한다.

(1) 귀인의 3요소

귀인을 할 때 중요하게 고려하는 세 가지 요소가 있다. 첫 번째 요소는 원인의 소재가 어디에 있냐는 것이다. 원인이 행동을 한 당사자의 내부에 있는지 외부에 있는지에 따라 내적 귀인 또는 외적 귀인할 수 있다. 내적 귀인은 기분, 태도, 성격, 능력, 건강, 욕구, 동기 등에 해당하는 것으로 행위자의 내부적 요인에 그 원인을 돌리는 것이다. 외적 귀인은 타인의 영향, 돈, 사회적 영향, 날씨, 운, 우연과 같이 행위자의 외부에 원인이 있다고 보는 것이다. 시험 결과가 좋지 않을 때 '노력을 하지 않았기 때문이다'라고 생각하는 것은 내적 귀인에 해당하고 '운이 나빴다'고 평가하는 것은 외적 귀인에 해당한다.

두 번째 요소는 안정성이다. 안정성은 행위의 원인이 시간이나 상황이 바뀌어도 잘 변하지 않는지 혹은 잘 변하는 것인지를 뜻한다. 안정성 측면에서 성격, 능력은 잘 변하지 않는 안정적 차원에 해당하고 운, 노력은 변동성이 큰 요인이라 불안정적인 것으로 볼 수 있다. 결과가 나빴던 시험에 대해서 '노력을 하지 않았기 때문이다'라고 생각하는 것은 불안정적 귀인, '나는 머리가 나쁘다'라고 생각하는 것은 안정적 귀인에 해당한다.

세 번째 요소는 통제 가능성이다. 통제 가능성은 성공과 실패를 개인이 조절할 수 있는가를 의미한다. 예를 들어, 노력은 본인이 통제하는 영역이지만 운이나 시험의 난이도는 내가 통제할 수 없다. 따라서 시험을 못 봤을 때 '노력이 부족했다'고 생각하면 통제가 가능한 것에 귀인한 것, '시험이 어려웠다'고 분석하면 통제 불가능한 것에 귀인한 것이다.

이 세 가지 요소를 자신의 정서적 안정을 위해 적절히 활용할 수 있다. 기본적으로 긍정적인 결과에 대해서는 내적 귀인, 안정적 귀인, 통제 가능으로 귀인하는 것이 유쾌한 감정을 느끼게 될 가능성이 높다. 예를 들어 시험을 잘 봤을 때에는 '운이 좋았다'거나 '시험이 쉬웠다', '잘 찍었다'와 같이 외적, 불안정적, 통제 불가능한 귀인을 하기보다는 '내가 노력한 결과'라고 생각하는 편이 본인의 정서적 건강과 긍정적 감정 지각에 도움이 된다는 것이다.

연구에 따르면 성공지향적인 사람들은 자신의 성공을 내적, 안정적 요인으로, 실패를 외적, 불안정 요인으로 귀인시킨다. 반면, 학습된 무력감을 형성한 사람들은 실패를 내적, 안정적 요인으로, 성공을 외적, 불안정 요인으로 귀인시키는 경향이 있다고 한다. 다만, 학습 동기를 증가시키기 위해서는 외적 요인보다는 내적 요인에 귀인('운이 나빴어'보다는 '노력이 부족했어')하는 것이 필요하다. 또한 안정적인 요인보다는 불안정적 요인('난 원래 머리가 나빠'보다는 '이번에는 열심히 하지 않았어'), 통제 불가능한 요인보다는 통제 가능한 요인('운이 나빴다'보다는 '공부를 안했어')에 귀인하는 것이 학업 성취도 증진에 도움이 될 것이다.

(2) 귀인 오류와 편향

사람들은 합리적이고 논리적인 판단을 통해 사고한다고 생각하지만 실제로는 귀인의 과정에 지속적인 오류와 편향이 존재한다. 가장 보편적으로 존재하는 편향의 유형은 기본적 귀인 오류(Fundamental attribution error), 행위자-관찰자 편향

(Actor-observer bias), **이기적 편향**(Self-serving bias)**이다**(〈표 5-2〉 참조).

표 5-2 편향의 유형

기본적 귀인 오류	다른 사람이 행동할 때 성향적 혹은 내적 요인을 과대 평가하는 경향
행위자-관찰자 편향	다른 사람의 행동을 성향적 요인에 귀인하는 반면, 자신의 행동은 상황적인 요인에 귀인하는 경향
이기적 편향	자신의 집단이 긍정적인 행동을 행한 경우에 내적 귀인하고, 다른 집단이 한 경우에는 외적 귀인하는 경향

기본적 귀인 오류는 타인의 행동을 보고 내적 원인으로 치우쳐 상황의 영향을 평가절하하여 해석하는 것을 말한다. 화를 내는 사람을 보고 '다른 사람이 화나게 했겠지'보다는 '화를 잘 내는 사람인가 보네'라고 판단하는 것에 해당한다. 행위자-관찰자 편향은 자신이 행위자일 경우 내적 귀인을 하고 자신이 관찰자일 경우 타인에 대해 외적 귀인을 하는 편향이다. 타인이 실패를 겪었을 경우 '실력이 안 되나 보네', 내가 같은 실패를 겪었을 경우 '운이 안 좋았네'와 같이 해석하는 경우를 말한다. 이기적 편향은 집단의 행동 결과가 긍정적일 때, 내집단인 경우는 내적으로 귀인하고 외집단인 경우 외적 귀인하는 경향성을 말한다. 체육대회에서 우리 과가 우승한 경우 '열심히 했기 때문'으로 귀인하고 타과가 우승한 경우 '대진운이 좋았지'라고 평가하는 것을 말한다.

2. 인지적 정서 조절 방법

1) 주의 전환

인지적 정서 조절 방법은 주로 주의를 다른 곳에 집중하거나 분산시키는 식으로 활용된다. 우리는 여러 곳에 한꺼번에 주의를 둘 수 없다. 심리학에서는 이를 선택적 주의라고 하는데, 정서 조절을 위해 선택적 주의를 이용하여 생각의 주의를 이동시킬 수 있다. 부정적 생각이 자꾸 떠오르거나 과도한 긍정적 정서가 느껴진다면 스스로에게 '그만!'이라고 외쳐 정서를 유발하는 자극에 대한 생각을 멈추도록 한다. 강렬한 정서를 느끼는 것을 피하거나 정서가 더욱 강렬해지는 것을 막기 위한 전략이다. 하지만 이러한 반응은 어떤 상황에서는 유용할 수 있지만 장기적인 효과를 기대하기는 어렵다. 우리를 잠시 기존 정서로부터 떨어트려 놓을 수는 있지만 결국 감정이 원하는 것은 느껴지고 인정되고 배출되는 것이다. 순간 무시하거나 억압하는 것만으로는 정서 조절의 충분한 효과를 보기 어렵다는 점을 감안하여 주의 전환법을 적절히 사용하는 것이 좋다.

'그만!'에 해당하는 인지적 방법들

- 숫자 세기
- 구구단 외우기
- 노래 가사 생각하기

하버드대학교 대니얼 웨그너(Daniel Wegner) 박사와 라이스 대학교 데이비드 슈나이더(David Schneider) 박사의 연구 결과, 어떤 생각을 억제하려는 시도를 하면 역설적으로 그 생각의 빈도가 늘어남이 밝혀졌다. 즉, '북극곰을 생각하지 마'와 같이 어떠한 생각을 억제하려는 시도는 오히려 개인이 억제하려고 애쓰는 바로 그 생각의 빈도를 늘리게 된다는 것이다. 따라서 '그만!'을 외치는 것만으로는 충분히 정서를 조절할 수 없다. '그만!'을 통해 일단 폭주하는 감정을 멈추고 잠시 숨고르기를 한 후에는 다른 방법을 사용해야 한다. 지금부터 소개하는 인지적 정서를 조절하는 방법들은 효과적이고 장기적으로 영향을 주는 방법이지만 꾸준하고 체계적인 연습이 필요하다.

2) 마음챙김(Mindfulness) 명상

마음챙김은 곧 자신의 감정을 알아차리고 수용하는 것이다. 판단하지 않고 감정적으로 반응하지도 않고 단지 그 상황을 알아차리기만 하는 것이다. 우리는 때로 불쾌한 감정을 피하기 위해 애써 억누르거나 모른 척하기도 한다. 그러나 감정을 무시하거나 억제한다고 해서 그 감정이 사라지는 것은 아니다. 결국 이러한 감정은 예기치 못한 순간에 다시 수면 위로 드러난다. 감정은 부정적인 것도 긍정적인 것도 아니다. 자신의 감정에 대한 인식을 바탕으로 '내가 이런 감정을 느끼고 있구나' 하는 수용이 필요하다. 어떤 때에는 부정적 감정을 느끼는 것이 당연한 경우도 있다. 면접을 앞두고 불안하거나, 가까운 사람의 죽음을 겪어 슬프거나, 좋은 성적을 받고 싶은데 시험 준비를 하지 못했을 때 걱정이 된다. 이럴 때에는 다른 방법보다 자신의 감정을 받아들이고 인정해 주는 것이 필요하다. 때로는 자신의 감정을 수용하는 것만으로도 해소가 되기도 한다. 수용만으로 해소가 되지 않을 경우는 마음챙김을 통해 자신의 감정을 알게 되면 조절에 활용할 수 있다.

마음챙김은 초기 불교(소승불교)의 마음수행 전통에서 유래한 명상법의 하나로 동남아에서 '위파사나'라는 이름으로 전해져 왔다. 우리 대승불교에서 행하는, 특정 대상에 고도의 주의를 기울이는 집중명상(concentrative meditation)과 달리, 모든 대상에 마음을 열고 '지금 이 순간 알아차림(awareness)'을 중시하는 통찰명상(insight meditation)이다. 매사추세츠대학병원의 존 카밧진(Jon Kabat-zinn) 교수는 이를 의료에 접목해 MBSR(Mindfulness based stress reduction, 마음챙김에 근거한 스트레스 감소)프로그램을 만들었는데, 만성 질병 · 통증 · 스트레스 환자들에게 적용해 큰 효과를 보았다. 다음은 카밧진이 언급한 마음챙김의 기초를 이루는 일곱 가지 태도이다.

(1) 판단하지 말라(nonjudging)

현재 이 순간 나타나는 경험들에 대해 어떤 편견도 갖지 않고 마음을 열어 주의 깊게 살펴보는 태도를 취한다. 마음챙김을 수행하게 되면 마음을 구분하여 판단하고 있다는 것과 자연스럽게 일어나고 있는 생각들을 따지고 비판하고 있다는 것을 알 수 있게 된다. 이처럼 판단하고 있다는 것을 알아차리고 판단하지 않는 마음을 가져야 한다. 마음속에서 판단이 일어나고 있다는 것을 알아차리기만 해도 판단은 그만둘 수 있다.

(2) 인내하라(patience)

인내란 자기 조절을 잘 해나가는 태도를 지속하면서 어려움을 참아내는 능력을 말한다. 언제나 자기 마음대로 될 수 없다는 것을 인식하면 인내가 보다 쉽다. 또한 초조감이 생기는 자신을 알아차리는 연습을 통해 한 순간으로부터 다음 순간으로 황급히 옮기려 하지는 않는지 주의하여 살펴보는 노력이 필요하다.

(3) 초심을 유지하라(beginner's mind)

첫 순간 느끼는 그대로의 냄새, 소리, 맛을 재경험하는 것이 바로 초심의 경험이다. 마음챙김 수련 시에는 이와 같은 순수함을 경험할 수 있어야 하고 모든 경험이 나름의 독특성이 있다는 것을 받아들여야 한다.

(4) 믿음을 가지라(trust)

마음챙김 명상은 자기 자신과 자신의 느낌을 믿는 것을 학습하는 것으로부터 시작한다. 지금 이곳에서(Here and Now) 무엇이 일어나며 자신의 신체와 마음에서 어떤 일이 일어나는지, 주변에서는 어떤 일이 일어나고 있는지를 알아차리는 연습이 바로 마음챙김이다. 주의력과 알아차리는 능력을 사용하여 주의집중을 더 잘할 수 있고, 이러한 노력을 지속하다 보면 자신답게 살아가는 방법을 스스로 발견할 수 있다.

(5) 너무 애쓰지 말라(nonstriving)

우리는 어떤 일을 하려고 너무 많은 에너지를 소모하기도 한다. 무언가를 억지로 하려고 하는 습관은 문제가 된다. 우리의 마음은 좋아하는 것은 하려고 하고 좋아하지 않는 것은 배제하려고 한다. 마음챙김이란 어떤 판단도 하지 않고 주의를 모아 관찰하는 훈련이다. 무언가를 하려고 안달하지 않되, 그러한 마음을 조용히 살펴보려는 마음을 갖는 것이 마음챙김이다.

(6) 수용하라(acceptance)

수용이란 현재 이 순간 일어나고 있는 일들을 바로 바라보는 것부터 시작된다. 주의의 초점을 지금 이곳에 모으고 전개되는 경험을 있는 그대로 받아들인다. 알아차림을 수용하기 위해서는 분노, 공포, 슬픔 등과 같은 부정적 정서도 있는 그대로 받아들여야 한다. 갈등을 느낀다면 그 갈등을 솔직히 수용한다. 그러나 모든 것을 다 좋아해야 한다거나 수동적인 태도를 취해야 하는 것은 아니다. 더 좋게 변화시키려고 하는 노력과 함께 상황의 전개를 진지하게 바라보는 것이 바로 수용이다.

(7) 내려놓으라(letting go)

집착하는 태도는 사물을 있는 그대로 정확하게 보는 데 방해가 되어 삶의 경험들을 왜곡시킨다. 몸과 마음에서 오는 내면의 압박감을 부드럽게 내려놓고 강제로 없애려 하지 말라. 명상을 통해 자신의 내면에 주의를 집중하다 보면 자신의 욕구에 집착하게 될 수도 있다. 판단을 내려놓고 그러한 자신을 너그럽게 보는 태도를 가져야 한다.

마음챙김은 단지 '판단을 배제한 채 의식적으로 현재의 순간에 주의를 기울이는 것'에 불과하다. 판단을 개입시키지 않고 순간순간에 주의를 집중하면 된다. 이를 실천하기 위한 한 가지 방법은 조용하고 편안한 공간에 앉아 깊게 호흡하면서 숨을 내뱉고 들이쉬는 것이다. 신체의 느낌과 주변에서 들려오거나 보이는 모든 자극에 집중해 보도록 한다.

정서지능 개발을 위해서도 마음챙김이 필수적이다. 감정적인 경험을 명료하고 선명하게 인식할 수 있는 능력이 정서지능을 위한 토대를 형성한다. 구글의 엔지니어로서 마음챙김 명상에 기반한 정서지능 강화 프로그램 수업을 개설한 차드 멍 탄(Chade-Meng Tan)은 많은 시간이나 노력을 들이는 것이 부담된다면 2분간 자신의 호흡에 주의를 집중하는 것만으로 마음챙김의 효과를 볼 수 있다고 말한다. 명상은 마음운동과 같아서 운동이 몸을 단련시키는 것이라면 명상은 마음을 단련시키는 것이라고 설명한다. 운동은 극복을 통해 성장이 이루어지는데, 명상 또한 극복할 것이 많다. 스마트폰의 유혹을 극복하고 하루에 2분만 나를 위한 시간을 가져보자.

마음챙김의 효과는 여러 연구를 통해 입증되고 있다. 마음챙김에 기초한 스트레스 완화 프로그램을 훈련하는 사람들을 대상으로 프로그램 전과 후를 비교해 본 결과, 혈압과 혈당 저하, 심장질환 완화, 콜레스테롤 저하, 호르몬의 균형 회복, 불안의 생리적 증상 완화, 면역체계 강화, 스트레스와 우울감 완화, 에너지 수위 상승 등의 긍정적인 변화를 보였다. 또한 8주간 마음챙김 훈련을 받은 후 피실험자들의 불안 수준이 눈에 띄게 낮아졌다. 또 다른 연구에서는 긍정적인 감정과 관련 있는 뇌 부위에서 명상 그룹에 속한 사람들의 뇌 활동이 크게 증가하는 모습이 관찰되었다.

3) 상상하기

웃는 모습을 상상하는 것만으로도 우리의 감정은 긍정적으로 바뀌며 실제로 웃을 때처럼 뇌 영역이 활성화된다. 우리의 뇌는 생생한 상상을 하면 마치 실제로 그 일을 하는 것처럼 착각한다. 눈으로 보는 것과 마음속에 그리는 것을 잘 구분

현대인 마음 건강 회복하는 '마음챙김 명상'
"마음이 고요해질 때 직관이 피어났다"(故 스티브 잡스)

http://monthly.chosun.com/client/news/viw.asp?ctcd=F&nNewsNumb=201907100051

마음챙김 명상은 현재 구글 · 애플 · 페이스북 등 세계적인 IT 기업들이 사내 복지 프로그램으로 활용할 만큼 각광받고 있다. 이 기업들이 위치한 미국 샌프란시스코 실리콘밸리에서는 10년 전부터 매년 2월이면 IT계 인사들과 의학 · 명상 · 심리학계 인사들이 모여 토론하는 '위즈덤 2.0' 콘퍼런스가 열린다. 차드 멍 탄 구글 엔지니어는 '내면검색'이라는 마음챙김 프로그램을 자체적으로 만들기도 했다. 호주 정부는 학생들의 정신건강 증진을 위해 마음챙김 프로그램을 운영하기로 했고, 영국 의회에서는 공립 교육과정에 명상을 도입하는 법안이 통과됐다. 미국 시사주간지 《타임》은 2014년 2월 커버스토리로 서양에서 인기를 끌고 있는 '마음챙김 (명상의) 혁명(Mindful Revolution)'을 다뤘다. 2003년에는 '명상의 과학'을 다루기도 했다.

국내에서도 마음챙김 명상은 여러 기업에서 주목받고 있다. LG디스플레이는 경북 문경 소재의 명상 힐링센터를 운영 중이고, 삼성전자는 2017년 5월 경북 영덕에 위치한 명상연수원 건립에 1000억 원을 투자한 바 있다. 라이나생명 또한 '마음챙김 경영'이라는 모토를 내걸고 전 직원을 대상으로 명상 프로그램을 진행했다. KT는 지난해 11월 5일 명상 콘텐츠 400여 건을 제공하는 TV 프로그램 서비스를 선보였다.

(중략)

애플 창업주 고(故) 스티브 잡스도 마음챙김 명상에 몰두한 사람 중 하나다. 잡스는 청년 시절 인도를 여행하던 중 명상 세계에 입문했다. 그로부터 30여 년간 매일같이 수련했다. 잡스는 "(명상을 통해) 마음을 관찰하다 보면 마음이 고요해지고, 마음에 더 미묘한 것을 들을 수 있는 공간이 생긴다"며 "그때 바로 직관이 피어나기 시작하고, 더 명료하게 사물을 보게 되며, 더 현재에 집중할 수 있게 된다"고 했다.

"호흡과 감각에 집중하라"

카밧진 교수는 현대인들의 마음건강이 위태로운 이유는 '생각의 과식(過食)' '생각의 과부하' 때문이라고 했다. 너무 많고 복잡한 생각을 계속 반추하기 때문에 마음이 상한다고 봤다. 그는 마음챙김 명상의 첫 단계로 '호흡에 집중하라'고 말했다. 집중해서 호흡하게 되면 자연스레 다른 생각을 하지 않게 된다. 잡념(雜念)이 들어설 여념(餘念)이 없는 것이다. '지금 이 순간 존재하는 나 자신'을 알아차리게 된다. 두 번째는 '건포도 먹기' 훈련이다. 작은 건포도 한 알을 만지고, 냄새 맡고, 씹어 넘기는 과정에 주의를 기울여서 집중하게 되면 마음이 초연해진다. 마음의 3대 구성 요소인 생각(정신·이성), 감정(희로애락), 감각(오감) 중에서 '신체 감각'에 초점을 맞추기 때문이다. 이를 4가지 원칙으로 정리할 수 있다. ▲생각하기와 느끼기를 구별하라 ▲내 몸을 샅샅이 스캔하라(보디스캔) ▲불편한 부위에 집중하면서 호흡을 반복하라 ▲복식호흡을 중요시하라

마음챙김 명상에는 호흡과 정좌(正坐), 걷기와 먹기 명상 외에 '요가명상'과 '자비명상'도 있다. 요가명상이란 호흡법에 더해 여러 스트레칭 동작을 구사하면서 스스로 신체 감각에 집중하는 명상이다. 골반 흔들기, 몸 전체 늘리기, 옆으로 누워 다리 들기, 한 팔과 다리로 균형 잡기, 소 · 고양이 · 코브라 자세 취하기 등이다. 자비명상이란 나부터 시작해 모든 존재에게 자비로운 마음을 전해주는 명상이다. 포인트는 '나 자신부터 사랑하라'는 것이다. 우선 내가 건강하고 평안하고 행복하고 성장하기를 기원하면서 서서히 좋아하는 사람에게, 이웃에게, 친하지 않은 사람에게 자비의 마음을 점진적으로 보내는 것이다.

(후략)

출처: 월간조선, 2019년 7월호. 신승민

하지 못하기 때문이다. 따라서 상상만으로도 실제 행동을 하는 듯한 효과를 볼 수 있고 생생한 감정도 만들어 낼 수 있다.

이완이 필요할 때에는 눈을 감고 가장 편안했던 곳, 가장 안전했던 곳을 상상 속에서 떠올려 본다. 그리고 그곳에 실제로 가서 편안하게 쉬는 모습을 떠올려보

면 된다. 그곳의 풍경, 온도, 공기의 냄새까지 오감을 통해 느끼게 하면 좋다. 예를 들어 지난 여름 가족과 함께 캠핑을 갔던 경험을 떠올렸다면 장소는 'OO캠핑장의 벤치', 'OO캠핑장의 계곡'이 될 수 있다. 그 외에 소리, 냄새, 맛 등 자신의 기억을 총동원하여 그때 느꼈던 다양한 느낌을 재구성한다. '날씨가 더웠는데 계곡물이 매우 차가웠고, 해는 쨍쨍한데 계곡을 따라 시원한 바람이 불었고, 개운하고 상쾌한 풀냄새가 느껴졌다. 멀리서 폭포 소리가 들리고 저녁 준비하는 사람들의 소리와 나무 타는 냄새가 났다'와 같이 구체적으로 떠올릴수록 상상하는 데 도움이 된다는 점을 명심하자. 마지막으로, 그때 느꼈던 감정을 한 단어로 정리해 본다.

스스로를 관리하기 가장 어려웠던 상황을 상상해 보면서 감정 조절을 할 수도 있다. 자신을 통제하기 어렵게 만드는 상황의 구체적인 부분에 초점을 맞춘 후 원하는 대로 행동하는 자신의 모습을 그린다. 예를 들어 중요한 발표 중에 마음을 안정시키고 자신감 있게 진행하거나 이성을 잃지 않고 감정을 건드리는 사람을 대하는 모습 등 자신이 기대하는 것을 상상 속에서 구체화하고 여기에서 오는 만족감과 긍정적인 감정을 느끼도록 한다.

4) 인지적 재평가

인지적 재평가는 비합리적 신념과 인지적 오류를 적응적인 신념과 합리적인 분석으로 바꾸고 자신에게 이로운 방식으로 귀인하는 것을 말한다. 개인의 왜곡된 지각과 잘못된 생각의 뿌리에는 비합리적이고 자기패배적인 관념들이 깔려 있다. 사람들은 이와 같은 비합리적 신념들을 자기 스스로 계속 되뇌고 확인함으로써 느끼지 않아도 될 불쾌한 정서를 만들어 내고 유지한다. 건강한 마음을 위하여 우리는 비합리적 사고를 최소화하고 합리적 사고를 극대화할 수 있어야 한다. 상황에 따른 감정과 그때 든 생각을 깨닫고 그 생각이 적절한지 객관적으로 볼 수 있도록 노력해야 한다. 또한 생각의 문제점을 찾아 합리적으로 바꾸려는 노력이 필요하다.

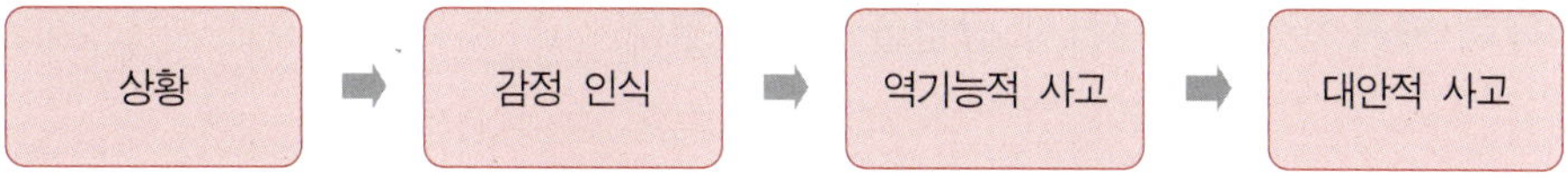

그림 5-1 합리적 해석하기의 과정

비합리적 신념, 인지적 오류, 귀인 오류 등의 역기능적 사고를 찾기 위해서는 자신의 생각의 흐름을 자세히 들여다보아야 한다. 생각의 꼬리를 물고 근본적인 생각의 문제를 찾아내서 합리적으로 재해석하는 과정이 필요하다.

합리적 해석하기의 과정은 〈그림 5-1〉을 통해 살펴볼 수 있다. 먼저 어떠한 '상황'에서 감정이 일어났는지에 대한 파악이 선행되어야 한다. 이 과정을 통해서 상황에 적절한 감정인지 판단해 볼 수 있다. 때로 상황에 맞지 않는 감정이나 강한 혹은 너무 약한 감정을 느끼는 것이 문제의 원인이 될 수 있다. 이때 상황을 자세히 들여다보는 것이 감정을 이해하는 데 도움이 된다. 그 다음은 '감정 인식'으로 어떠한 감정이 느껴졌는지를 찬찬히 느껴보는 과정이다. 자신의 감정에 '두렵다', '외롭다' 등과 같이 이름을 붙이는 것에 해당한다. 감정을 구체적으로 명확화하지 않으면 자신의 감정의 실체를 마주하기 어렵다. 그 다음은 자신이 갖고 있는 자신의 불쾌한 감정을 뒷받침하고 있는 생각의 오류를 파악하여 감정을 뒷받침하는 사고를 읽고 그 바탕이 된 생각의 오류를 찾아낸다. 마지막으로는 이를 대체할 수 있는 사고를 찾아 역기능적 사고로 인해 발생한 부정적 감정을 변화시킬 수 있다.

친구에게 같이 영화를 보자고 제안을 했다가 거절당한 경우를 생각해 보자. 친구의 거절에 '섭섭함'이나 '아쉬움'이 아닌 '분노'를 경험하였다면 다소 과도하고 부적절한 감정으로 볼 수 있다. 이때 자신의 감정을 뒷받침하는 역기능적 사고가 무엇인가를 찾아본다면 '나를 소중히 생각하지 않는다' 또는 '나를 또는 나의 제안을 무시하였다'라고 생각했기 때문일 수 있다. 우리는 이를 대체할 수 현실적이고 긍정적인 설명을 찾아 대체하는 과정을 통해 불쾌한 감정을 감소할 수 있다.

긍정심리학의 창시자 마틴 셀리그만(Martin Seligman)은 비관적인 생각에 자신을 설득력 있게 반박하는 4가지 방법을 제시하였다.

(1) 명백한 증거 제시하기

부정적인 믿음을 반박하기 위해서 그 믿음이 사실과 전혀 다르다는 증거를 찾는 것이다. 만약 '이번 학기는 완전히 실패했어'라는 생각에 사로잡혀 있을 경우 이번 학기에 잘한 일들과 잘못한 일들을 생각해 보면 잘한 일들도 꽤나 많다는 것을 알 수 있다. 또한 실패했다고 느낄 만큼 잘못한 일들은 생각보다 많지 않다. '이번 학기에 친구들을 많이 사귀지 못했지만 적어도 B 이상의 학점을 받았으니 완전히 실패한 것은 아니다' 또는 '학점은 좋지 않지만 모든 수업에 출석하여 성실히 참여하였으니 그렇지 않은 부분도 있다'라고 생각하는 것이 비관적인 생각에서 벗어나는 데 도움이 될 수 있다. 객관적으로 자신의 비관적인 판단에 대한 근거를 찾다 보면 현실성에 기초한 평가를 내릴 수 있게 된다.

(2) 대안 찾기

자기파괴적인 신념 대신 다르게 생각할 수 있는 방법은 없는지 찾아본다. 되도록 자신에게 유리한 증거를 찾아 덜 파괴적인 원인으로 자신의 행동을 설명할 수 있다. 예를 들어, '학교에 적응을 못하고 있으니 나는 쓸모가 없어'라는 비관적인 신념에 사로잡혀 있다면 '이번 학기는 1학년 첫 학기라 적응하는 데 시간이 필요했다'거나 '학교 외 활동에 집중하느라 학교 적응에 노력을 덜 했다'와 같은 식의 대안적인 생각을 해 볼 수 있다.

(3) 숨은 진실 찾기

때로는 부정적인 신념이 사실일 때도 있다. 예를 들어 '나는 꼴찌야'라는 생각은 비합리적인 신념이 아니라 사실일 수도 있다. 이럴 때에는 그 사실이 나에게 어떤 의미가 있는지 따져 보아야 한다. 우리 반에서 성적이 가장 낮다는 것이 앞으로도 내가 계속 낮은 성적을 받게 될 것이라는 의미인가? 혹은 내 인생에서 앞으로 이런 결과만 받게 된다는 것일까? 분명 기분 좋은 경험은 아니지만 본인의 판단보다는 훨씬 덜 중요한 일일 수 있다.

(4) 실질적 접근

부정적인 믿음이 사실일 경우 또 다른 선택을 할 수 있다. 바로 성장의 기회로 삼는 것이다. 살면서 부정적인 경험을 피해 다닐 수는 없다. 우리는 누구나 실수를 하고 때로는 원치 않는 일이 생기기도 한다. 인간은 학습을 통해 성장할 수 있는 존재이다. '나는 친구가 하나도 없어서 외로워'라는 믿음이 사실이라면 친구를 만드는 방법을 선택하는 것이 현실적으로 자신의 부정적 감정을 해소하는 데 도움이 된다.

맺는 활동

1 자신이 주로 쓰는 역기능적 사고는 무엇인가? 인지적 조절 이론을 참고하여 찾아보자.

- 역기능적 신념 :

2 1에서 말한 역기능적 사고를 건강한 사고로 바꾸어 보자.

- 대안적 사고:

제6장

행동적 조절

CONTENTS

시작 활동

나의 행동적 감정 조절 방법

- 기분을 긍정적으로 전환하기 위해 내가 주로 하는 활동은 어떤 것이 있는가?

1. 행동적 정서 조절 이론

어떠한 행동을 취함으로써 정서적 변화를 얻는 방법을 행동적 조절이라 한다. 먼저 행동적 조절 방법과 관련된 이론들을 살펴보도록 하자.

1) 제임스-랑게 이론

정서의 원인을 설명하는 이론을 [그림 6-1]을 통해 살펴보자. 전통적인 관점에서는 자극을 시각하면 정서를 느끼고 이에 따라 신체 각성 및 반응이 나타난다고 보았다. 즉, 영화를 보고(자극) 슬픔을 느끼면(정서) 눈물이 흐른다(신체적 반응). 이러한 관점을 깬 것은 제임스(James)로, 신체 반응이 정서 경험에 선행한다고 제안하였다. 즉, '눈물을 흘리기 때문에 슬픔을 알게 된다'는 것이다. 이 이론은 비슷한 시기에 같은 주장을 한 랑게(Lange)와 함께 제임스-랑게 이론(James-Lange theory)이라고 부른다. 제임스-랑게 이론에 따르면 우리는 위기 상황에서 판단을 할 시간이 없기 때문에 신체는 판단을 하기 전에 자동적으로 반응하고 이러한 신체적

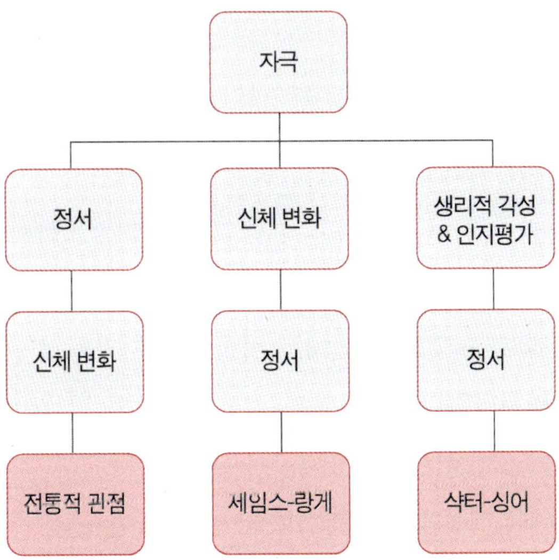

그림 6-1 정서의 원인 이론 비교

반응을 이후에 정서로 해석한다. 생리적 각성에 대한 인지적인 평가 과정이 중요함을 강조한 샥터-싱어의 2요인 이론과 비교해 보았을 때, 제임스-랑게 이론은 정서 이전에 신체적 변화가 선행하는 것을 강조하였다. 어떤 상황에서 신체적 변화가 먼저 오고 그 변화를 지각하게 될 때 특정한 정서를 느낀다는 것이다. 즉, 정서는 어떤 행동의 원인이 아니라 어떤 상황에서 신체 반응이 일어난 것을 해석한 것이다. 제임스-랑게 이론에 따르면 우리는 어떠한 자극이 자율신경계에 활동을 일으키고 이것을 다시 뇌에서 해석하는 과정을 통해 정서를 느끼게 된다.

2) 바이오 피드백 이론

우울감이 깊은 상태일 때 사람들은 자기도 모르게 부정적인 바이오 피드백을 만들어 내는 경향이 있다. 예를 들어 어깨를 앞으로 구부정하게 늘어뜨린 소심한 자세를 취하고 있으면 슬픔이 더욱 깊어진다. 뇌의 활동은 몸을 어떻게 하느냐에 따라 달라진다. 자세를 바꾸거나 얼굴의 긴장을 풀거나 호흡 속도를 늦추는 것처럼 아주 단순한 행동이 뇌의 활동과 생각, 기분, 스트레스에 영향을 미친다. 이런 변화는 대개 일시적이지만 지속적인 변화도 가능하다. 생활이 긍정적으로 변하면 신경도 긍정적으로 변한다는 것이다.

실반 톰킨스(Silvan Tomkins)는 얼굴 표정을 정서의 가장 중요한 구성 요소로 보면서 안면 근육의 움직임이 얼굴 온도의 변화, 얼굴 피부의 분비선 변화를 유발하고 이로 인해 정서를 경험하게 된다는 안면 피드백 가설(Facial feedback hypothesis)을 주장하였다. 즉, 정서는 안면의 변화로부터 시작된다는 것이다. 이 가설에 따르면 특정 사건이 뇌로 전달되면 뇌에서 얼굴로 메시지를 전달한다. 얼굴에서는 근육이나 온도, 분비선의 변화 등을 통해 특정한 표정을 만들어 내고 우리는 이를 재인식하여 감정을 느끼게 된다고 본다.

얼굴 표정뿐 아니라 행동을 긍정적으로 하는 것 또한 긍정적인 정서 상태를 만든다는 주장도 있다. 긍정적 행동을 하면 뇌 신경도 긍정적인 회로로 바뀐다는 것이다. 실제로 우리가 운동을 하면 수면 시 뇌의 전기 활동에 변화를 일으키는데, 이는 다시 불안을 줄이고 기분을 향상시켜 운동할 수 있는 에너지를 더 많이 만들어 낸다. 또한 고마운 마음을 표현하는 것은 세로토닌 생성을 돕고 이것이 다시 기분을 좋게 하고 나쁜 습관을 떨치게 도와주어 고마워할 일이 더 많이 생긴다. 동기가 강하고 감정이 일어나야 행동이 시작된다는 일반적인 통념과는 달리 행동을 통해 동기와 감정을 만들어 낼 수 있다는 것이 여러 연구들을 통해 밝혀지고 있다.

2. 행동적 정서 조절 방법

행동적 조절 방법에는 발산하기, 바이오 피드백, 문제 해결하기 등이 있다.

1) 발산하기

감정은 밖으로 내보내 주어야 해소가 된다. 슬픔을 느끼면 우리는 우는 행동을 통해 감정을 해소한다. 영화 「인사이드 아웃」에서는 표현되지 못한 '슬픔'이 몸과 마음 전체를 압도하여 이성적 사고가 불가능해진 상황을 다룬다. 감정을 적절히 표현해 줄 때 우리는 안정적으로 기능할 수 있다.

(1) 표현하기

우리가 표현에 어려움을 겪는 것들은 대부분 부정적 감정들이다. 흔히 부정적 감정을 표현하는 방법은 감정을 일으킨 당사자에게 직접 말하거나 주변 사람들에게 하소연하거나, 스스로에게 말하는 것과 같이 대상이 있는 것이다. 긍정적 감정을 표현하는 것보다는 부정적 감정들을 상황과 대상에 적절하게 표현할 수 있는 방법을 찾는 것이 훨씬 더 어렵다. 그러나 어렵더라도 이러한 감정을 표출해 내는

뇌과학으로 분석한 영화 '인사이드 아웃'

울고 나면 울었던 순간도 긍정적으로 기억

http://dongascience.donga.com/news/view/7617

기쁨은 항상 라일리가 즐겁고 행복하길 바라지만 정작 라일리가 진심으로 외롭고 힘든 순간에 기쁨이 해 줄 수 있는 일이 없다. 오히려 라일리를 치유한 건 라일리가 터뜨린 울음보, 슬픔이었다.

출처: 월트디즈니 컴퍼니코리아

미국 사우스플로리다대 연구팀은 사람들이 눈물을 흘린 사례 3000건을 모아 분석한 결과 눈물을 흘린 후에 기분과 심리 상태가 개선됐다는 연구 내용을 2009년 미국심리과학회가 발행하는 '심리과학저널'에 발표했다. 실험 참가자들은 눈물을 흘리는 동안 점점 호흡이 느려지는 진정 효과를 보였으며 스트레스도 줄었다. 또 이후에는 눈물을 흘린 상황을 긍정적인 순간으로 기억했다.

이동우 상계백병원 정신건강의학과 교수는 "울음을 터뜨리는 것은 슬픔을 직시하는 방법 중 하나"라며 "일반적으로 슬픔은 부정적인 감정이라고 인식하는 탓에 피하는 경우가 많은데, 슬픔을 있는 그대로 받아들일 때 감정이 정화될 수 있다"고 설명했다. 이 교수는 또 "우울증 환자를 치료할 때 금기 중 하나가 '괜찮아', '잘될 거야' 식의 섣부른 긍정적인 위로"라면서 "슬픔을 올바르게 겪고 나야 마음의 상처를 받아들이고 소화할 수 있게 된다"고 강조했다.

출처: 동아사이언스, 2015.07.17. 이우상

것이 감정 조절에서 가장 중요한 측면이라고 볼 수 있다. 감정이 몸 밖으로 배출될 때 우리는 더 이상 그 감정에 얽매이지 않을 수 있다.

유방암을 진단받은 환자를 대상으로 연구한 결과, 부정적인 감정을 억제하는 집단이 표현하는 집단에 비해 불안, 우울, 혼란감이 더 심하다는 것을 밝혀냈다. 또한 정서를 적게 표현하는 것은 불안장애, 기분 증상과 상관이 있었다. 생각을 억제하는 것과 걱정, 강박, 우울, 불안 간의 상관관계가 나타났으며, 스트레스 사건에 대한 자신의 경험을 노출하는 수준이 높을수록 주관적인 안녕감(행복)을 높게 경험하는 것으로 밝혀졌다.

다만, 부정적 감정을 표현하는 것이 습관이 되지 않도록 유의해야 한다. 강렬한 부정적 감정을 표현하고 나면 쉽게 흥분하는 상태가 되어 좌절한 상황에 더욱 쉽게 감정을 표출하는 습관을 갖게 될 수 있다. 예를 들어 화가 나서 집에서 쿠션을 때리거나 물건을 집어던진다 하더라도 진정되기는커녕 혈압만 더욱 상승시킬 수 있다. 외부의 좌절 상황에 분노로 반응하는 것이 습관화될 수도 있다.

부정적 정서를 노출하는 것은 심리적 안녕감을 증진시키고 정서적 스트레스를 낮춘다. 정서를 표현하는 자기 노출은 생리적 각성을 감소시키고 부정적 정서를 정화하는 효과를 가진다. 페니베이커(Pennebaker)는 1980년대 후반에 외상 경험과 그와 관련한 정서에 대해 글을 쓰면 부정적 정서를 줄일 수 있다는 주장을 바탕으로 표현적 글쓰기 치료(Expressive Writing Therapy)를 제안하였다.

① 표현적 글쓰기

자신의 감정을 적절히 표현할 수 있는 안전한 방법은 글쓰기이다. 글쓰기는 최근 '쓰기치료'로 활용될 만큼 정서적 문제의 완화에 효과를 보이는 것으로 나타났다. 그중에서도 표현적 글쓰기는 자아 표현과 자기이해를 위해 개인의 경험과 정서를 나타내는 방법으로 뒤죽박죽되어 있던 생각과 감정들을 명료하게 정리하는 데 도움을 준다. 그동안 간과해 왔던 인생의 중요한 측면을 발견할 수 있고 그 의미를 다르게 해석할 수도 있으며 가치가 없다고 생각했던 것에 가치를 부여할 수도 있다. 단지 '표현'이 중요한 것이라면 왜 말하기가 아니라 글쓰기일까? 표현적 글쓰기는 다음과 같은 장점을 갖는다.

표현적 글쓰기의 장점

- 타인에게 자신에 대한 정보가 노출될 부담이 없다.
- 부정적 자극과 반응에 익숙해져 이전만큼 강한 부정적 감정을 겪지 않아도 된다.
- 자신의 경험을 논리적이고 일관적으로 조직하고 재구성하며 의미 있는 이야기로 재창조해 내게 된다.
- 자신이 겪은 일을 이해하고 통찰을 얻게 된다.

이런 글쓰기는 단순히 일상을 기록하는 '일기'와는 다르다. 감정을 표현하는 도구로서의 글쓰기는 경험에 대한 구체적 사실 관계만을 기록하는 것으로는 충분하지 않다. 표현을 위한 글쓰기는 감정을 바탕으로 작성해야 한다.

부정적 정서에 대한 글쓰기는 불안과 우울을 감소시키는 데도 효과적이고 신체적인 건강도 증진하는 효과가 있다. 외상사건에 대한 깊은 감정과 사고를 표현하는 글을 쓰는 처치집단과 하루 일과와 같은 피상적인 주제에 대해 글을 쓰는 비교집단을 비교하였더니 처지집단은 면역기능이 더 좋아졌고, 의료기관에 찾아가는 횟수가 적었다. 외상에 대한 표현적 글쓰기를 한 대상자는 통제집단(처치를 한 집단과 비교하기 위해 아무런 처치도 가하지 않은 집단)에 비해 더 건강해졌으며 글쓰기를 통한 정서적 자기노출이 신체적 건강을 증진시켰다.

드레이크 빔 모린(Drake Beam Morin) 회사에서는 해고된 사람들을 대상으로 글쓰기에 대한 효과를 연구하였다. 63명의 전문직 종사자를 세 집단으로 나눈 다음 8개월 동안 추적 연구하였다. 첫 번째 집단은 깊은 감정과 생각 등을 기록하게 하고, 두 번째 집단은 앞으로 어떻게 할지 일상 계획이나 구직 계획을 적도록 했다. 세 번째 집단은 통제집단으로 글쓰기를 하지 않았다. 하루 20분씩 5일 연속으로 글쓰기를 하게 한 결과 자신의 감정을 표현한 글쓰기 집단은 68.4%가 재취업을 하였으나 계획에 대해 글쓰기를 한 집단은 47.6%, 글쓰기를 하지 않은 집단은 27.3%만이 취직에 성공한 것으로 나타났다. 연구자들은 글쓰기를 통해 부정적인 감정을 해소하고 새로운 관점에서 자신의 문제를 들여다보게 된 효과로 구직에 성공했을 것이라 해석한다.

걱정에 대해 글을 쓰는 것은 불안감을 완화시켜 시험 성적을 향상시키는 데에도 도움을 준다. 사이언스지에 게재된 미국 시카고대의 연구에 따르면 걱정에 대한 표현적 글쓰기가 불안감을 완화시키고 성적을 향상시키는 데 도움이 되었다. 연구에서는 20명의 대학생들에게 2차에 걸친 수학시험을 실시하였다. 1차 시험 이후 실험참가자들은 스트레스를 유발 상황을 겪도록 했다. 그 후, 학생들 중 절반은 10분 동안 다가오는 시험에 대한 자신의 감정을 표현하도록 안내되었고 나머지 절반은 조용히 앉아 있으라는 지시를 받았다. 2차 시험 결과 자신의 생각을 표현한 학생들은 시험 결과에서 5% 향상된 것으로 나타났다. 반면 스트레스를 감내해야 했던 두 번째 집단은 정확도가 12% 감소하였다.

표현적 글쓰기는 어떻게 하면 좋을까? 다음에서 표현적 글쓰기를 시도할 때 궁금할 만한 것들에 대해 살펴보자.

- **어디에 쓸까?** 연구 결과에 따르면 손으로 쓰거나 타자를 치거나 효과에는 차이가 없었다. 반드시 종이에 써야만 효과가 있는 것이 아니므로 필요할 때 언제든 스마트폰 메모장을 활용하여 자신의 감정을 표현할 수 있다.
- **얼마나 쓸까?** 적어도 4일간 20분씩 쓰도록 한다. 매일 꾸준히 써야만 효과가 있는 것은 아니며 자신의 부정적인 감정으로 인하여 어려움을 겪을 때 언제든 사용할 수 있는 도구라 생각하고 필요할 때마다 글쓰기를 하는 것

이 좋다. 한 번 시작하면 멈추지 말고 계속 쓰되 누구에게 보여줄 것이 아니므로 철자나 문법에 대해서는 생각할 필요가 없다.

- **무엇을 쓸까?** 표현적 글쓰기는 단순히 어떠한 사실을 쓰는 것이 아니라는 점에 유의하여야 한다. 이 글쓰기에는 자신의 감정에 대한 표현이 중심을 이루어야 한다. 감정을 털어놓지 못한 경우 글쓰기 연습에서 유익한 결과를 얻을 수 없을 것이다.
- **유의할 점은?** 부정적 감정을 인정하며 쓰되, 그 감정에 너무 깊이 빠지지 않도록 한다. 부정적 감정에 너무 초점을 맞추다 보면 감정에 치우쳐 자신에게 일어난 일들을 돌아볼 수 없게 된다.

② 감사일기

자신의 감정에 대해 글을 쓸 때 '감사'를 주제로 쓰는 방법도 있다. 우리는 부정적인 감정은 억지로 노력하지 않아도 잘 기억하지만 긍정적인 감정은 일부러 떠올리지 않으면 잊어버리곤 한다. 긍정적인 감정은 잊어버려도 직접적인 문제가 생기지 않지만 위험을 감지하여 대비하게 하는 부정적 감정은 기억해 두지 않으면 큰 손해가 따르기 때문이다. 감사를 경험한 일은 곧 적응하여 잊어버리기 쉽기 때문에 자꾸만 꺼내서 확인해 주어야 한다. 감사한 일을 의식적으로 떠올리면 부정적인 감정의 악순환에서 빠져나올 수 있다. 긍정적인 측면에 초점을 두는 감정 습관을 기르고 싶다면 감사일기 쓰기가 도움될 것이다.

감사일기를 통해 자주 감사하는 마음을 갖게 되면 분노, 불안과 우울이 줄어든다. 또한 친사회적 행동과 도덕적 행동이 증가하며 파괴적인 대인관계 행동을 억제하게 되어 대인관계에서 긍정적인 효과를 얻게 된다. 고마운 마음을 많이 표현하는 사람은 신체적으로나 심리적으로 더 건강하고 유익한 활동에 참여할 확률이 더 높다.

한 연구에서 불면증이 있는 대학생에게 일주일 동안 매일 감사일기를 쓰도록 하자, 수면시간 및 수면의 질이 개선되었고 신체적인 문제가 줄고 걱정을 덜 하게 되었다. 또한 매일 밤 그날의 감사한 일을 세 가지씩 쓰는 사람들은 행복감이 올라가고 우울감이 낮아졌다.

감사일기는 어떻게 이러한 효과들을 일으키는 것일까? 우리는 사실을 있는 그대로 기억한다기보다는 자신의 판단과 주의에 기초하여 사건을 재구성한다. 우리가 겪는 것을 그대로 기억하는 것이 아니라 자신이 초점을 맞춘 부분에 대해 자신의 관점에서 기억을 형성하는 것이다. 따라서 하루를 되돌아보고 긍정적인 부분에 대해 초점을 맞추어 기억을 재구성하는 것이 우리의 정서적 건강에 도움을 줄 수 있다.

(2) 전환 활동하기

기분 전환 활동

영화나 드라마 보기, 맛있는 것 먹기, 친구 만나기, 데이트하기, 음악 듣기, 악기 연주하기, 머리 손질하기, 운동하기, 게임하기, 산책하기, 여행가기, 드라이브하기, 방 정리하기, 요리하기, 청소하기, 퍼즐 맞추기, 빨래하기, 소리 내어 책 읽기, 그림 그리기, 사진찍기, 진정문 읽기, 충분한 수면 취하기

우리는 때로 기분을 전환하기 위해서 어떠한 행동들을 한다. 무료한 기분을 달래기 위해 영화나 드라마를 보거나 속상한 일이 있었을 때 친구를 만나서 수다를 떤다. 즐거움을 얻거나 기분 나쁜 일을 털어버리기 위해 맛있는 음식을 먹기도 하고 여행을 가기도 한다. 음악을 들으며 마음을 진정시키거나 기운을 북돋운다. 정리정돈, 청소, 빨래와 설거지 등의 집안일을 하는 것도 주의를 분산시키기 위한 좋은 방법이다. 부정적 감정에 주의가 집중되었을 때에는 불쾌한 기분에서 벗어날 수 있도록 의도적으로 다른 활동을 하는 것이 필요하다.

다만, 회피나 주의 분산이 목적인 전환 활동은 일시적으로 부정적 정서를 감소시킬 수 있지만 부정적 정서를 적극적으로 처리하는 것에는 방해가 된다. 자신의 감정을 인지하지 못한 채 단순히 회피할 목적으로 전환 활동만 할 경우, 장기적으로 건강하지 못한 결과를 유발할 수 있다.

① 운동하기

꾸준한 운동의 중요성은 아무리 강조해도 지나치지 않다. 익히 알려진 대로 운동을 하는 것은 심혈관계와 순환계 건강과 밀접한 관련이 있다. 신체 전반의 상태를 개선시켜 주며 유연성과 지구력을 증가시키고 체지방량을 감소시킨다. 운동의 순기능은 여기서 그치지 않는다. 신체적인 문제뿐 아니라 심리적인 문제도 운동을 통해 개선할 수 있다. 운동은 부정적 감정을 해소하고 긍정적 감정을 촉진시킨다. 운동이 심리적 건강에 미치는 효과를 살펴보면 다음과 같다.

첫째, 운동은 스트레스를 감소시킨다. 운동을 통한 육체적 자극은 긴장을 풀어주고 근육 상태를 조절하고 유지시킴으로써 스트레스와 관련된 질병을 줄이거나 예방하는 역할을 한다. 한 연구에 따르면 유산소성 운동을 한 연구 참여자는 스트레스에 대한 심리적 반응이 감소하여 덜 민감하게 반응하고 스트레스 받은 후에도 평상시 수준으로 빨리 회복하였다. 우리가 스트레스를 받을 때 분비되는 코르티솔과 에피네프린은 근육의 힘을 쓰기 위해서 만들어진 것이므로 운동을 통해서 소비하게 되면 스트레스가 완화되는 것으로 볼 수 있다.

둘째, 운동은 뇌 기능을 강화한다. 운동은 근육만 키우는 것이 아니라 뇌도 키운다. 뇌 기능의 강화는 인지적인 능력의 향상도 돕는다. 운동을 하면 뇌유래신경영양인자(BDNF)가 증가하는데 이는 뇌의 스테로이드 같은 것이다. 뇌유래신경영양인자는 뇌를 튼튼하게 만들어 우울증뿐 아니라 다른 여러 문제에 대항할 힘을 길러준다. 또한 운동은 뇌의 회복을 돕고 정신을 예리하게 만든다. 따라서 집중력을 향상시키고 싶다면 꾸준한 운동이 도움이 된다.

셋째, 운동은 자존감을 높여준다. 운동을 통해 적당한 체중을 유지하는 것은 자존감의 객관적 증거가 되어 준다. 이것은 외모의 문제보다는 '꾸준한 노력'의 문제인데, 스스로 자신이 무엇인가를 노력하고 있다는 사실이 자신감의 원천이 될 수 있다.

넷째, 운동은 수면의 질을 개선시킨다. 운동을 하면 긴장을 완화되고 불안이 감소되어 숙면을 취할 수 있게 된다. 특히 외부에서의 운동은 햇볕을 쬐게 하여 숙면을 취할 수 있도록 돕는다.

② 충분한 수면 취하기

잠을 잘 자는 것은 최소한 세 가지 측면에서 우리의 일상과 건강에 큰 영향을 준다. 첫째, 양질의 수면은 우리의 몸과 마음의 피로를 풀어준다. 잠을 충분히 못 자면 심한 스트레스가 유발된다. 갓난아기들은 수면 지속시간이 3~4시간으로 짧기 때문에 부모들은 늘 수면 부족에 시달린다. 갓난아기를 키우는 부모들이 심한 스트레스에 시달리는 것도 이 때문이다. 잠을 잘 못 자면 기분이 처지고 통증에 대한 감수성이 높아진다.

둘째, 수면은 뇌 활동의 정상화를 돕는다. 잠은 전전두피질 활동을 정상화하여 우리가 명료한 사고력을 유지하게 해주고 주의력과 의사결정 능력을 높여준다. 밤을 샜을 때 머리가 멍한 느낌이 드는 것은 전전두피질이 충분히 활성화되지 못했기 때문이다. 신체적으로는 혈압이 상승하고 스트레스가 심해지면서 면역계가 해를 입는다.

셋째, 수면은 학습을 돕는다. 수면을 통해 학습과 기억력이 향상된다. 잠을 잘 못 자면 전전두피질과 해마가 큰 영향을 받는다. 새로운 기억을 만드는 데 핵심적인 역할을 하는 해마는 밤에 푹 잤을 때에만 제대로 기능한다. 따라서 밤을 새서 공부하는 것은 하루 이틀 정도는 효과를 볼 수 있지만 학습 내용을 장기기억에 저장하기 위해서는 충분한 수면을 통해 해마가 활동할 시간을 주어야 한다.

③ 사회적 지지 추구하기

나 혼자 문제를 해결하기 힘들 때에는 다른 사람에게 도움을 요청하는 것도 좋은 방법이다. 괴로운 일이 있을 때 마음이 잘 통하는 누군가와 이야기를 나누는 것만으로도 어느 정도 해소가 될 수 있다. 조언을 해줄 수 있는 사람에게 나의 문제를 상의하거나 나에게 따뜻한 위로와 용기를 주는 사람을 만나 새 힘을 얻는 노력이 필요할 때도 있다. 친구들을 만나 수다를 떨거나 객관적인 또는 전문적인 조언을 얻을 만한 선배, 선생님과 함께 시간을 보내는 것, 전문 상담사에게 상담을 받는 것들 모두 이에 해당하는 활동이라고 볼 수 있다.

2) 바이오피드백

(1) 감정 관련 표정 짓기

우리는 행복하니까 미소 짓는다고 생각하지만 미소를 지으면 행복해지기도 한다. 폴 에크만(Paul Ekman)은 한 실험에서 참가자에게 치아로 연필을 물도록 한 경우와 입술로 물게 한 경우를 비교하였다. [그림 6-2]에서 볼 수 있듯이 치아로 연필을 물게 될 경우 자연스럽게 웃는 표정을 짓게 되고 입술로 물 때에는 웃는 표정을 짓지 못한다. 이 연구의 결과 이로 연필을 물은 집단은 영상을 보고 더 즐겁

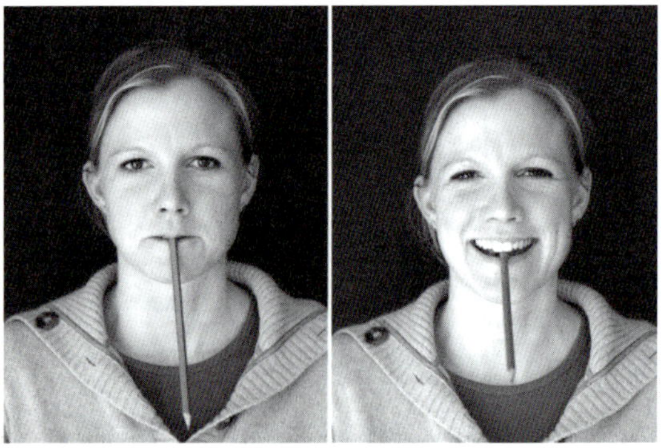

그림 6-2 연필을 입술로 물 때(왼쪽)와 치아로 물 때(오른쪽)의 표정

출처: https://www.huffpost.com/entry/looking-depression-in-the_b_5556640

다고 보고하였다. 유사한 연구가 프랑스에 있는 어느 대학교에서도 이루어졌다. 연구팀은 사람들을 두 집단으로 나누어 똑같이 만화를 보게 하고 미소가 갖는 힘을 측정했다. 한 집단에는 만화를 보는 동안 웃을 때 근육이 움직이도록 치아로 연필을 물게 했다. 그리고 다른 집단에는 웃을 때 근육이 움직이지 않도록 입술에 연필을 물게 했다. 그 결과 자기도 모르게 '미소를 지은' 사람들은 미소를 짓지 않은 사람들보다 만화를 훨씬 재미있다고 느꼈다. 즉, 우리는 즐거운 기분을 느끼고 싶을 때 즐거운 감정을 표현함으로써 그러한 감정을 일으킬 수 있다.

(2) 곧고 반듯한 자세 취하기

자신감 있는 자세는 전반적인 생각과 믿음을 더욱 자신만만하게 만들어 준다. 구부정한 자세는 에너지 수준을 떨어뜨린다. 우울한 상태일 때 사람들은 자기도 모르게 부정적인 자세를 취하는 경향이 있다. 어깨를 앞으로 구부정하게 늘어뜨린 자세를 취하고 있으면 우울이 더욱 깊어진다. 불안감이 큰 사람들은 근육이 심하게 긴장되어 있는데 이때 부정적 감정의 골이 더 깊어질 수 있다.

(3) 심호흡하기

깊게 호흡하는 식으로 호흡법을 바꾸면 감정 상태를 신속하게 바꿀 수 있다. 불안하거나 무언가에 압도된 느낌을 받았을 때에는 느린 호흡이 도움 된다. 천천히 호흡하면 미주신경의 활동이 증가하고 뇌의 부교감계 활동이 촉진된다. 천천히 깊게 호흡하면 차분하게 진정되는 것은 그 때문이다. 반대로 에너지가 더 필요하다고 느낀다면 짧고 얕게 호흡하면 된다. 많은 사람은 하루 종일 얇고 짧게 숨을 쉰다. 얕은 호흡은 뇌에서 산소를 빼앗아 결국 집중력 저하, 건망증, 지나친 기분 변화, 불안, 우울증, 두려움 그리고 무기력증을 초래할 수 있다. 따라서 호흡은 천천히 깊게 하는 것이 정서적 안정에 도움이 된다.

스트레스를 받거나 감정적인 상황에 직면할 경우 배가 부풀어 올랐다고 느껴질 때까지 코로 천천히 길게 숨을 들이마신다. 그런 다음 입으로 천천히 완전하게 내쉬어라. 숨을 내쉴 때는 폐가 완전히 비워질 때까지 계속 내쉬어야 한다. 올바른 호흡은 우리가 더 맑은 생각을 할 수 있게 해주고 스스로 차분하고 안정된 상태임을 느낄 수 있게 해준다. 심호흡은 자신의 감정을 조절하기 위해 사용할 수 있는 아주 간단하면서도 강력한 기술 중 하나다. 불안감과 스트레스에 시달리거나 어떤 사건에 대한 부정적인 생각이나 감정이 치밀어 오를 때 호흡을 조절하여 마음을 차분하게 진정시킬 수 있다.

3) 문제 해결하기

정서적인 문제가 근본 원인이 아닐 때에는 정서적 방법을 통한 해결보다는 문제를 해결하는 것이 낫다. 곧 보게 될 시험과 관련되어 불안이 심하다면 단지 불안을 해소하는 것만으로는 문제를 해결하였다고 볼 수 없다. 시험에 대한 준비가 병행될 때 근본적인 원인이 해결되는 것이다. 문제 중심적인 대처를 위해 사용할 수 있는 방법들은 다음과 같다.

- 시간을 효율적으로 사용할 수 있도록 계획한다.
- 문제의 핵심에 집중하여 문제를 해결할 방법을 찾는다.
- 일의 우선 순위를 정한다.
- 문제의 본질을 정확히 이해하려고 한다.
- 문제 해결을 위해 구체적인 행동 계획을 세우고 그대로 따른다.
- 주도적으로 문제 상황에 대처한다.
- 문제에 대한 다양한 해결책을 모색한다.

문제 해결하기는 감정을 유발하는 상황을 바꾸거나 그러한 상황이 일어나기 전에 방지하는 것이다. 집에 가는 도중에 편의점에 들러 군것질을 하는 습관 때문에 후회와 죄책감을 자주 경험한다면 다른 길을 선택해서 편의점을 들르지 않도록 하는 방법이 있다. 술을 마실 때마다 분노를 조절하기가 어렵다면 분노를 조절하기보다는 술을 덜 마시는 것이 보다 근본적인 해결책이 될 수 있다. 즉, 회피하기는 자극을 일으키는 상황 그 자체, 즉 사람이 처한 물리적 상황을 바꾸어 문제 자체의 발생 빈도를 낮추는 방법을 말한다.

일상에서 일어나는 모든 일을 통제할 수는 없지만 한 걸음 물러서서 문제와 관련된 전체 그림을 그려보면 개입의 여지가 발견되기도 한다. 다소 귀찮다고 생각될 수 있지만 문제를 해결하면 굳이 불쾌한 감정을 처리하기 위해 애써 노력할 필요도 없이 감정의 동요를 겪지 않아도 된다. 매일 같이 늦어서 상사의 눈치를 봐야 하는 사람이 '상사의 눈치를 매일같이 보는 것이 괴롭다'면 괴로운 감정을 해결하는 것에 앞서 자신이 늦는 원인을 분석하여 시간을 잘 지키는 편이 낫다.

맺는 활동

진정문 쓰기

- 나를 진정시켜 줄 글을 써보자.
- 명상문도 좋고 불안을 잠재울 문장도 좋다. 우울이나 불안에서 벗어나게 하거나 즐거움을 유발시킬 만한 생각들을 담아 '나 맞춤형' 진정문을 작성해 보자.
- 시각, 청각, 촉각, 후각, 미각의 오감을 모두 사용하면 좋다.

제3부

긍정적 정서와 부정적 정서의 활용

제7장

긍정적 정서

CONTENTS

시작 활동

나의 소확행

- 나에게 있어 소소하지만 확실한 행복을 가져다주는 것은 무엇인가?
  (사람 / 동물 / 장소 / 음식 / 시간 등)

1. 긍정적 정서

사람들은 성공과 행복을 결정짓는 요인으로 부모의 사회경제적인 능력이나 IQ, 성적과 학벌 등을 쉽게 떠올린다. 그러나 조지 베일런트(George Vaillant)의 연구에 따르면 좋은 성적과 학벌은 행복에 그다지 큰 영향을 주지 않는다. 베일런트는 인생에서 성공과 행복을 결정짓는 조건을 알아보기 위해 1930년대부터 72년 동안 그들의 삶을 종단적으로 연구하였다. 그 결과 80세가 넘어서도 행복하고 성공적인 삶을 누리는 사람의 공통점은 원만한 인간관계와 긍정적인 정서 상태인 것으로 나타났다.

과거의 심리학은 부정적 정서를 제거하면 자동적으로 긍정적 정서가 생겨날 것이라고 생각했다. 우울증과 같이 고통스러운 정서에서 벗어나면 자연적으로 행복한 정서로 전환된다는 것이다. 그러나 부정적 정서의 제거는 그 자체로 도움이 되지만 그 결과로 긍정적 정서를 얻게 되는 것이 아니다. 최근의 심리학자들은 부정적 정서의 감소와 긍정적 정서의 증진을 독립적인 과정으로 보고 있다.

긍정적 정서의 기능

긍정적 정서는 개방적인 사고를 가능하게 하고 인지적 활동을 촉진하며 목표지향적인 행동을 하게 하는 기능이 있다. 바바라 프레드릭슨(Barbara Fredrickson)은 긍정적인 감정이 협응과 조절 능력 향상, 근력과 심혈관계의 건강을 돕고 심리적·지적·사회적인 능력을 고취시킨다는 연구 결과를 발표했다. 연구에 따르면 긍정적 정서를 갖는 것은 문제 해결 능력, 새로운 정보의 학습, 사회적 관계의 견고함, 새로운 관계를 형성하는 능력, 창조성과 창의성, 미래에 대한 큰 그림을 그릴 수 있는 인지적 기능의 향상을 초래하였다. 또한 마음의 평안과 낙관적인 생각을 유지할 수 있는 정신적 에너지를 주고 마음에 자신이 가진 자원을 적절히 분배할 수 있게 한다.

(1) 개방성

사람들은 긍정적 정서를 느낄 때 다른 사람들과 더 많은 상호작용을 하게 되고 새로운 경험을 찾아 나선다. 창조적인 도전을 하거나 도움이 필요한 사람을 돕게 되는 반면 공격성이 줄어드는 효과도 있다. 기분이 좋아지면 세상에 대해서 더 많은 호기심을 지니게 되며 더 개방적이고 이타적인 행동을 하게 되기 때문이다. 이는 사회적 적응에도 영향을 주어 생산적인 직업 활동을 하게 하고 직업만족도와 대인관계의 만족도를 높이는 데에도 영향을 준다.

(2) 인지적 활동 촉진

긍정적 정서는 인지적 활동을 촉진한다. 즉, 긍정적 경험을 하게 만든 특정한 사고와 행동 방식을 학습하고 기억에 저장하여 미래의 상황에 활용하게 된다. 어린아이의 경우 즐거움을 느끼며 시작한 놀이가 새로운 학습과 탐구활동으로 이어지게 된다. 즐거움 속에서 학습한 내용은 기억에 더 잘 저장되기 때문에 유쾌한 정서가 학습 효율을 높일 수 있다. 또한 의사결정을 보다 효율적으로 하게 하여 좋은 결과를 얻을 수 있고 따라서 부정적 정서를 덜 경험하게 된다.

(3) 목표지향성

긍정적 정서는 목표지향적인 행동을 하게 한다. 부정적인 것에 초점을 맞추면 원하지 않는 것을 피하는 결정을 내리게 된다. 그런 상태는 불안감만 제거할 수 있을 뿐 행복을 추구하는 것이 아니다. 원치 않는 것을 피하고자 결정을 내리는 것이 아니라 자기가 추구하고 싶은 특정한 목표를 능동적으로 선택하면 자연스럽게 긍정적인 부분에 초점을 맞추게 된다.

(4) 삶의 만족

여러 연구에서 검증된 바에 따르면, 긍정적 정서를 많이 경험할수록 행복도가 높고 전반적으로 삶에 만족을 느꼈다. 인간의 근본적 동기는 행복과 성장 추구이다. 인간은 누구나 행복하기를 원한다. 편안하고 즐거우면서 만족스러운 삶을 추구하는 것이다. 긍정적 정서는 이러한 삶에 바탕이 되어 주기도 하고 목표가 되기도 한다.

(5) 건강

긍정적 정서를 자주 느끼는 사람이 신체적으로도 더 건강하고 질병에 대한 저항력이 강하며 수명도 더 길다. 특히 심혈관계 질환과 정서와의 관련성이 자주 보고되고 있으므로 유쾌한 정서를 유지하는 것이 건강한 삶의 토대를 마련해 준다고 볼 수 있다.

즉, 긍정적 정서를 자주 느끼는 것은 정서적 건강뿐 아니라 신체적 건강 그리고 사회적 활동에서의 적응과도 관련이 있는 것이다. 이러한 연구 결과들을 종합해

조증

모든 감정은 너무 많아도 문제이고 너무 없어도 문제이다. 부정적 감정뿐 아니라 긍정적 감정도 지나치면 병이 된다. 비정상적으로 너무 많이 느끼는 기쁨을 '조증'이라 한다. 조증은 기분이 비정상적으로 들떠 지나치게 행복감에 심취해 있는 상태이다. 행복에 지나침이 어디 있겠는가 싶지만 조증이 있는 사람은 언젠가는 우울증에 빠지게 된다. 그래서 조증은 우울증이 같이 반복되는 조울병(양극성장애)의 일종이다. 양극성장애는 극단적인 행복과 극단적인 우울을 번갈아 가며 겪게 되는 상태이다. 양극성장애의 조증 상태에서는 에너지가 넘친다. 말이 많아지고 사고가 빨리 진행되어 한 주제에서 다른 주제로 사고가 신속하게 바뀐다. 아이디어가 매우 풍부해지고 무엇이든 굉장한 일을 이룰 것 같은 의욕에 차게 된다. 목표지향적인 활동이 증가해 야심차게 여러 사업을 계획하기도 한다. 대인관계 역시 지나치게 좋아져서 시도 때도 없이 친구들이나 가족에게 마구 전화를 해댄다. 잠도 자지 않고 일에 몰두한다. 그러나 이러한 과도한 행복감은 시간이 지날수록 과민한 기분으로 변해서 자신이 세운 계획이 방해 받으면 참지 못하고 화를 내며 난폭한 행동을 보이고 환각이나 망상 같은 증상이 나타나 일상적인 생활이 불가능해진다.

볼 때 긍정적 정서를 증진시키는 노력은 우리의 심리적, 신체적 건강을 돕고 행복한 삶을 살 수 있도록 도울 것이다.

다만, 긍정적 정서가 과하면 조증, 중독 같은 병리적인 문제와 연결된다. 사회적 상황에 따라서 긍정적 감정을 조절하여 표현해야 할 때도 있다. 고대하던 여행을 앞두고 있어 설레고 흥분되더라도 지인 부모님의 장례식장에 가게 되었다면 자신의 긍정적 감정을 잠시 억제해야 한다. 조절에 실패하여 장례식장에서 '설렘'이나 '흥분'을 표현했다가는 대인관계에서 큰 어려움을 겪게 될 것이다.

2. 행복

1) 행복이란

이 장에서 우리는 긍정적 정서의 대표 주자인 '행복'이라는 복합적인 정서를 통해 긍정적 정서의 다양한 측면을 살펴보고자 한다. 행복은 '행복감'으로도 표현할 수 있는 하나의 감정이지만 그보다 훨씬 다차원적으로 이루어져 있다. 행복은 두 가지 측면에서 정의를 내릴 수 있다. 인지적 측면에서 볼 때 행복은 '자신의 삶이 어떤 상태에 있는지를 깨닫고 삶에 대한 의미나 가치의 관점에서 인간이 지속적으로 추구하는 목표'이다. 감정적인 측면에서 행복이란 즐거움, 만족스러움과 같이 매일 변하는 정서를 뜻한다.

행복을 연구하는 학자들은 '행복'이라는 일상적 용어 대신 '주관적 안녕감'으로 행복을 설명한다. 사람들은 기쁜 일은 많은 반면 부정적 정서는 적게 경험할 때, 흥미 있는 활동에 몰입되어 있을 때, 즐거움은 많은 반면 고통은 적게 경험할 때, 그리고 자신의 삶에 대해 만족할 때 주관적 안녕감이 넘쳐나는 것을 느낀다. 소냐 류보머스키(Sonja Lyubomirsky)와 탈 벤 샤하르(Tal Ben-Shahar)는 행복을 다음과 같이 정의한다.

행복이란 매일 즐거운 상태, 자신의 삶이 만족스럽다고 느끼는 기분, 자신의 삶이 유의미하며 가치 있다고 인지하는 상태이다. (류보머스키)

행복이란 충만한 즐거움과 삶의 의미를 함께 느끼는 경험이다. (탈 벤 샤하르)

두 학자의 정의에는 의미와 즐거움이 공통적으로 포함되어 있다. 의미는 인지적인 측면, 즐거움은 감정적인 측면으로, 인지적 요소와 감정적 요소를 모두 포함하고 있으며 의미와 즐거움이 동반된 것을 행복이라고 할 수 있겠다.

2) 행복의 구성요소

탈 벤 샤하르는 햄버거 모델을 통해 행복에 필요한 요소를 설명한다([그림 7-1] 참조). 햄버거 모델에는 두 개의 축이 있다. 현재는 가로축, 미래는 세로축이며 각각의 축은 양 극으로 갈수록 손실과 이익을 나타낸다. 햄버거를 먹을 때 현재에 이익이 되는 것은 맛, 미래에 이익이 되는 것은 건강이다. 어떤 햄버거는 현재 맛있지만 건강에는 그다지 도움이 되지 않는다(쾌락주의), 맛도 없고 건강에 도움이

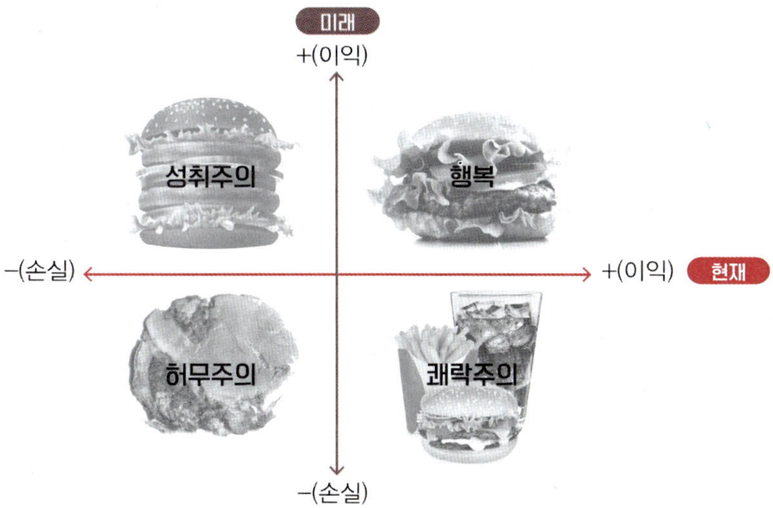

그림 7-1 행복의 구성요소

되지 않는 최악의 햄버거도 있다(허무주의). 그런가 하면 맛이 없지만 건강에는 도움이 되는 햄버거가 있으며(성취주의), 맛도 좋고 건강에도 도움이 되는 햄버거가 있다(행복). 햄버거 모델을 통해 살펴보자면 진정한 행복은 현재와 미래 모두 이익이 되는 1사분면에 있다.

- **성취주의(야채햄버거)** : 현재의 손실(맛없다) × 미래의 이익(건강에 좋다)
- **쾌락주의(정크푸드)** : 현재의 이익(맛있다) × 미래의 손실(건강에 나쁘다)
- **허무주의(최악)** : 현재의 손실(맛없다) × 미래의 손실(건강에 나쁘다)
- **행복(이상적)** : 현재의 이익(매우 맛있다) × 미래의 이익(건강에 아주 좋다)

우리는 햄버거 모델을 바탕으로 현재 자신이 어떤 형태의 삶을 살고 있는지 확인해 볼 수 있다. 현재의 이익을 주는 활동은 인간에게 즐거움을 느끼게 하고 미래의 이익을 주는 목표는 의미가 있어 성취감과 목표의식을 안겨 준다. 맛있으면서도 건강에 좋은 햄버거는 현재의 즐거움과 미래의 이익을 모두 보장해 주는 이상적인 형태에 해당한다. 즉, '즐거움 = 현재의 이익 = 감정적 측면'과 '의미 = 미래의 이익 = 인지적 측면', 두 가지 요소가 동시에 충족되는 상태를 행복이라고 할 수 있다. 다시 말해 단순히 즐거움만 추구해서는 행복에 도달할 수 없으며 의미에만 몰두한다고 행복을 성취할 수 없다. 의미와 즐거움 모두를 충족할 때 우리는 진정한 행복을 느낄 수 있다.

(1) 의미

행복의 핵심요소로 이야기하는 의미란 과연 어떤 것일까? 의미란 개인적으로 중요하고 가치 있다고 느끼는 것(중요성), 쓸모 있는 일이라고 느끼는 것(유용성)이 포함된 활동을 할 때 느껴지는 것이다. 의미에는 목적의식과 소명의식, 자기희생, 대의명분 같이 무겁고 큰 의미도 있지만 일상 속에서 경험하는 작고 가벼운 의미도 있다. 예를 들어 과제를 제 시간 안에 해내는 것, 계획한 운동을 실행하는 것, 약속시간을 잘 지키는 것 등은 작고 개인적인 의미에 해당한다.

심리학자 최인철은 행복을 느끼는 데 있어서 의미의 중요성을 다음과 같이 강조한다.

> "굿 라이프는 의미가 가득한 삶이다. 의미는 우리 삶에 질서를 부여할 뿐만 아니라 우리 자신의 정체성을 분명히 해준다. 의미는 과거와 현재와 미래를 연결시켜 주는 접착제 역할을 하며, 죽음의 공포라고 하는 가장 본질적인 존재론적 문제를 해결해 주는 역할을 한다."

쾌락과 의미에 대한 개인의 신념이 좋은 삶에 어떠한 영향을 미치는지 알아본 연구 결과, 행복을 '즐거움을 경험하고 고통을 피하는 것'으로 생각하면 오히려 즐거움과 만족을 경험하지 못하였다. 반면 '의미 있는 삶을 사는 것'이라 믿을수록 삶에 대한 만족감이 크고 긍정적 정서도 강하게 경험하였다.

우리는 긍정적 정서를 통해 좀 더 유능하고 효율적인 존재로 성장하도록 노력한다. 이러한 노력은 긍정적 정서를 좀 더 지속적이고 강렬하게 경험하기 위한 목적도 있다. 이 과정에서 부정적 정서를 경험해야 할 때도 있다. 여기서 행복에 대한 만족지연능력의 영향력이 드러난다. 미래의 의미 있는 성과를 위해 현재의 즐거움을 유예시킬 수 있는 사람, 즉 현재의 만족을 다소 지연시켜 미래의 더 큰 성과와 바꿀 줄 아는 사람이 주관적으로나 객관적으로 행복한 삶을 살 수 있는 것이다. 앞서 이완에 도움이 되는 활동으로 마음챙김 명상을 소개하였다. 마음챙김은 '귀찮다', '지루하다'는 등의 부정적 정서를 유발할 수 있다. 그럼에도 불구하고 개인을 포함하여 세계 유수의 기업들이 마음챙김에 대한 시도를 계속하는 이유는 장기적으로 볼 때 긍정적 정서에 도움이 되기 때문이다. 그리고 이렇게 유발된 긍정적 정서는 개인의 행복과 성장에 도움을 주고 지속적으로 긍정적 정서를 느낄 수 있도록 돕는다.

(2) 즐거움

① 도파민계 즐거움과 세로토닌계 즐거움

즐거움이라는 감정도 양상에 따라 다르다. 즐거움은 그 강도와 특성에 따라 도파민계 즐거움과 세로토닌계 즐거움이 있다. 도파민과 세로토닌은 모두 즐거움에 관여하는 호르몬이지만 서로 다른 성향을 지닌다.

도파민과 관련된 즐거움은 짜릿한 쾌감, 희열, 흥분 등 강렬한 강도로 나타난다. 도파민은 신바람을 만들어 고통을 잊고 일에 매진하게 하며 의욕을 불러일으킨다. 그래서 며칠 밤을 새우면서 목표한 대로 해결해 나가는 힘을 준다. 내기에서 이겼을 때 복권에 당첨되었을 때, 속으로 좋아하던 이성이 나에게 고백했을 때 도파민이 방출된다. 그러나 이런 물질들로 인한 쾌감은 오래 가지 못한다. 계속적인 도파민 분비를 위해 자극적인 것을 찾고 더 자극적인 것을 찾기 위해 위험한 행동도 서슴지 않게 된다. 도파민이 과다하게 나오면 교감신경계를 강하게 흥분시키기 때문에 불안, 분노, 우울 상태가 쉽게 나타날 수 있다. 도파민에 습관화되면 중독이 되기 쉽고 이후 도파민이 부족하면 금단 증상이 생겨 불안과 우울증이 더욱 심해진다. 도파민이 과할 경우 문제가 발생하지만 반드시 필요한 부분도 있다. 자극적인 쾌감도 경우에 따라서는 반드시 필요하다. 어떠한 행동을 시작하는 강한 동기가 되어 주기 때문이다.

세로토닌계 즐거움은 일상 속에서 느끼는 평안함, 만족감, 감사함 등과 관련되어 있다. 도파민계 즐거움에 비해 강도가 약하지만 극단적이지 않고 자극적이지 않다. 따라서 도파민계 즐거움처럼 금방 흥미가 떨어지지 않고 일상에서 지속적으로 느낄 수 있다. 오랫동안 함께한 부부가 함께 있을 때 친밀감을 느끼고 가족들이 모여서 함께 시간을 보내는 것에 만족할 때 느껴지는 감정이 세로토닌계 즐거움이라 할 수 있다.

표 7-1 즐거움의 유형

	도파민계 즐거움	세로토닌계 즐거움
감정	짜릿한 쾌감, 희열, 흥분	일상의 사는 맛, 만족, 감사함
기능	바람을 만들어 고통을 잊고 일에 매진하게 하며 의욕을 불러일으킨다.	극단적이지 않고 자극적이지 않은 즐거움
경험되는 상황	• 속으로 좋아하던 이성이 나에게 고백했을 때 • 내기에서 이겼을 때 • 복권에 당첨되었을 때	• 부부가 정을 느끼고 친밀감을 공유하는 것

② 행복은 강도보다 빈도

도파민계 즐거움이 매운 떡볶이나 롤러코스터라면 세로토닌계 즐거움은 매일 먹는 밥에 해당된다. 우리는 밥을 챙겨 먹듯 적절한 즐거움을 생활에 배치하여 행복을 도모해야 한다. 때로는 도파민계 즐거움을 통해 강한 긍정적 정서를, 평상시에는 세로토닌계 즐거움을 통해 안정과 만족을 추구해야 한다.

한 연구 결과, 작은 즐거움을 여러 번 경험하는 것이 강한 즐거움 한두 번보다 행복에 더 큰 영향을 주었다. 즉, 행복은 기쁨의 강도가 아니라 빈도인 것이다. 더 자주 행복한 것이 큰 행복을 한 번 느끼는 것보다 낫다. 1년 동안 큰 돈을 모아서 한꺼번에 쓰면서 만족감을 얻는 것보다 적절히 분배하여 자주 즐거움을 느끼는 것이 행복에 더 도움이 된다는 의미로 볼 수 있다. 모든 쾌락은 적응으로 인해 소멸된다. 큰 즐거움이라고 해서 특별히 오래 가지는 않는다. 따라서 앞의 즐거움이 소멸되면 또 다시 즐거움을 느끼는 것이 행복을 지속적으로 경험하는 데에 도움이 된다. 종합하면, 우리는 일상에서 가끔 도파민계 즐거움을 통해 활력을 얻고 잦은 세로토닌계 즐거움을 느끼면 행복에 한 발 더 다가설 수 있다.

③ 의미와 즐거움

행복에 대해 연구하는 서울대학교 최인철 교수는 의미와 재미가 모두 높은 활동을 통해 언제 행복을 경험하기 쉬운지 설명한다(〈그림 7-2〉 참조). 의미와 즐거움을 함께 경험할 수 있는 활동으로 가장 높게 평가된 것은 여행이다. 뒤이어 운동, 종교활동, 자원봉사, 데이트, 산책 등이 의미와 즐거움을 함께 느끼는 활동으로 조사되었다. 단, 이러한 연구 결과는 개인의 주관적 보고를 모두 합하여 통계 낸 자료이므로 개개인의 결과와 다를 수 있다. 자신에게 의미와 즐거움을 모두 주는 활동이 궁금하다면 스스로 평소 하는 활동들에 대해서 의미와 재미에 점수를 부여하고 그래프상에 표현해 보면서 찾을 수 있다.

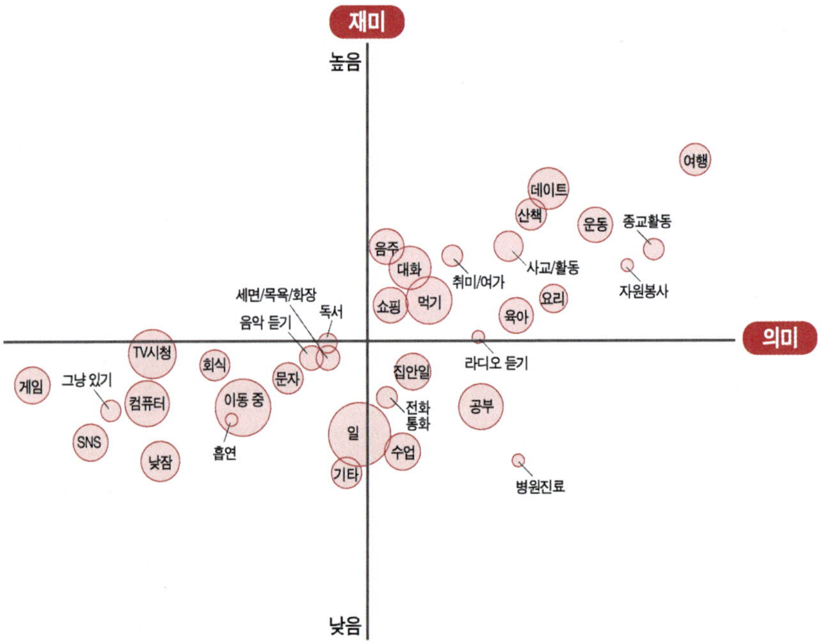

그림 7-2 행복 칼로리표

출처: Choi, Catapano, & Choi(2017)

그래프를 참조하여 행복을 경험하기 위해 시도할 수 있는 활동들은 다음과 같다.

- **여행을 한다**: 여행은 1사분면에 있는 먹기, 대화, 쇼핑, 산책, 대화 등으로 구성되어 있는 재미와 의미가 조합된 활동이다. 여행을 통해 즐거움과 의미를 함께 경험하고 행복한 순간들을 자주 체험할 수 있다.
- **햇빛을 쬐며 걷는다**: 햇볕을 쬐는 활동은 세로토닌의 분비를 촉진하고 숙면을 돕는다. 또한 적당한 운동이나 산책은 몸에 활력을 불어넣는다.
- **타인을 돕는다**: 친절한 행동은 고독과 심리적 압박을 줄여주고 면역체계를 강화하며 통증을 완화하고 심혈관 기능을 개선한다. 봉사활동을 하는 사람의 우울증이 완화되거나 행복함, 성취감, 자제력이 향상된다. 자신 스스로 이타적이고 배려심 넘치는 사람이라고 생각하게 되면 자신감이 올라오고 낙천적으로 생각하게 되며 자신이 유의미한 존재라는 인식이 높아진다. 봉사활동뿐 아니라 일상에서 가볍게 타인을 돕는 활동도 포함된다.

3. 행복의 조건

행복에 영향을 주는 요소는 크게 사회적 측면과 개인적 측면으로 나눌 수 있다. 이를 '행복한 나라의 조건'과 '행복한 개인의 조건'을 통하여 살펴보도록 하겠다.

1) 행복한 나라의 조건

World Happiness Report
https://worldhappiness.report

유엔 산하 자문기구인 지속가능발전해법네트워크(SDSN)에서는 매년 세계 행복의 날을 맞아 153개 국가에 대한 행복 보고서를 발표한다. SDSN은 1인당 국내총생산GDP, 사회적 시원, 기대 수명, 사회적 자유, 관용, 부정부패, 미래에 대한 불안감 총 7가지 지표를 기준으로 국가별 행복지수를 산출한다. 이 보고서에 따르면 2020년 대한민국의 행복지수는 5.872점으로 전체 153개국 중 61위이다. 우리나라는 2020년 건강 기대수명(10위)과 1인당 GDP(27위) 등 2개 항목은 비교적 상위권이었으나 관용(81위)과 부정부패(81위), 사회적 지원(99위), 삶에 대한 선택의 자유(140위) 등 4개 항목은 중하위권에 그쳤다. 항목별 순위를 토대로 요약하면, 우리나라는 경제적으로 풍요롭고 보건의료 서비스 수준이 높으나, 사회적으로 갈등과 차별, 불신이 심하고 개인이 더 나은 삶을 선택할 기회와 이에 대한 사회적 지원이 상당히 부족하다고 볼 수 있다. 이는 2015년도보다 14위 하락한 결과이다.

표 7-2 SDSN에서 발표한 우리나라의 국가 행복순위

연도	2015	2016	2017	2018	2019	2020
국가 행복 순위	47	58	56	57	54	61

1위는 10점 만점에 7.809점을 받은 핀란드로 3년 연속 세계에서 가장 행복한 나라로 꼽혔다. 핀란드에 이어 상위권을 차지한 나라는 2위 덴마크, 3위 스위스, 4위 아이슬란드, 5위 노르웨이, 6위 네덜란드, 7위 스웨덴, 8위 뉴질랜드, 9위 오스트리아, 10위 룩셈부르크 등 북유럽 국가가 주를 이뤘다.

북유럽 국가들이 다른 국가들에 비해 더 행복한 이유는 무엇일까? 2020년 세계 행복보고서에서는 다음과 같은 요인들이 도움이 되었을 것으로 분석하고 있다.

- 관대한 사회복지제도(Welfare state generosity)
- 정부기관의 우수성(Istituional quality)
- 소득 평등(low levels of income inequality)
- 삶에 있어서 선택의 자유(freedom to make life choices)
- 타인에 대한 신뢰와 사회 응집력(Trust in other people and social cohesion)

보고서는 "복지 불평등이 적은 사회가 더 행복하다"고 강조한다. 또 "더 나은 사

회환경은 웰빙의 불평등을 현저히(약 13%) 줄이고 삶의 만족도를 한층 향상시킨다"면서 "개인적 역경은 복지 사다리의 가장 아래에 있는 사람들에게 더 치명적이기 때문에, 신뢰할 수 있는 사회환경은 가장 고통받는 사람들의 행복도를 높일 수 있는 효과적인 방법"이라고 한다. 각종 보고서에 나타난 한국인의 낮은 행복 지수가 사회적 측면에 기인할 수 있음을 확인한 결과로 볼 수 있다. 덴마크에서 가난은 한국보다 행복에 영향을 덜 미칠 것으로 추측해 볼 수 있다. 우리나라는 부자와 가난한 사람 사이의 격차가 크고, 가난한 사람들을 위한 사회적 지원이 적기 때문이다.

2) 행복한 개인의 조건

크리스토퍼 피터슨(Christopher Peterson)은 많은 연구 결과들을 종합하여 행복과 상관을 나타내는 요인들을 세 가지 수준으로 분류하여 제시한다. 다음 표와 같이 낮은 정도의 상관을 보인 것은 나이, 성별, 교육수준, 사회계층, 소득 등이었고 높은 상관을 보인 것은 직업 만족도, 낙관성, 자존감, 긍정 감정의 경험 빈도 등이었다. 친구의 수나 결혼 여부, 성실성이나 외향성 같은 성격적 특성은 중간 정도의 상관을 보고하였다.

표 7-3 피터슨(2006)이 보고한 행복과 정적 상관을 나타내는 요인들

낮은 상관	중간 정도의 상관	높은 상관
• 나이 • 성별 • 교육수준 • 사회계층 • 소득 • 자녀 유무 • 지능수준 • 신체적 매력도	• 결혼 • 종교 • 여가활동 • 친구의 수 • 신체적 건강 • 성실성 • 외향성 • 정서적 안정성 • 내부적 통제소재	• 낙관성 • 자존감 • 감사경험 • 직업 만족도 • 성적 활동의 빈도 • 긍정 감정의 경험 빈도 • 일란성 쌍둥이의 행복도

출처: 권석만(2008). 긍정심리학.

다만, 상관관계는 두 변인 간의 관련성을 보여주는 것으로서 인과관계를 보여주지는 않는다. 따라서 표에 제시된 요인들은 행복의 원인이라고 간주할 수는 없다는 점을 유의해서 보아야 한다. 그럼에도 불구하고 이러한 행복과 다양한 요인들의 상관 연구 결과는 많은 시사점을 가져다준다. 중간 이상의 상관을 보인 요인들 중 일부를 더 자세히 살펴보도록 하자.

(1) 낙관성

행복에 대한 연구에서 일관적으로 상관을 보이는 것 중 하나는 낙관성이다. 낙관주의를 강화시키면 긍정적 정서가 강화된다. 서울대학교 행복연구센터의 연구결과에 따르면 낙관성을 갖게 되면 행복해질 가능성이 있지만 행복해진다고 해서 낙관적이 되지는 않는다. 즉, 낙관성은 행복의 결과가 아니라 원인이 된다. 행복감을 증진하려면 비관주의를 약화시켜서 부정적 정서를 감소시킬 뿐 아니라 낙관주의를 강화하여 긍정적 정서를 고양시켜야 한다. 낙관성은 주관적 안녕의 예측요인인 자존감, 인생에 대한 통제감, 긍정적 대인관계와도 밀접한 관계를 지니고 있다. 셀리그만은 사건의 원인을 좀 더 긍정적인 방향으로 재귀인하는 방법을 학습함으로써 낙관성을 증진시킬 수 있다고 제안하면서 이를 학습된 낙관주의라고 불렀다. 다만 낙관성이 장기적인 행복 증진에 기여하려면 현실적인 근거에 바탕을 두고 있어야 한다.

(2) 자존감

자존감은 자기 자신에 대한 전반적인 평가와 태도를 의미한다. 자존감이 높은 사람일수록 자신에 대해 긍정적으로 평가하고 우호적인 태도를 갖는다. 자존감이 높은 사람은 자신을 가치 있는 유능한 존재로 생각하며 자신에 대한 만족감을 지닌다. 자존감은 삶의 만족도와 매우 높은 상관을 보이는 것으로 나타났다. 만성적으로 낮은 자존감을 지닌 사람은 자신의 삶에 대해서 만족감을 느끼기가 어렵다.

낮은 자존감은 실패와 좌절의 결과로서 우울증을 비롯한 다양한 정서장애의 유발 요인이 될 수 있다.

(3) 외향성

외향성은 개인의 심리적 에너지 즉, 주된 관심사가 외부환경으로 지향되는 성향이고 내향성은 관심의 방향이 내면적 경험으로 향하는 성향을 뜻한다. 외향성은 주관적 안녕을 예측하는 매우 중요한 성격 요인으로 많은 연구에서 외향성과 행복도의 높은 상관이 보고된다.

표 7-4 외향성과 내향성

외향성	내향성
• 보상에 민감하여 목표달성에 집중한다. • 목표 지향적인 빠른 일처리. • 현재 발생하는 주변의 일에 초점을 둔다. • 사람들과 어울리는 건 좋지만 반드시 친밀감을 추구하지는 않는다.	• 보상을 얻기 위해 고군분투하지 않고 쉽게 흥분하지 않는다. • 경고 반응에 민감하다. • 신중, 주의 깊음, 정확한 일처리. • 이것저것 생각하고 회상하고 가정하며 미래의 계획을 세운다. • 친밀감을 중시하여 진지하고 의미 있는 대화를 좋아한다.

그렇다면 내향적인 사람들은 어떻게 행복을 찾을 수 있을까? 내향성과 외향성 모두 친교의 욕구는 비슷하지만 선호하는 방식이 다르다. 외향적인 사람은 모든 일이든 친구들과 함께 하는 것을 선호하기 때문에 산책, 운동, 공부도 함께 할 때 더 즐겁고 잘 된다. 또한 다양한 인간관계를 맺으며 즐거움을 경험한다. 따라서 선후배 모임이나 오랜만에 보는 친구들과 모임을 즐긴다. 반면 내향적인 사람들은 친한 소수의 친구들과 깊은 교류를 할 때 더 행복하다. 친구와 산책을 하거나, 조용한 카페에서 만나 깊은 교감을 나누거나, 가족과 함께 시간을 보낼 때 긍정적 정서를 경험하는 것으로 나타났다. 긍정적인 사회적 관계의 존재 여부는 특히 내

[마음 읽기] **내성적인 사람이 온다**

(전략)

https://news.v.daum.net/v/20200701001948234?f=m

'사회적 거리 두기'가 불편하지 않아

난공불락으로 보이던 이 외향성의 제국에 바이러스로 인한 붕괴의 조짐이 나타나기 시작했다. 내성적인 사람에게 최적의 환경이 만들어진 셈이다. 그들의 전매특허인 '사회적 거리 두기'가 새로운 게임의 규칙으로 등장하고, 사회적 거리 좁히기라는 외향성의 룰이 사라진 것이다. '사회적 거리 두기'가 외향적인 사람에게 형벌이라면 내성적인 사람에게는 취미이자 특기다. 코로나 팬데믹 기간 중 외향적인 사람과 내성적인 사람의 행복감 변화를 분석한 서울대 행복연구센터의 연구에서도 외향적인 사람의 행복감이 더 크게 하락한 것으로 나타났다.

운동장은 이제 반대로 기울고 있다. 내성적인 사람이 외향적인 사람인 척 연기할 이유가 사라졌다. 타고난 성격을 아쉬워해야 할 이유도 사라졌다. 그동안은 "제가 좀 내성적이라서요…" 하면서 미안함과 죄의식을 느끼며 모임에 빠졌다면, 이제는 외향적인 사람이 "제가 좀 외향적이라서요…"라고 멋쩍어하며 모임을 열어야 한다.

이제 해명은 그들의 몫이 되었다. 삶의 모든 순간이 해명일 때 그 삶은 얼마나 비루했던가?

내성적인 동지들이여. 외향적인 사람의 역습을 경계하라. 사람 사는 재미란 서로 부대끼는 것이라며 또다시 회식과 회의를 꺼내 들 때, 사람 사는 재미란 '꼭' 필요한 사람과 부대끼며 지내는 것이라고 당당하게 맞서라.

음지에서 양지를 지향해야만 했던 우리의 비루한 삶은 이제 끝났다.

출처: 중앙일보, 2020.7.1. 최인철

향성의 사람의 행복에 도움이 된다. 긍정적 인간관계는 정서적 친밀감과 사회적 지지를 제공한다. 배우자, 가족, 친구와의 관계에서 경험하는 친밀감은 삶의 만족도를 예측하는 가장 강력한 변인이다.

성향과 무관하게 사회적 지지는 행복에 늘 긍정적인 영향을 준다. 좋은 사람들과 친밀하고 지지적인 관계 속에 살고 있다면 자존감과 자신감이 높아질 뿐 아니라 어려움에 적극적으로 잘 대처하게 되어 심리적 장애를 나타낼 가능성이 줄어든다. 긍정적 인간관계와 행복은 서로 영향을 주고받는다. 행복감을 느끼면 인간관계가 증진되며 타인과의 긍정적 관계 경험을 통해 다시금 행복을 느낄 수 있다.

(4) 몰입

미하이 칙센트미하이(Mihaly Csikszentmihalyi)에 따르면 몰입은 '무언가에 흠뻑 빠져 있는 심리적 상태'를 뜻한다. 현재 하고 있는 일에 완전히 빠져 있는 경험은 부정적 정서를 상쇄시키고 긍정적 정서를 촉진한다. 몰입 상태에는 강렬한 주의집중이 일어나는데 이러한 주의집중은 애써 노력하여 일어난다기보다는 과제에 대한 흥미로 인해 자발적으로 일어나는 것으로 볼 수 있다. 이러한 몰입 상태에서는 시간의 흐름을 망각하게 된다. 몰입 상태에서는 그것이 일이라고 해도 스트레스가 해소되며 흥분감을 느낄 수 있고 자신을 상실할 정도로 심취하게 된다. 몰입은 누구나 가능한 경험이며 분명한 목표가 있고, 즉각적인 피드백이 주어질 때, 개인의 수준과 과제의 난이도가 적절한 균형을 이룰 때 잘 일어난다. 또한 개인의 흥미와 과제의 특성이 잘 일치해야 몰입을 경험하기가 쉬운 것으로 보인다.

"돈 = 행복?"

일반적으로 우리는 소득이 많아지면 행복해질 것이라 믿는다. 이러한 믿음은 사실에 근거하는가?

연구에 따르면 어느 정도까지는 소득이 높아질수록 행복해지지만 일정 수준 이상부터는 소득이 많아져도 더 이상 행복해지지 않는 것으로 나타났다. 이러한 결과는 두 가지 측면에서 살펴볼 수 있는데 첫 번째로 '소득이 많아지는 것으로 올릴 수 있는 수준은 한계가 있다'는 것이다. 어느 수준까지는 소득 상승으로 인해 결핍들을 채워 나가면서 행복을 경험하게 되지만 어느 정도 결핍이 채워지고 난 뒤의 추가적인 행복은 다른 것을 통해 얻어야 한다. '소득이 높아지면 희생해야 되는 것들이 있다'고 볼 수도 있다. 더 많은 소득을 얻기 위해서는 시간과 노력이 더 소요되고 이에 따라 가족들과 함께하는 시간이나 휴식을 취하는 시간, 취미활동을 하는 시간 등을 포기하면서 더 이상 행복해지지는 않는다고 해석할 수 있다.

돈 많다고 행복? 일정 소득 넘으면 행복감은 제자리

https://news.joins.com/article/18878679

지난 12일 올해 노벨경제학상 수상자로 선정된 앵거스 디턴 프린스턴대 교수는 돈과 행복의 상관관계에 대한 연구를 했다. 2010년 프린스턴대 동료인 대니얼 카너먼 교수(2002년 노벨경제학상 수상자)와 함께 미국 과학학술원지(PNAS)에 소논문을 발표했다. 2008~2009년 미국 전역 45만 명을 대상으로 한 갤럽 설문조사를 토대로 통계를 돌려봤더니 '소득이 높아질수록 삶에 대한 만족도는 계속 높아지지만, 행복감은 연봉 7만5000달러(8500만 원)에서 멈춘다'는 것이다. 쉽게 말해, 연봉이 5000만 원에서 6000만 원, 6000만 원에서 7000만 원으로 높아질 때는 돈의 액수와 비례해 행복감도 높아진다. 하지만 연 8500만 원 이상을 벌게 되면 연봉이 9500만 원, 1억 원이 돼도 더 행복해지지 않는다는 것이다.

출처: 중앙선데이, 2015.10.18. 박성우

나만의 행복 레시피 찾기

1 내가 하는 활동들을 떠올려보고 의미와 재미를 -10부터 10까지의 점수로 평가해 보자.

활동	의미	재미

2 의미점수와 재미점수를 그래프에 옮겨보고 각 점수가 만나는 지점에 점을 찍어 어떠한 활동인지 써보자.

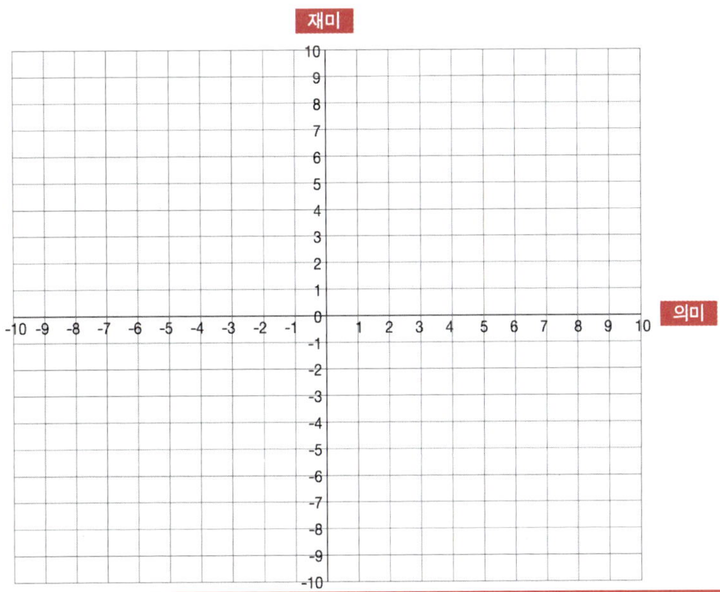

제8장

부정적 정서

CONTENTS

시작 활동

우울감 검사

• 지난 일주일 동안 가장 잘 나타내는 숫자에 ○표 하시오.
• 너무 오래 생각하지 말고 솔직하게 응답하시오.
① 극히 드물었다(1일 이하) ② 가끔 그랬다(1~2일) ③ 자주 그랬다(3~4일) ④ 대부분 그랬다(5~7일)

번호	문항	응답
1	평소에는 아무렇지도 않던 일들이 귀찮았다.	① ② ③ ④
2	입맛도 없었고, 먹고 싶지도 않았다.	① ② ③ ④
3	가족이나 친구가 도와줘도 우울한 기분이 나아지지 않았다.	① ② ③ ④
4	나도 다른 사람들만큼 능력 있다고 느꼈다.*	① ② ③ ④
5	어떤 일을 하든 집중하기 힘들었다.	① ② ③ ④
6	우울했다.	① ② ③ ④
7	하는 일마다 힘들다고 느껴졌다.	① ② ③ ④
8	앞일이 암담하게 느껴졌다.	① ② ③ ④
9	내 인생은 실패작이라고 느꼈다.	① ② ③ ④
10	두려웠다.	① ② ③ ④
11	잠을 설쳤다. 잠이 안 왔다.	① ② ③ ④
12	비교적 잘 지냈다.*	① ② ③ ④
13	평소보다 말를 적게 했다. 말수가 줄었다.	① ② ③ ④
14	세상에 홀로 있는 것처럼 외로웠다.	① ② ③ ④
15	사람들이 나를 차갑게 대하는 것 같았다.	① ② ③ ④
16	큰 불만 없이 생활했다.*	① ② ③ ④
17	갑자기 울음이 나왔다.	① ② ③ ④
18	슬펐다.	① ② ③ ④
19	사람들이 나를 싫어하는 것 같았다.	① ② ③ ④
20	도무지 시작할 기운이 안 났다.	① ② ③ ④

점수계산

① 0점 ② 1점 ③ 2점 ④ 3점
* 4, 12, 16은 ① 3점 ② 2점 ③ 1점 ④ 0점 역으로 계산한다.
• 0~20점 : 정상적인 우울감
• 21~40점 : 주의가 필요한 우울감. 2주 이상 지속된다면 가까운 전문기관을 방문하기를 권한다.
• 41~60점 : 심각한 우울증. 우울증은 의지로 극복할 수 없다. 적극적으로 정신건강 전문가의 도움을 받기를 추천한다.

※ 위 점수 계산법은 한국판 역학연구센터 우울척도(CES-D)의 기준을 따름.

출처: 「주요 우울증 환자의 예비평가에서 CES-D의 진단적 타당성 연구」, 조맹제, 김계희. 대한신경정신의학회, 1993

1. 부정적 정서

1) 부정적 정서의 기능

우리는 종종 감정 때문에 어려움을 겪는다. 대부분의 사람들은 유쾌한 감정보다는 불쾌한 감정을 느낄 때 이를 적절하게 처리하고 표현하는 것을 힘들어한다. 마음이 너무 아프고 속상할 때, 혼란스럽고 불안할 때 우리는 차라리 감정이 없었으면 하고 바라기도 한다. 그러나 부정적 정서도 기능적인 측면이 있다. 부정적 정서가 '나쁜' 정서가 아닌 이유는 우리의 생존을 돕기 때문이다. 걱정은 신중한 판단을 하게 하고 불안은 안전을 돕는다. 두려움이나 불안은 위험을 감지하여 조심스럽게 행동하도록 도와주어 위험한 상황에 처하지 않도록 미리 대처할 수 있게 한다. 분노는 억울하거나 부당한 일을 당했을 때 이를 표현하여 상대방이 나의 불편함을 알게 하고 자신에게 유리한 방향으로 상황을 이끌 수 있다. 우울감은 사람을 차분하게 만들어 집중하고 몰입하도록 돕는다.

그러나 대부분의 상황에서 부정적 정서는 부적응을 초래하고 심신의 건강에 해로운 영향을 준다. 또한 일상에서 긍정적인 정서보다 부정적인 정서가 더 많이 기억되고 개인의 주관적인 안녕감에 더 큰 영향을 준다. 따라서 대부분의 감정 조절은 부정적인 정서를 증가시키기보다는 감소시키는 데 그 목적이 있다고 볼 수 있겠다.

2) 부정적 정서의 영향

미국 일리노이 주립대 에드 디너(Ed Diener) 교수는 1부터 10까지 눈금으로 행복감을 측정했을 때 8 정도를 기록한 사람들이 9나 10을 기록한 사람보다 더 성공적이며 교육과 소득 수준이 높다는 것을 발견했다. 매우 높은 행복감을 느끼는 사람들보다 오히려 약간의 불편이 있는 사람들의 성취가 더 높았다는 것이다. 따라서 우리가 추구해야 할 목표는 부정적 감정의 완벽한 해소가 아니라 적당히 부정적 감정을 처리하고 장기적이고 지속적인 긍정적 감정을 느낄 수 있도록 하는 것이다.

대부분의 경우 부정적 감정은 우리에게 부적응적인 결과를 초래한다. EBS다큐멘터리 팀이 초등학교 4학년 아이들을 두 집단으로 나누어 실험을 했다. 두 집단의 평소 수학 평균 점수는 거의 같았다. A집단에게는 지난 일주일 동안에 겪었던 기분 나쁜 일, 짜증나는 일, 부정적 감정이 들게 했던 일을 5가지 적어 보라고 하였고 B집단에게는 지난 일주일 동안 경험했던 기분 좋은 일, 행복하거나 신나는 일 등 긍정적 감정이 들게 했던 일을 5가지 적으라고 하였다. 그 이후 A, B집단 학생들에게 수학시험을 보게 하였다. 그 결과 부정적 감정을 적었던 A집단은 평균 73.5, 긍정적 감정을 적었던 B집단의 평균은 78.6점으로 평균 5점에 가까운 성적 차이를 보였다. 부정적 감정은 우리의 인지적 능력을 감소시키고, 긍정적 감정은 인식 능력을 확장시키기 때문으로 해석할 수 있다.

한 연구에 따르면 부정적인 감정을 느끼는 것 자체보다 부정적 감정을 느끼는 것이 나쁘다고 생각하는 것이 건강에 더 안 좋은 영향을 끼친다. 이 연구 결과는 우리가 부정적 감정에 대해 긍정적인 태도를 가져야 할 필요성을 알려준다. 즉, 스트레스를 받는 것 자체보다 '스트레스를 받아서 내 건강이 상하게 될 것'이라는 믿음이 자신의 건강을 해친다는 것이다. 부정적 감정을 느끼지 않을 방법은 없다. 다만 부정적 감정을 부정적으로 느끼지 않는다면 우리는 몸과 마음을 건강하게 유지하며 더 나은 삶을 살 수 있을 것이다.

앞에서 여러번 강조하였듯, 부정적 감정은 적절히 표현되는 것이 중요하다. 감정 표현은 단순히 감정을 드러내는 것이 아니라 감정과 관련된 문제 해결 방법을 찾는 것이다. 우리가 추구해야 할 목표는 자신이 어떤 감정을 왜 느꼈고, 어떻게 표현해야 할지를 아는 것이다. 단순히 감정을 쏟아내는 것은 '감정적'인 것과는 다르다. 이번 장에서는 우울, 불안, 분노의 감정에 초점을 두고 부정적 감정의 원인과 일상에서 이러한 감정들을 다룰 방법에 대해 알아보겠다.

2. 우울

1) 우울감과 우울증

우울감은 점차 사는 것이 재미없어지고 좋아하거나 사랑하는 대상에 대한 애정도 시들하고 인생의 즐거움이나 의미를 찾지 못할 때 느껴지는 감정이다. 이 책에서 다루고자 하는 우울은 우울감으로 치료가 필요한 우울증과는 구분되는 '감정'의 영역에 해당한다.

표 8-1 우울감과 우울증

우울감	우울증
• 점차 사는 것이 재미없어지고 좋아하거나 사랑하는 대상에 대한 애정도 시들하고 인생의 즐거움이나 의미를 찾지 못한다. • 비교적 확실한 원인이나 계기가 있으며, 주변 환경을 바꾸거나 개인적인 의지를 통해 완화할 수 있다.	• 식욕저하 또는 식욕증가, 부정적 사고, 무가치감, 자살에 대한 반복적인 생각, 자살시도 • 괴로움에서 극복할 수 없을 것 같고 앞으로도 지속될 것처럼 느껴져 전문가의 도움이 필요한 상태

우울감이 순간의 기분이라면 우울증은 안정적인 상태로 쉽게 변하지 않는다(〈표 8-1〉 참조). 우울감은 우울증보다 비교적 확실한 원인이나 계기가 있으며, 주변 환경을 바꾸거나 개인적인 의지를 통해 완화할 수 있다. 우울감과 달리 우울증은 반드시 전문가와의 상담 및 치료를 필요로 하는 질병이다. 우울증에 걸리면 식욕저하 또는 증가, 부정적 사고, 무가치감, 자살에 대한 반복적인 생각이나 시도가 동반된다. 다소 흔하게 경험되기도 하여 '심리적 감기'로 불린다. 우울감은 노력을 통해 극복할 수 있지만 우울증은 전문가의 도움을 통해 치료를 받아야 하는 상태이다. 본인이 우울증이 있다고 생각되면 스스로 이겨내려고 하기보다는 전문가를 만나보는 편이 낫다.

2) 우울은 '즐거움의 결핍'

우울의 주된 증상은 극단적인 슬픔이 아니라 즐거움의 결핍이다. 우울한 사람들의 집단과 그렇지 않은 사람들의 집단을 나누어 몇 종류의 영상을 보여주었더니 슬프거나 무서운 영화를 보고 나서 두 집단 모두 유사한 감정을 보고하였다. 그러나 재밌는 영화를 보게 하였을 때는 우울한 사람들이 즐거움을 훨씬 더 적게 느끼는 것으로 드러났다.

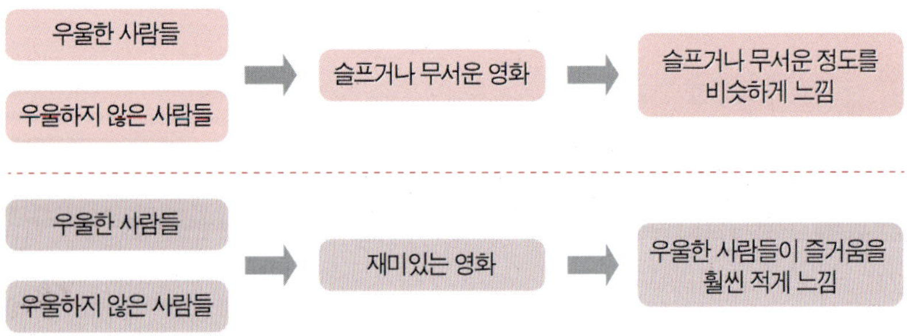

호출 장치를 가지고 다니다가 호출이 울리면 무슨 일을 하고 있는지, 어떤 정서를 겪고 있는지 보고하게 한 연구에서 우울한 사람은 그렇지 않은 사람과 불쾌한 사건들을 비슷하게 보고하였으나 즐거운 사건의 기술은 훨씬 더 적었다. 즉, 우울은 '즐거움이 결핍된 상태'라고 볼 수 있다.

3) 우울과 슬픔

우울하다고 하면 그저 항상 슬픈 상태라고 생각하기 쉽다. 그러나 슬픔을 느끼는 것과 우울은 다르다(〈표 8-2〉 참조). 슬픔은 원인이 구체적이다. 특히 무엇인가를 상실했을 때 느껴지는 감정이다. 가족, 친구, 연인 등 아끼던 존재와 멀어졌을 때(연인과 헤어짐, 가족의 죽음), 가치 있게 생각하던 것을 잃게 되었을 때(노화가 일어나거나 장애가 생김, 직장을 잃음 등), 가치관이 무너져 내리거나 오랜 노력이 좋은 결과로 이어지지 않았을 때(오랫동안 준비한 시험에 불합격) 등 대부분 '상실'과 관련되어 있다. 상실의 문제가 해결되거나 좋은 일이 생기면 개선되기도 하는 일시적 상태라고 볼 수 있겠다.

표 8-2 슬픔과 우울증

슬픔	우울증
정상적인 감정	병리적 장애
일시적이고 가변적인 상태	지속적인 상태
경미하게 지나가는 정도의 신체적 느낌 (몇 시간 또는 며칠)	수면과 식욕의 지속적인 장애 (몇 주 또는 몇 달)
좋은 일이 생기면 개선됨	좋은 일이 생겨도 별로 자각하지 못함
자아 평가가 약간 혹은 일시적으로 수정됨	스스로에 대해 지속적으로 부정적인 시각을 유지함

4) 우울의 예방과 조절

자신이 우울감을 느끼고 있다면 인지적, 행동적 조절 방법을 통해 이를 개선할 수 있다. 특히 꾸준한 운동과 규칙적인 수면은 우울을 예방하고 개선해 주는 효과가 있다. 감사한 마음을 갖는 것, 다른 사람들과 함께 있는 것, 이타적인 행동을 하는 것도 우울에서 빠져나오는 데 도움이 된다. 일시적인 우울감이라면 바이오 피드백을 통해서 나아질 수 있다. 우울감이 장기간 지속되거나 심해질 경우 상담이나 치료를 통해 개선을 해야 할 필요가 있다.

우울감 개선에 도움되는 활동들

- 운동
- 수면
- 감사
- 사람들과 함께 있기
- 타인 돕기
- 약물치료 & 심리치료

(1) 운동

운동은 우울증을 급격히 감소시킨다. 또한 코르티솔과 같은 스트레스 호르몬

조절에 영향을 주며 신체건강과 사회적 관계를 개선한다. 운동은 몸에 에너지와 활력을 주고 식욕을 증진해 영양분을 충분히 섭취하여 건강한 삶을 돕는다. 특히 햇볕을 쬐며 운동을 하는 것은 세로토닌 활동을 촉진하고 기분을 좋아지게 한다. 꾸준한 운동은 불안과 스트레스를 떨어뜨리고 자존감을 높이는 효과가 있다. 우울감을 느끼면 활동 의욕이 저하되어 좀처럼 밖에 나가거나 움직이려고 하지 않는데, 운동이 고립을 방지하고 세상 밖으로 나가게 해준다. 따라서 우울감을 종종 느낀다면 꾸준한 운동을 통해 기분을 나아지게 하고 우울증에 빠지는 것을 미리 예방할 수 있다.

(2) 수면

적절한 수면을 취하지 못하면 기분이 처지고 통증에 대한 감수성이 높아지며 학습과 기억에 어려움이 생긴다. 밤을 새거나 잠을 충분히 못 잤을 때 집중력이 떨어지고 예리한 정신을 유지하기 힘들었던 경험을 해보았을 것이다. 수면은 전전두피질과 해마의 정상적인 기능을 돕기 때문에 우리의 정신을 또렷하게 해주고 기억을 돕는다. 수면 활동에 문제가 생기면 신체적으로는 혈압이 상승하고 스트레스가 심해지면서 면역계가 해를 입는다. 체중이 늘거나 줄어들기도 한다. 수면은 우울 개선을 돕는 다른 활동과도 관련이 있는 것으로 보이는데 운동과 감사하기가 우울을 감소시키고 수면을 촉진하는 것으로 나타났다.

(3) 감사하기

감사는 친사회적 행동을 증가시키고, 분노, 불안, 시기심과 같은 부정정서와 스트레스 수준을 낮추며 우울 증상을 줄여준다. 또한 감사는 수면시간 및 수면의 질 면에도 영향을 미쳐 자기 전에 긍정적인 생각(감사)을 하면 수면의 질과 양이 좋아지는 것으로 나타났다. 일상생활에서 더 자주 감사하는 마음을 갖는 사람은 부정적 사건에서도 긍정적 의미를 찾아내어 어떠한 사건의 결과를 보다 긍정적으로 해석할 수 있게 된다. 특히 상황을 긍정적으로 재평가하게 하고 파국적인 생각을 막아주며 계획을 다시 생각하게 하는 등의 인지적 정서 조절 전략에 영향을 주는 것으로 나타났다.

(4) 사람들과 함께 있기

우울감을 이겨내는 방법 중 하나는 소속감을 갖는 것이다. 동아리 활동을 하거나 자신을 지지해 주는 모임에 나가는 것이 도움이 될 수 있다. 주변에서 이런 사회적 지지 기반을 찾을 수가 없다면 스포츠 팀을 응원하는 것도 도움이 된다. 사람이 많은 곳에서 같은 마음으로 응원을 하는 경험이 우울에서 멀어지게 도와줄 수 있다. 게임의 승패와는 관련이 없다. 게임에서 져도 함께 할 사람들이 있다는 경험은 우울감을 줄이는 데 도움이 된다.

(5) 타인 돕기

다른 사람을 돕는 것은 뇌의 활성화를 돕고 외로움과 심리적 압박을 줄여준다. 한 연구 결과에서는 이타적인 행동이 면역체계를 강화하고 통증을 완화하며 심혈관 기능을 개선하는 것으로 나타났다. 특히 노인들의 우울에서 효과가 큰데, 은퇴나 빈둥지증후군으로 인한 우울은 자원봉사를 통해 큰 효과를 볼 수 있다. 또 다른 연구에 따르면 봉사활동이나 타인을 돌보는 일을 하는 고령자가 더 오래 사는 것으로 나타났다. 타인을 돕는 행동은 큰 금액을 기부하거나 자신을 크게 희생해야 하는 것만 의미하지는 않는다. 몸이 불편한 사람에게 자리를 양보하는 일, 먼저 인사를 건네고 따뜻한 말을 덧붙이는 일, 오랫동안 연락하지 않았던 사람에게 안부를 전하는 일, 비를 맞고 있는 사람과 함께 우산을 쓰는 일 같이 일상에서 사소하게 도움을 주는 행동을 할 수 있다.

(6) 약물치료 & 심리치료

심리적 건강을 개선하는 방법에는 심리치료와 약물치료가 있다. 대부분의 사람들이 정신건강과 관련된 약을 복용하는 것에 거부감을 갖지만, 심각한 우울은 자살 사고 및 행동을 초래하므로 약을 통한 치료가 필요할 수 있다. 또한 우울은 심리치료만으로는 해결되지 않거나 항우울제 복용을 통해 효과적으로 개선할 수 있는 경우들이 있다. 다만, 약 복용 후 바로 효과가 나타나는 것은 아니기 때문에 꾸준히 먹어야 하고 사람마다 맞는 약이 다르기 때문에 부작용에 유의하며 잘 맞는 약을 찾는 과정이 필요하다. 심리치료는 상담을 통해 이루어지는 것으로 문제나 상황에 따라 개인에 맞는 치료가 이루어진다. 심리치료는 심리학적 방법을 적용하여 전문 치료자가 도움을 요청하는 사람에게 교육, 지지, 격려 등을 통하여 삶의 문제에 보다 효과적으로 대처하게 하는 기술이다. 의학적인 접근인 약물 복용과는 접근 방법이 다르기 때문에 약 복용과 심리치료가 병행되기도 한다.

심리치료의 방법은 다양하지만 대부분의 심리치료는 우울과 불안 수준이 높고 자아존중감이 낮은 사람들에게 새로운 기대와 희망을 제공한다. 또한 자신을 이해할 수 있는 틀과 새로운 관점을 제공하여 내담자(상담 및 치료받는 사람)로 하여금 세상에 대한 인식과 인생관에 변화를 줄 수 있다.

3. 불안

1) 불안이란

불안은 생활 속에서 흔히 경험할 수 있는 불쾌한 감정이다. 불안은 주로 위험이 예상될 때 느끼게 되는데 불안감이 만성화되고 강도가 높아지면 일상생활에서 적응적인 문제를 겪게 되기도 한다. 누구나 살면서 다양한 상황에서 크고 작은 불안을 경험하며, 불안의 깊이는 사람마다 다르고 빈도도 다르다. 적당한 불안은 미래를 대비하게 하고 과제에 도전하여 성취감을 느끼도록 돕는다. 적당한 양의 스트레스 호르몬(코르티솔)은 도파민과 상호 작용하며 강한 만족감과 초월적인 쾌감을 일으킨다. 이러한 쾌감을 느끼기 위해 스릴 있는 경험하기(번지점프하기, 자동차 경주, 롤러코스터 타기 등), 공포영화 감상 등의 활동을 하여 의도적으로 공포와 불안을 초래하기도 한다. 또한 우리가 어두운 길을 지날 때, 높은 곳에 올라가 있을 때, 깊은 물을 볼 때 느끼는 불안은 생존 확률을 높여주는 불안의 순기능에 해당한다.

문제는 우리가 불안을 적절히 조절하지 못하고 압도될 때 나타난다. 지속적으로 부적응적인 불안에 노출되면 그러한 불안을 느끼는 것에 익숙해진다. 뇌는 유쾌하고 행복한 감정이라고 해서 더 좋아하지 않는다. 유쾌한 감정이건 불쾌한 감정이건 익숙한 감정 느끼기를 선호한다. 불안하고 불쾌한 감정일지라도 그것이 익숙하다면 뇌는 그것을 느낄 때 안심한다. 불안이 오래 지속되거나 반복되면 교감신경계의 흥분상태도 오래 지속되고 뇌는 그렇게 긴장한 상태를 정상으로 인식하여 불안한 상태를 유지하려고 한다.

현실적으로 위험할 가능성이 높은 상황에서 불안을 느끼는 것은 당연하다. 이를 정상적인 불안이라고 한다. 떨어지면 크게 다칠 위험이 있는 곳에 서 있거나, 이빨을 드러내며 짖는 개의 목줄이 당장이라도 끊어질 것 같거나, 중요한 시험을 앞두고 있을 때 느껴지는 불안은 정상적인 불안이다. 그러나 현실적인 위험이 없는 상황이나 대상에 대해서 불안을 느끼거나 예상되는 위험의 정도에 비해 과도한 불안을 느끼는 경우, 불안을 일으킨 상황에서 벗어났는데도 불구하고 불안이 계속해서 지속되는 경우는 병적인 불안 수준으로 볼 수 있겠다.

2) 불안과 관련된 심리 장애

불안과 관련된 심리적 문제는 그 원인과 증상에 따라 다양하게 구분할 수 있다. 다음은 정신건강을 진단하는 데 널리 쓰이는 진단 기준인 DSM-5(미국 정신의학회에서 발간하는 정신장애의 진단 및 통계 편람)에서 불안장애 범주에 해당하는 심리 장애들이다.

- **범불안장애**(generalized anxiety disorder) : 미래에 경험하게 될 다양한 상황에 대해서 과도한 불안과 걱정을 나타내는 것
- **특정공포증**(specific phobia) : 특정한 대상이나 상황(뱀, 거미, 높은 곳)에 대한 공포를 지니는 것
- **광장공포증**(agoraphobia) : 특정한 장소에 대한 공포
- **사회불안장애**(social anxiety disorder) : 다른 사람 앞에서 어떤 일을 해야 할 때 심한 불안과 공포를 느끼는 것
- **공황장애**(panic disorder) : 갑작스럽게 엄습하는 강렬한 불안과 공포
- **분리불안장애**(separation anxiety disorder) : 중요한 애착 대상과 떨어지는 것에 대한 심한 불안
- **선택적 무언증**(selective mutism) : 특수한 사회적 상황에서 지속적으로 말을 하지 않는 상태

3) 불안의 예방과 조절

(1) 이완하기

호흡과 근육 조절을 통해 이완하는 방법은 불안을 감소시키는 데 효과적이다. 짧고 얕게 호흡하거나 호흡을 띄엄띄엄 하는 것보다 천천히 호흡하면 부교감신경계 활동이 촉진되면서 차분하게 진정할 수 있다. 호흡법을 바꾸면 감정 상태를 매우 신속하게 바꿀 수 있고 도구가 필요하지 않으며 어디서든 사용할 수 있는 방법으로, 불안이 밀려올 때 쉽게 사용할 수 있는 효과적인 방법이다.

근육을 긴장시켰다 이완하는 것을 반복하면 긴장과 이완을 느끼고 조절하는 데 효과를 볼 수 있다. 먼저 어깨 근육을 긴장시킨 다음 천천히 이완시키는 것을 반복하면 이완됐을 때와 긴장했을 때를 구분할 수 있게 된다. 자신의 근육 긴장도를 탐색하고 이완을 반복하여 근육 긴장을 풀어줌으로써 불안을 의도적으로 해소할 수 있다.

(2) 생각습관 깨닫기

불안이나 걱정이 생겼을 때 그 사실을 알아차리면 그것만으로도 전전두피질이 활성화되고 편도체를 진정시킨다. '감정을 언어로 옮기기'라는 주제의 한 fMRI 연구에서는 참가자들에게 감정적인 표정이 담긴 얼굴 사진을 보여주는 실험을 진행했다. 실험의 결과 각 참가자의 편도체가 사진 속 감정에 반응해 활성화됐다. 그러나 그 감정에 이름을 붙여보라고 하자 복외측 전전두피질이 활성화되고 감정적인 편도체의 반응성은 감소했다. 자신의 감정을 인지하는 것만으로도 상당한 감정 조절 효과가 있었던 것이다.

(3) 걱정 시간 갖기

잦은 걱정으로 불안을 떨쳐버릴 수 없는 상태라면 차라리 걱정 시간을 정해두고 나머지 시간은 걱정에서 벗어나는 편이 낫다. 당장 해결해야 할 문제가 아니라면 걱정을 몰아서 집중적으로 하는 것이 불안에서 멀어지는 데 도움이 된다. 고민 시간에는 메모장에 자신의 걱정이나 염려를 적고 최선의 해결방법을 찾아본다. 단, 불안은 수면에 영향을 줄 수 있으므로 잠들기 직전은 피하는 것이 좋다. 만약 해결 방법이 없는 걱정이라면 자신의 정상적인 불안을 이해하고 해결이 불가능함을 수용하며 마음을 다스리도록 한다.

(4) 자연을 활용하기

인간은 본래 나무와 물이 풍부한 곳에서의 삶을 선호해 왔다. 먹을 것을 구하고 몸을 보호하기 쉬웠기 때문이다. 인류는 문명 생활을 한 것보다 훨씬 더 긴 시간을 자연에서 보냈다. 자신의 뇌에 '편안한 환경에 있다'는 것을 전해줄 수 있는 공간을 선택하여 안정을 취하도록 하자. 많은 연구들이 자연 속에 있는 것만으로도 불안과 분노를 가라앉히는 효과가 있다고 보고한다. 산림 치유 프로그램의 효과를 연구한 결과에 따르면 산림 속 명상, 영화감상, 산책 등으로 구성된 산림 치유

프로그램에 참여한 사람들의 불안감이 통계적으로 유의미하게 감소하였다. 자연으로 나가서 자연환경 속에 있는 편안함을 느껴보도록 하자.

4. 분노

1) 분노란

분노는 눈앞에서 벌어질 문제에 대처하기 위해 발달하였다. 상대를 위협함으로써 전투태세가 필요 없도록 만들거나 싸울 준비를 하거나 도망갈 수 있도록 몸을 각성시킨다. 분노는 자신의 생명을 지키기 위한 행동을 하라고 뇌가 보내는 중요한 신호가 될 수 있다. 이러한 에너지를 억지로 누르는 것은 부작용을 낳는다.

왜 우리는 분노를 나쁘다고 인식할까? 분노 에너지는 어떻게 활용하는가에 따라 인간을 성장하게 할 수 있지만 조절하지 못해서 불쾌한 경험을 하고 인간관계까지 망가트리기도 한다. 분노는 그 자체가 나쁜 것이 아니라 분노로 인해 '행동이 폭주하는 것'이 나쁜 것이다.

분노는 단순히 억눌러야 하는 감정이 아니라 효과적으로 활용할 수도 있는 감정이다. 인간은 오랜 진화의 역사 속에서 분노를 조절하는 능력을 익히게 됐다. 생존의 위협을 느낄 만큼 위급하지 않을 때는 분노를 그대로 분출하지 않고 사고하는 능력이 생겼다. 분노가 인간에 도움이 된다고 해도, 아무리 분노가 본성이라고 하더라도 현대사회에서 분노를 그대로 터트리는 것은 여러 가지 문제를 야기할 수 있다. 그래서 필요한 것이 분노를 현대식으로 수정하는 작업이다. 우리는 원시시대의 환경과 현대사회의 환경이 다르다는 점을 고려해서 분노를 조절해야 한다.

2) 분노의 원인

우리는 언제 화가 나는가? 『내 감정 사용법』의 저자 프랑수아 를로르(François Lelord)와 크리스토프 앙드레(Christophe André)는 분노의 원인을 좌절 요소, 의도성, 가치체계 위배, 분노로 조절 가능한 상황의 4가지로 설명한다.

(1) 좌절 요소

기대했던 것과는 다른 결과를 얻게 되었을 때 우리는 화가 날 수 있다. 마음속의 소망, 기대, 욕구가 좌절되는 것에서 화가 시작된다는 것이다. 자격증 시험에 떨어져서 스스로에게 화가 났다면 이것은 '자격증 시험에 반드시 합격하고 싶다'는 소망이 좌절되었기 때문으로 볼 수 있다.

(2) 의도성

'일부러' 한 것과 '모르고' 한 것은 그 의도가 다르다. 우리는 나쁜 의도를 알게 되었을 때 더 분노한다. 자신의 인사를 받아주지 않은 친구가 못 봐서 그랬을 것이라고 판단할 때에는 화가 나지 않지만 일부러 모른 척했다는 생각이 들면 화가 날 것이다.

(3) 가치체계 위배

자신의 가치관에 어긋나는 일이 일어났을 때 분노를 느낄 수 있다. 우리는 어린 아이나 미성년자가 성인들로부터 공격당하거나 보호받지 못했다는 뉴스를 접했을 때 화가 난다. '어린이들은 공격 대상이 되어서는 안 된다'는 신념에 위배되는 결과이기 때문이다. 이러한 가치체계는 '반드시 ~해야 한다'는 생각과 연결되어 있다. '세상에는 반드시 정의로운 일만 일어나야 한다', '나는 반드시 모든 사람들로부터 존중받아야 한다'와 같이 당위적인 서술은 좌절을 일으키고 분노를 초래하기 쉽다.

(4) 분노로 조절 가능한 상황

화를 내는 것을 통해 통제와 조절이 가능한 상황일 경우 화를 표출하기도 한다. 때로는 분노를 표현하는 것이 상황에 도움이 될 때가 있다. 시간 약속에 자주 늦는 친구에게 좋은 말로 타일러도 소용이 없었다면 한 번쯤은 화를 내서 자신의 기분이 좋지 않음을 알리는 것도 방법이다.

3) 분노 표현의 유형

분노를 표현하는 방법은 크게 4가지가 존재한다(〈표 8-3〉 참조). 감정을 표현하지 않고 억제하거나 적극적 또는 수동적으로 상대방을 공격하는 형태를 띠거나 타협을 위해 건설적인 주장을 하는 것이다.

표 8-3 분노 표현의 유형

유형	내용
억제	• 분노를 표현하지 않고 가라앉히려 하거나 분노로 인식되는 것 자체를 막으려고 노력하는 것 • 분노 유발 상황을 가능한 회피하며 상대와의 단절을 시도하거나 반대로 완전히 수용 • 분노 감정이 직접적인 갈등으로 이어지는 것을 방지할 수 있지만 한편으로는 표현되지 못한 감정으로 인한 스트레스 및 신체적인 증상을 보이거나 상대방에게 일방적으로 휘둘리는 모습을 보일 수 있음
적극적 공격	• 적극적으로 공격하면서 자신을 방어하는 형태 • 신체적, 언어적 폭력이 가미될 수도 있음 • 상대방이 반격할 수 없다는 것을 알았을 때 더욱 심해짐 • 가장 적극적으로 분노를 표출하는 형태로 순간적인 감정 해소나 상대방의 복종에 도움이 되지만 가장 폭력적이며 반감을 사기 쉬운 형태

수동적 공격	• 겉으로는 드러나지 않지만 은연중에 상대방을 공격하는 방식 • 약속을 지키지 않거나 잊어버린 척하거나 눈치 없이 구는 것처럼 행동하는 등 본의 아니게 상대방에게 상처를 주는 것처럼 행동 • 상대방은 딱히 뭐라고 지적하기 어려운 불쾌감을 겪게 된다 • 상대방이 자신보다 높은 사회적 위치에 있거나 심리적 우위에 있을 경우 사용됨 • 불만을 은연중에 표현하여 감정적 해소가 일어나기도 하지만 그 행동의 진짜 원인이 드러나지 않기 때문에 진짜 감정을 해소할 방법을 찾기 어렵고 서서히 관계가 악화될 수 있음
건설적 주장	• 자신과 타인의 상충점을 고려하여 타협을 위한 대화를 시도하는 방법 • 분노의 원인을 파악하고 상대방과의 대화를 시도한다는 점에서 대부분의 대인관계 발전에 도움이 된다 • 상대방을 이해시키기 위해 많은 에너지가 필요하다 • 조직문화에서는 위험을 감수해야 한다

출처: 이소라(2017). 감정에 솔직하지 못한 나에게.

4) 분노의 예방과 조절

분노는 과도한 폭발이나 억제 모두 문제가 된다. 폭발은 분노가 그대로 드러나도록 방치하는 것으로 자신도 모르게 분노를 표출하는 경우에 해당한다. 때로는 자신이 분노를 느낀 정도보다 훨씬 더 크게 표출되기도 한다. 분노를 표현하는 것은 단기적으로는 원하는 바를 얻을 수 있으나 장기적으로는 인간관계나 문제 해결에 도움이 되지 않는다. 억제는 분노를 숨기면서 완전히 억누르는 것으로, 화를 내야 할 상황에도 무조건 억누르기만 하는 것은 '나는 두려움 없이 맞서도 되는 존재다'라고 상대방에게 알려주는 것이나 마찬가지이다. 따라서 억제만으로는 감정이 가라앉지 않을 뿐더러 문제를 해결하는 것에 도움이 되지 않는다. 왜냐하면 분노는 다른 감정들처럼 무한정 쌓아둘 수 없어서 언젠가는 결국 폭발하게 되어 있기 때문이다.

화내지 않는 것이 가장 바람직하다고 생각해서 분노를 계속 억누르기만 하면 정말 필요할 때에도 화를 낼 수 없게 된다. 사람에 따라서는 우울증으로 이어질 수도 있다. 어떤 상황에서도 지나치게 이성적으로 해결하려고 분노를 무리해서 억제하기만 하면 체내에는 진취적인 행동과 분노 행동에 필요한 신경전달물질이 줄어든다. 그러면 자신도 모르는 사이에 화를 내고 싶어도 낼 수 없게 된다. 그러니 화를 내지 않는 사람은 어쩌면 분노 에너지만 적은 것이 아니라 문제에 맞서 해결하려는 의지도 부족한 상태일 수 있다.

(1) 표현하기

화를 잘 못내는 사람들은 '화는 절대 내면 안 되는 것'으로 생각하는 경향이 있다. 좋은 사람으로 보이고 싶거나 화를 내고 나서의 죄책감을 견디지 못하는 것이다. 그러나 언제나 침착한 태도를 유지할 수는 없다. '반드시 OO해야 한다'는 생각은 나 자신을 갉아먹는다. 분노를 표현하는 연습을 통해 자신의 감정을 적절히 드러내고 상대와 소통하는 방법을 찾아야 한다. 그렇지 않으면 분노를 적절히 표현하거나 억제하는 방법을 익히지 못하여 결과적으로 폭발하거나 무기력한 극단적 모습을 띠게 된다.

매번 시간 약속에 늦는 친구가 있다면 '왜 자꾸 늦는 거야!'보다는 '다음에는 늦지 말아 줬으면 좋겠어'라고 자기표현을 하는 것이 좋다. 대인관계에서 갈등은 어쩔 수 없는 것임을 인정하고 표현을 두려워하지 않아야 한다. 말로써 표현하기 힘들다면 얼굴 표정과 같은 비언어적인 표현을 사용하거나 침묵을 사용할 수도 있다. 무엇보다도 화가 난 스스로를 인정하고 죄책감을 느끼지 않아야 한다. 자신의 분노를 정당한 것으로 받아들여야 한다.

상대방에게 직접 표현할 수 없는 상황이라면 종이에 적거나 스마트폰 메모장을 활용해서 쓰는 것도 도움이 된다. 머릿속에 있는 분노를 어떠한 방법으로든 끄집어내면 상당한 에너지가 해소되는 것을 느낄 수 있다.

(2) 유발 요인 제거하기

소소한 것들이 쌓여 분노를 유발하는 경우 원인들이 쌓이기 전에 제거해야 한다. 대기 시간을 오래 끌거나 너무 긴 질문지를 주거나 불친절한 사람을 들여보내는 등의 방법으로 실험 참가자에게 부정적 감정을 유발시킨 심리 실험의 결과 비교집단의 사람들보다 더욱 공격적이거나 적대적인 반응을 보였다. 또한 포로수용소에서의 경험을 보고한 자료에서는 "코를 풀거나 헛기침을 하는 등 가장 가까이 있는 친구들의 사소한 움직임에도 마치 취객으로부터 따귀를 맞기라도 한 듯 반응했다"고 하는 것으로 보아 사소한 짜증이 모여 큰 분노를 일으킬 수 있음을 알 수 있다.

작은 좌절들이 모여 큰 분노를 일으킬 수 있으므로 일상에서 일어나는 작은 사건들을 가볍게 여기지 않아야 한다. 예를 들어, 늦게 일어나서 수업에 지각할까 봐 내내 긴장을 늦추지 못하고 있으면 작은 일에도 분노를 느끼기 쉽다. 늦게 일어나면 준비하는 동안 계속 버스나 지하철 시간에 늦을까 봐 걱정하게 되고 이동 중에도 지각에 대한 스트레스를 계속 받게 된다. 일어나서부터 지각 여부가 결정되는 순간까지 내내 강한 긴장 상태를 경험하면 평소라면 화 내지 않았을 법한 자극에도 쉽게 반응하게 된다. 이럴 때에는 분노를 감소시키려는 방법보다는 작은 짜증들을 예방하도록 일찍 일어나는 것이 분노 조절에 도움이 된다.

이미 화가 난 뒤에 이를 가라앉히는 것은 너무 힘든 일이기 때문에 미리 방지하는 것이 훨씬 효율적이고 효과적인 방법이다. 자신이 화가 나는 상황을 미리 인식하여 유발 요인을 미리 제거한다면 분노를 겪을 일도 조절할 필요도 없어진다.

(3) 조절하기

조절하기는 이성적인 뇌를 사용하여 감정을 억제하는 것이 일반적으로 사용되는 방법 중 하나이다. 노래가사를 생각하거나 구구단을 외우거나 책을 소리 내어 읽는 전환 활동들은 잠시 동안 분노를 조절해 준다. 그러나 때로는 이런 방법들이

웹툰: 유미의 세포들(464화)

무력할 정도로 큰 분노를 느낄 때가 있다. 이럴 때에는 분노 에너지를 다른 에너지로 전환하여 조절할 수 있다. 예를 들면 분노에너지를 운동에너지로 바꿀 수 있다. 교감신경계의 활성화는 애써 긴장을 풀기보다 그 에너지를 활용함으로써 해소될 수도 있다. 즉, 자신이 열중해야 하는 일에 에너지를 쏟아 감정 조절과 일에서의 성취를 모두 얻을 수 있다.

(4) 회피하기

대부분 문제를 적극적으로 해결하지 않고 도망치는 것은 부정적인 결과를 초래할 때가 많다. 그러나 분노의 경우 자기통제가 어려울 때 자리를 피하는 것이 좋은 방법이 된다. 스스로 조절이 안 될 만큼 분노가 차오르면 언어, 신체 폭력으로 번질 가능성이 있다. 따라서 더 큰 문제로 확대되기 전에 자신의 감정을 조절할 시간적 여유를 갖는 것이 좋다. 회피를 위한 회피가 아니라 조절을 위한 잠깐의 회피이다. 화가 나서 참을 수 없을 때는 그 자리에서 잠시 벗어나는 것이 도움이 된다.

나의 우울·불안 평가

1. 한국 심리학회 홈페이지에서 자신의 우울, 불안 정도를 측정해 보자.

http://www.mhrnd.re.kr/xe/GloomEvaluation

2. 결과에 대한 자신의 생각을 적어보자.

제4부

감정의 활용

제9장

자존감

CONTENTS

시작 활동

자아존중감 검사

1. 자아존중감검사를 통해 자신의 자아존중감을 평가해 보자.

〈모리스 로젠버그(Morris Rosenberg) 자존감척도〉

1	나는 내가 다른 사람들처럼 가치 있는 사람이라고 생각한다.	① ② ③ ④
2	나는 좋은 성품을 가졌다고 생각한다.	① ② ③ ④
3	나는 대체적으로 실패한 사람이라는 느낌이 든다.	① ② ③ ④
4	나는 대부분의 다른 사람들과 같이 일을 잘할 수가 있다.	① ② ③ ④
5	나는 자랑할 것이 별로 없다.	① ② ③ ④
6	나는 내 자신에 대하여 긍정적인 태도를 가지고 있다.	① ② ③ ④
7	나는 내 자신에 대하여 대체로 만족한다.	① ② ③ ④
8	나는 나를 더 존중하지 못해 안타깝다.	① ② ③ ④
9	나는 가끔 내 자신이 쓸모 없는 사람이라는 느낌이 든다.	① ② ③ ④
10	나는 때때로 내가 좋지 않은 사람이라고 생각한다.	① ② ③ ④

표시란 : ① = "대체로 그렇지 않다" ② = "보통이다" ③ = "대체로 그렇다" ④ = "항상 그렇다"

결과 해석

- 긍정적 자아존중감 5문항(1, 2, 4, 6, 7번) 점수의 합:
- 부정적 자아존중감 5문항(3, 5, 8, 9, 10번) 점수의 합:
- 점수가 높을수록 긍정적 또는 부정적 자아존중감이 높다고 볼 수 있다.

2. 결과에 대한 나의 생각은?

1. 자아존중감(자존감, Self-esteem)이란?

자존감이란 자신의 가치에 대한 평가에 기초하여 스스로를 존중하는 마음을 뜻한다. 우리는 자신의 특성이나 속성을 평가하여 스스로의 가치를 평가하게 되는데, 객관적인 현실을 그대로 반영하기보다는 주관적으로 지각한 현실에 기초하여 평가한다. 따라서 객관적으로는 타인들에게 좋은 평가를 받을 만한 다양한 측면을 갖추고 있다고 해도 스스로는 자신의 가치를 낮게 평가할 수 있다.

자존감은 어린 시절에 기초가 마련되고 청소년기에 확립되지만 그 이후에도 계속 변화한다. 급격하게 변화하는 경우는 흔치 않지만 전 생애에 걸쳐 끊임없이 변화하고 발전하는 것으로 보인다. 자존감은 아동기 동안 높아졌다가 청소년기에 스트레스가 중복되어 나타날 때(중학교 입학, 신체적 변화, 이성교제 시작, 이사, 가족의 변화 등) 감소되기도 한다. 대부분은 청소년기라고 해도 자존감에 큰 변화가 일어나지는 않지만 정체감의 위기에 직면하여 내가 누구이고 앞으로 어떤 사람이 될 것인가를 고민한다. 이때 안정적인 자아정체감을 획득하지 못하면 자신의 가치에 확신을 갖지 못하고 혼란스러워하게 된다. 초기 성인기에 안정된 자아정체감을 획득하게 되면 자신을 좀 더 긍정적으로 보게 된다. 이후 자존감은 성인기에 증가하다가 성인 후기가 되면서 다시 감소한다.

2. 자존감의 형성

1) 부모 양육태도

자아존중감은 기본적으로 부모와의 상호작용을 통해 형성된다. 긍정적 자존감 형성을 위해서는 부모의 '무조건적인 사랑과 지지'가 반드시 필요하다. 부모에게 수용되거나 사랑받지 못한 아이가 자기 자신을 호의적으로 평가하기란 매우 어렵다. 많은 연구들에 따르면 자존감이 높은 아동의 부모는 따뜻하고 민주적인 특징을 보인다. 이러한 부모들은 자녀들을 애정으로 대하고 지지해 주어 자녀들은 자신이 부모로부터 충분히 사랑받고 있음을 느낀다. 또한 아동들이 따라야 할 명백한 기준을 세워주어 혼란과 불안을 방지한다. 또, 자녀가 자신의 의견을 말하고 주도적으로 자신과 가족의 일에 참여할 수 있도록 기회를 주어 가족 안에서 자신의 가치를 확인할 수 있도록 한다.

부모가 아동의 요구에 적극적으로 반응하고 세심하게 자녀를 양육할 때 긍정적인 자존감의 토대가 마련된다. 아이는 부모에게 무조건적인 사랑을 받으며 '나는 존재 자체로 사랑받을 가치가 있다'는 무의식적 신념을 갖게 되고 이는 자신을 존중하는 태도로 이어진다. 반면 조건부 사랑을 받은 아이는 '~할 때만 사랑을 받는다'는 평가를 갖게 된다. 청소년기에는 부모의 계속적인 지지와 함께 독립적인 사고와 감정을 갖고 자신의 삶을 주도적으로 결정하는 훈련이 병행될 때 안정적으로 자존감을 형성하게 된다.

내적 작동모델(internal working model)에 따르면 아이는 애착 대상과의 관계를 토대로 타인과 세상에 대한 평가 모델을 갖게 된다. 이 모델을 어떻게 형성하는가에 따라 세상에 대한 신뢰와 타인과의 관계에 대한 기대가 달라지게 된다. 부모로부터 온정적이고 반응적인 양육을 받은 경우 부모와의 관계를 바탕으로 세상을 즐겁고 겪어볼 만한 것으로 인식하게 되며 타인과의 관계도 긍정적으로 맺기를 기대한다. 부모에게서 존중받지 못하며 자랐다면 부정적인 내적 작동모델을 갖게 되고 세상과 타인과 자신에 대한 평가의 틀이 부정적으로 작용하게 된다. 세상을 보는 인식의 틀이 어그러져 있으면 긍정적인 자존감을 갖기가 어렵다.

부모가 애정을 토대로 자녀에게 적절한 기대를 형성하면 자녀들은 자신이 가치 있는 존재로 수용되고 있음을 알게 된다. 부모가 지나치게 통제하거나 자녀에게 선택하고 결정하며 실패할 기회를 주지 않은 경우 자녀는 적응 문제를 겪을 수 있고 자신을 가치 있다고 평가하기 어렵다. 반대로 지나치게 허용적인 양육은 비현실적으로 높은 자아존중감과 관련되어 있는데, 이러한 경우 자녀는 나르시시스트가 되기 쉽다. 나르시시스트는 과장된 자기상과 우월감을 특징으로 하며 타인에게 인색하고 또래를 혹평하기도 한다. 따라서 긍정적이며 안정적인 자존감을 형성하기 위해서는 자녀가 가치 있는 목표를 설정하도록 돕되 주도적으로 결정하고 노력할 수 있도록 기회를 주는 것이 좋다.

2) 사회적 평가

자존감의 발달은 자기 평가와 함께 이루어진다. 만 2세의 아동도 상대의 반응을 살펴가며 자신의 행동을 평가한다. 5~6세부터는 다른 아동보다 더 잘한다 또는 더 못한다는 사회적 비교를 통해 자신에 대한 유능 정도나 매력 정도를 평가하기 시작한다. 사회적 비교란 자신을 다른 사람과 비교하여 자아를 정의하고 평가하는 과정이다.

초등학생 시기부터는 사회적 능력을 본격적으로 습득하고 이를 활용해 각종 성취를 이뤄내며 자존감의 기초를 다지게 된다. 무조건적인 사랑과 지지를 받던 가정에만 의존하지 않고 다양한 사회적 경험을 하게 된다. 이때 자기개념과 자신의 가치를 사회적 평가와 자신의 사회적 능력에 근거해 재구성한다. 자존감의 기초가 튼튼하면 사회적 평가와 상관없이 자신이 가치 있는 사람이라는 확신이 비교적 잘 유지될 수 있다. 반면 기초가 약하면 사회적 평가에 따라서 자신의 가치에 대한 평가가 심하게 흔들리게 된다.

청소년기는 자존감이 확립되는 시기이다. 인지적 능력의 수준이 급등하고 신체적 능력과 세상을 보는 시야가 넓어짐에 따라 학교 성적, 이성적 매력, 운동 기술을 포함하는 신체적 능력, 가정환경, 소유물 등도 사람의 가치 평가에 영향을 미친다는 것을 알게 된다. 청소년기 아이들은 사회가 사람의 가치를 평가하는 기준을 습득하여 사회의 기준을 그대로 받아들이거나 자기의 신념 또는 가치관과 비교한다. 이 과정에서 사회의 가치관을 수정하거나 거부하면서 자기만의 가치 평

사회적 기준의 중요성

자존감 형성에 있어서 부모의 사랑과 양육태도가 절대적으로 중요하지만 사회에서 구성원들을 대하는 태도와 기대, 평가의 기준 또한 못지않게 중요하다. 사회적 기준이 건강하지 못한 경우 많은 사람들은 그릇된 기준으로 자기가치를 평가하게 된다. 가령 외모로 가치를 평가하는 사회에서는 개인이 '외모는 타고난 겉모습에 불과하며 사람을 평가하는 기준이 되어서는 안 된다'고 생각하더라도 사회의 요구에서 벗어난 기준을 유지하기는 매우 어려운 일이다. 부모들이 잘못된 사회기준에 대해 인식을 하고 있다고 해도 사회적 압력으로 인해 사회에서 요구하는 기준으로 아이를 대하기도 한다. 심리학자 김태형은 이런 부모의 태도에 대하여 "아이에게 총 쏘는 훈련을 시키지 말고 자유롭게 놀게 해주라는 교육을 받고 나서 문을 열고 나오니 다시 총탄이 빗발치는 전쟁터가 눈앞에 펼쳐져 있는 것"이라고 설명한다. 가령 돈, 외모, 스펙으로 사람의 가치를 평가하는 것이 옳지 못한 점을 아이에게 주지시킨다 하더라도 사회에서 이 같은 기준을 강조하는 경우 개인이 사회의 기준을 거부하거나 저항하기는 어렵다. 사회의 기준을 충족하지 못할 경우 나의 가치 판단 기준보다는 사회의 기준에 비중을 두어 나의 가치를 낮게 평가하게 된다. 사회로부터의 평가는 개인의 자존감 형성에 중요한 기준이 되기 때문에 타인에게 지속적으로 부정적인 평가를 받는 것은 견디기 어려운 일이다. 결국 가치 평가 기준이 잘못되었다고 생각하면서도 사회의 기준에 따르게 된다.

> **동조효과 실험**
> https://youtu.be/YXXr4poY8EM

사회의 구성원들은 서로에게 영향을 받기 때문에 사회적 압력을 무시하며 살기 어렵다. 솔로몬 애쉬(Solomon Asch)의 동조실험에서는 인간이 집단의 압력에서 자유로울 수 없음을 보여주는 연구 결과가 나타났다. 이 연구에서는 여러 명의 실험 도우미들과 한 명의 실험대상이 [그림 9-1]과 같은 실험자극을 제시받는다. 이들은 왼쪽의 기준 선분과 가장 비슷한 길이의 선분을 오른쪽 A, B, C 선분 중에서 골라야 한다. 이 실험에는 속임수가 있는데 실험 대상은 실험 도우미들을 자신과 같은 실험 참여자라고 알고 있지만 사실 실험 도우미들은 A가 가장 유사하다고 답하도록 미리 약속된 상태였다. 실험 도우미들이 모두 기준 선분과 가장 유사한 선분을 A라고 답했을 때, 가장 마지막에 답을 하게 된 실험 참여자는 무엇을 고를까?

연구 결과에 따르면 1/3 이상의 참여자가 실험 도우미들의 답과 같은 A를 골랐다고 한다. 반면 실험 도우미 없이 개별적으로 답을 하게 한 경우에 틀린 답을 하는 경우는 1%도 채 되지 않았다. 너무나 명백한 사실을 판단할 때조차도 타인에게 영향을 받는 것이다.

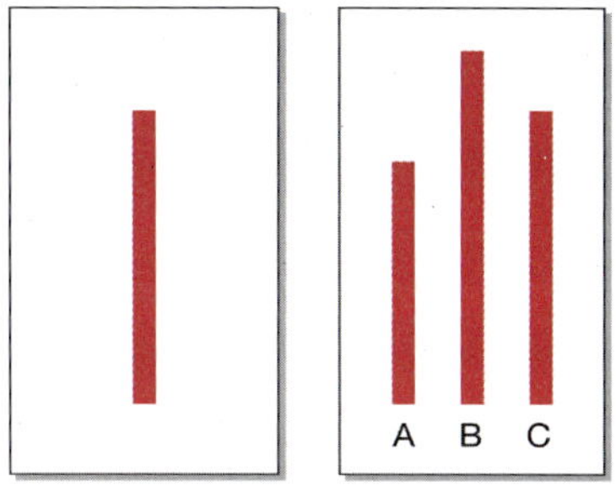

그림 9-1 솔로몬 애쉬의 실험자극

스스로 자신의 가치를 높게 평가하는 것만으로 긍정적인 자존감을 형성할 수 없는 이유는 우리가 이렇듯 타인들의 영향을 중시하는 사회적 존재이기 때문이다. 자존감을 형성하는 데 있어서 사회적 가치와 기준이 중요하게 작용한다. 또한 사회에서 인간을 보는 가치는 곧 나의 가치가 된다. 사회가 사회 구성원들을 존재 자체로서 존중해 주면 모두의 자존감은 그 기초가 튼튼해질 것이다. 자신이 속한 사회의 구성원들이 건강한 가치 평가 기준을 가진다면 개인도 건강한 가치 평가 기준에 따라 본인과 주변을 평가하게 된다. 장기간에 걸친 사회적 압력에 계속해서 저항하기란 매우 힘들기 때문에 사회의 전반적인 신념과 가치관을 건강한 기준으로 바로 잡으려는 모두의 노력이 필요하다. 존중을 받으면서 성장한 사람이 다시 타인을 존중하는 사람이 된다. 아이라서, 여자라서, 남자라서, 아줌마라서, 아저씨라서, 노인이라서 존중받지 못하는 사회에서는 그 누구도 존중받을 수 없다는 사실을 기억해야 한다.

가 기준을 확립해 나간다. 청소년기부터는 구체적인 능력과 성취 경험을 통해 자존감을 기르게 되므로 객관적 근거로서 작용하는 사회적 비교가 상당히 중요하다. 특히 또래관계를 통해 사회적 비교를 하게 되므로 대인관계가 중요한 평가기준으로 작용하게 된다. 따라서 친구들과의 관계를 적극적으로 발전시키고 건강한 활동을 하면서 서로를 지지하는 친구 집단에 소속될 필요가 있다.

3) 자아정체감

자아정체감이란 '나는 누구인가?'에 대한 스스로의 믿음이다. 앞으로 어떠한 사람이 될 것이며 사회 속에서의 나의 역할은 무엇인가와 같이 개인이 추구하는 가치, 신념과 목표로 구성되어 있다. 자존감을 형성하기 위해서는 청소년기에 자아정체감 확립을 통해 자신에 대하여 확고하고 통합된 느낌을 갖고 자기가 어디를 향하고 있으며 사회에서는 어떤 역할과 가치를 갖게 될지 결정해야 한다. 자아정체감을 형성하기 위해서는 정체감의 위기를 경험한다.

제임스 마르시아(James Marcia)에 따르면 '탐색(exploration)'과 '참여(commitment)'에 따라 [그림 9-2]와 같이 자아정체감의 상태를 4가지로 분류할 수 있다. 여기서 탐색이란 정체감을 확립하기 위해 고민하는 시도가 있었는지를 의미한다. 참여는 정체성 위기를 해결하기 위해 시도에 자신이 관여했는지를 뜻한다.

		탐색	
		X	O
참여	X	정체감 혼미	정체감 유예
	O	정체감 유실	정체감 성취

그림 9-2 마르시아의 정체감 상태

- **정체감 혼미**: 자신의 가치와 인생의 목표에 대해 탐색을 해보지 않은 상태이다. 정체감의 위기를 해결하려는 노력도 없다.
- **정체감 유실**: 여러 가지 가능성이나 대안에 대한 탐색없이 정체감을 확립한 상태이다. 사회나 부모의 요구에 따라 정체감을 결정하는 것에 해당한다.
- **정체감 유예**: 현재 위기 상태를 겪고 있는 상태이다. 다양한 가치, 흥미, 이념과 직업을 적극적으로 탐색하고 있다. 정체감이 아직 불확실한 상태이지만 정체감 성취에 이르는 과도기적 단계라고 볼 수 있다.

- **정체감 성취**: 이념 또는 가치가 확정되어 있으며 정체감 위기를 해결한 상태이다. 성실한 탐색을 통해 자신의 삶의 목표, 가치를 정립하고 주도적으로 확고한 정체감을 형성한다.

3. 낮은 자존감과 높은 자존감

자존감이 낮은 사람은 장점보다 단점에 더 주의를 기울인다. 자신의 생각과 마음에 자신이 없으므로 타인의 시선을 지나치게 의식하고 그러다 보니 대인관계에 대한 불안이 있다. 이러한 모습을 본인도 알고 있기 때문에 열등감이나 자기혐오가 생기게 된다. 부정적인 자존감으로 인해 자신의 판단에 확신이 부족하므로 자기주장을 거의 하지 못한다. 방어적이고 폐쇄적인 태도로 외부세계를 대하며 전반적으로 부정적인 사고에 초점이 맞춰져 있다.

자존감이 낮을 때에는 〈표 9-1〉과 같이 건강하지 못한 욕구들이 발생한다. 불안감에서 시작된 타인의 애정에 대한 불신은 방어 욕구로 나타난다. 다른 사람들이 자신에게 애정과 관심이 없다고 미리 선을 그어두고 그 안에서 행동하려 한다. 때로는 타인에게 과도하게 의존하여 부족한 자신의 마음을 채우려 한다. 마음에

표 9-1 자존감이 낮을 때 나타나는 건강하지 못한 욕구들

방어욕구	"사람들이 날 좋아해 줄 리 없어"
의존욕구	"기댈 사람이 필요해"
인정욕구	"다른 사람에게 인정받지 않으면 안 돼"
과시욕구	"무능력자로 보이기 싫어"
승리욕구	"반드시 이겨서 날 증명해야 해"
통제욕구	"상대방이 날 버릴지도 몰라" 또는 "상대방을 지배하고 통제할 거야"
현실도피와 왜곡욕구	"차라리 이민을 갈래", "이건 사실이 아니야"
자기 파괴 욕구	"난 행복해질 자격이 없어"

서 오는 결핍을 충족시키기 위해 다른 사람의 인정에 과도하게 집착하거나 과시하거나 이기는 데 몰두하기도 한다. 타인을 통제함으로써 대인관계에 대한 불안을 잠재우려 하기도 하고 부정적인 결과를 인정하고 받아들이는 것을 어려워하여 현실을 도피하거나 왜곡시키려 한다. 자신에 대한 혐오 때문에 나쁜 선택을 골라하는 경향이 있다.

반면 자존감이 높은 사람은 기본적으로 자신에게 만족한다. 이들은 자신의 장점과 약점을 모두 알고 있으면서 자신이 갖고 있는 능력과 특성에 대해 전반적으로 긍정적으로 평가한다. 따라서 자기 주장을 하는 것이 어렵지 않고 외부 환경으로부터 스스로를 보호할 수 있다. 누군가 비판을 할 때에는 자신을 보호하기 위한 해명을 하거나 적절하다고 생각되는 비판은 수용하고 성장의 계기로 삼기도 한다. 개방적이고 여유 있는 태도로 외부세계를 대하여 긍정적이고 창의적인 관점에서 세상을 볼 수 있다.

자존감이 높은 사람은 자신을 포함한 모든 인간을 사랑하고 존중한다. 자존감이 낮은 사람은 자신뿐 아니라 모든 인간을 존중하지 않는다. 인간에 대한 혐오적 태도를 보이는 사람들은 자존감이 낮을 가능성이 높다.

4. 자존감이 영향을 미치는 요인들

자존감은 많은 연구들을 통하여 개인의 정신적 건강과 신체적 건강, 그리고 삶에서 성취와 행복 등 삶의 대부분의 측면과 밀접한 관련을 가진다는 점이 밝혀졌다. 오스 등(Orth et al., 2012)이 연구한 바에 따르면 자존감이 높은 사람은 관계 만족도, 직업 만족도가 높았으며 긍정적 정서를 더 많이 보고하였고 더 건강하며 우울증이 적게 나타났다. 자존감이 낮은 사람은 부정적 정서를 더 많이 보고하였다.

1) 자존감과 부정적 정서

낮은 자존감은 스스로에게 도움이 되지 않을 법한 역기능적인 욕구를 일으키고 이러한 욕구는 충족이 되든 안 되든 부정적인 감정으로 이어지게 된다. 예를 들어 낮은 자존감은 의존 욕구를 일으키고 이러한 욕구가 좌절되면 두려움을 낳는다. 의존 욕구가 순간 충족되었다고 하더라도 스스로에 의해 충족된 것이 아니므로 다시 부정적 감정의 순환에 빠지게 된다.

자존감이 낮아질 때 느끼게 되는 부정적인 감정들은 다음과 같다.

(1) **무가치감** - "나는 가치가 없는 사람이야" : 자신의 삶과 존재에 대해 무가치하고 무의미하다는 느낌이다. 삶의 의욕을 저하시킨다.

(2) **무기력과 우울** - "나는 노력해도 안 될거야", "해도 소용없어" : 자존감은 우울감과 밀접한 관계가 있어 우울감이 높을수록 자존감은 낮아지고 자존감이 낮을수록 우울감이 높아진다.

(3) **열등감** - "나는 저 사람보다 못해" : 자존감이 낮은 사람은 만성적으로 열등감에 시달린다. 낮은 자존감은 열등감으로 연결되어 피해의식을 느끼게 되고 이는 곧 대인관계 문제로 나타난다. 피해의식이 심하면 남들이 던지는 사소한 농담 혹은 칭찬까지도 자기를 공격하는 것으로 간주할 수 있다. 특히 열등감이 심한 사람은 객관적으로는 문제 없는 상황에서 감정적으로 폭발하곤 한다.

(4) **시기와 질투** - "내가 더 많이 사랑받아야 해" : 나보다 우월한 다른 사람을 부러워하는 감정이다. 일반적인 수준에서는 문제가 되지 않고 오히려 분발할 수 있는 긍정적 요인으로 작용하기도 한다. 그러나 여기서 그치지 않고 '증오'를 포함하게 되면 문제가 발생한다.

(5) **자기 혐오** - "내가 맞을 만한 짓을 해서 맞는 거야" : 자신의 가치와 능력을 낮게 평가하면 그런 자기를 미워하게 된다. 따라서 자존감이 낮아질수록 자기

에 대한 감정이 악화되고, 그것이 다시 자존감을 떨어뜨린다. 사람이 오랫동안 학대를 당하다 보면 근거를 자신에게서 찾는다. 학대를 하는 사람에게 화를 분출하지 못하게 되면 가해자가 아니라 학대당하는 자기를 탓하게 된다. 자기혐오는 자기파괴 욕구뿐 아니라 타인을 파괴하는 욕구까지 유발한다.

2) 자존감과 대인관계

자존감이 낮으면 건강한 대인관계를 맺기 어렵다. 우리는 사회적 평가를 통해 자존감을 형성하기 때문에 낮은 대인관계는 다시 자존감을 낮추는 악순환에 빠진다.

(1) **감추기와 위장하기**: 자존감이 높은 사람은 남들한테 자신을 숨길 필요를 느끼지 못한다. 감정 표현을 억제하지 않고 생각을 솔직하게 표현한다. 자존감이 낮으면 자기 확신이 부족하고 실수를 두려워한다. 자신의 생각이나 감정을 신뢰하지 않으므로 이를 솔직하게 드러내지 못하고 무언가를 감추거나 포장하는 데 익숙하다.

(2) **의심하기**: 자기를 신뢰하면 타인, 인간을 신뢰할 수 있다. 자존감이 낮은 사람은 기본적으로 자기를 의심한다. 버림받으면 안 된다는 강박감이 있어 과도하게 사람을 의심한다.

(3) **끌려다니기**: 타인의 사랑과 인정을 갈구한다. 타인으로부터 낮은 평가를 받거나 배척당하지 않기 위해서 부단히 애를 쓰며 자신의 만족이 아닌 남들의 만족을 맞춰주며 살아간다.

(4) **뒷담화하기와 깎아내리기**: 시기, 질투가 심해 자기보다 잘난 사람을 그대로 두고 보지 못한다.

(5) **지배하고 착취하기**: 버림받는 게 두려워서 그를 완전히 지배하고 조종하여 거절의 가능성을 차단한다. 나의 무력감, 자격지심, 열등감을 방어하기 위해서 타인을 더더욱 지배하고 착취하려고 한다.

나르시시스트와 자존감

나르시시스트는 자신에 대한 과장된 평가와 자기중심적 태도를 보이는 사람을 뜻한다. 나르시시스트들은 다음과 같은 특징을 갖는다.

- 자신이 남들보다 우월하다고 생각함
- 과도한 자신감
- 타인에 대한 공감능력의 결여
- 사랑과 인정에 과도한 집착
- 자기과시적인 행동
- 특권의식
- 시기와 질투
- 비판을 수용하거나 자기 반성을 하지 못함
- 인지적 왜곡이 심함
- 착취적, 가학적 대인관계
- 지배욕과 통제욕이 과도

나르시시스트는 얼핏 보면 자존감이 높아 보이지만 사실은 자존감이 너무 낮은 나머지 가짜 자존감에 집착하는 사람에 해당한다. 억지로 자존감이 높은 척하다 보면 불안감이 유발되고 그럴수록 왜곡된 자기개념과 평가에 집착하게 된다. 낮은 자존감을 방어하기 위해 만든 가짜 자존감에 매달려 자기개념과 자기가치를 왜곡하는 과정에서 탄생된다고 볼 수 있다. 착취적이고 가학적이며 통제적인 모습을 보이는 것은 타인을 학대하므로써 자신의 무력감을 보상하기 위한 행동이다. 이때 타인을 학대한다고 해서 실제로 자신의 자존감이 높아지지 않고 오히려 자존감이 더 낮아질 가능성만 높아진다.

때로 높은 자존감을 가졌을 법한 아동이 친사회적이면서 반사회적 행동을 하는 모습을 뉴스나 신문기사를 통해 접하게 된다. 선생님들과의 관계도 좋고 학업성적도 뛰어나며 또래들로부터 인기있는 학생이 학교폭력의 주동자로 밝혀지는 사건을 통해 전형적인 나르시시스트의 모습을 살펴볼 수 있다. 나르시시즘은 아동과 청소년기의 공격적 행동과 정적 상관관계를 보이며 이후의 괴롭힘 행동을 예측한다. 나르시시즘은 청소년의 다양한 문제 행동에 대한 고위험요인이다. 나르시시즘이 높을수록 가해행동을 더 많이 보였고 낮은 자존감을 가질수록 괴롭힘의 정도가 더 높았다.

나르시시즘은 자존감과는 다르다. 나르시시즘에 빠진 사람은 자신을 과시하려는 경향이 있고 자기상이 취약하다. 나르시시스트는 자신의 개인적 다른 사람에게 착취를 일삼고 특권의식을 가진다. 반면 자존감이 높은 사람은 굳이 다른 사람에게 자신을 과시하지 않아도 충분히 자신이 가치있다고 생각하므로 부정적인 행동과 사고의 소용돌이에 휘말리지 않게 된다.

5. 자존감을 높이는 방법

청소년기에 확립된 자존감이 청년기나 초기 성인기에 급격하게 변하는 경우는 드물다. 그러나 이 시기에 어떠한 목표를 세우는가, 어떠한 사람들과 교류하는가, 사회적으로 무엇을 얼마나 성취하였는가에 따라 자존감은 변화할 수 있다. 또한 자신의 자존감을 평가하는 데 영향을 주었던 사회적인 신념에 대해 재평가하면서 평가기준을 바로 세우는 과정을 통해 자신에 대한 평가가 달라질 수 있다.

1) 개인적 측면

(1) 유연한 평가 기준을 수립한다.

자기개념을 수정하기 위해서는 스스로를 개관적으로 돌아보고 자신의 장점을 찾아 긍정적으로 평가하는 등 자기에 대한 부정적인 평가를 해소하기 위해 노력하는 과정이 필요하다. 자신의 곳간에 무엇이 남아 있는지 알아야 다음을 도모할 수 있다. 진짜 자존감을 키우기 위해서는 먼저 올바른 자기개념과 자기평가가 선행되어야 한다. 강점에 대한 구체적인 분석은 자존감 향상의 기본 작업이 된다.

강점을 파악한 뒤에는 자신에게 지나치게 가혹한 평가를 하고 있지는 않았는지, 그러한 평가에 근거는 무엇인지를 살펴봄으로써 자기개념을 수정할 토대를 만드는 것이 좋다. 보다 유연한 평가를 하여 객관적 근거와 균형을 잘 이루도록 하는 것이다. 객관적 증명만 하다 보면 만족을 몰라 다시 엄격한 평가를 지속하게 되고, 유연한 평가만 하다 보면 성장이 없고 결국 허무함을 느끼게 된다. 따라서 평가의 기준을 낮추고 건강한 기준을 세우는 동시에 기대를 충족시킬 근거를 찾는 활동을 함께해야 한다.

(2) 꾸준히 무언가를 한다.

객관적인 근거나 기준이 없는 조건에서 주관적인 자기개념이나 평가만 바꾸는 것은 자존감 향상에 큰 도움이 되지 않는다. 따라서 나의 가치를 긍정적으로 평가할 근거를 만들어 주어야 한다. 자존감은 평가가 필요하고 평가에는 근거가 필요하다. 나의 능력에 대한 확신을 가지려면 나에게 무엇보다 구체적인 능력이 필요하다. 억지로 좋게 평가만 하려 노력하면 거짓된 혹은 과장된 결론을 내리게 되므로 객관적 증거를 만들어 스스로를 설득할 수 있어야 한다.

이때 꾸준한 실천이 도움이 된다. 무엇인가를 끈기 있게 하는 것은 그 자체로 자존감을 강화하는 효과가 있다. 계속적인 실천을 하되, 객관적인 평가가 가능한 목표를 통해 성취하는 것이 중요하다. 목표가 크고 작은 것은 중요하지 않다. 착실한 행동만으로도 자기개념이 일부 긍정적으로 수정될 수 있다.

자신이 평소에 하고자 했던 활동을 골라 시도해 볼 수 있다. 예를 들어 '운동을 한다'는 목표를 세웠다면, 단 1분이라도 매일 할 수 있도록 일과 중 운동시간을 마련한다. 실제로 운동 참여는 긍정적인 신체상을 갖게 하여 자존감에 긍정적인 영향을 미친다. 스포츠 활동과 같은 신체적인 활동이 자존감 및 우울감에 긍정적인 영향을 미친다는 것이 여러 연구를 통해 입증되었다. 우울감이 높을수록 신체활동을 적게 하고, 신체활동을 적게 하면 자아존중감이 낮아진다.

(3) 작은 성공 경험을 반복한다.

스스로의 가치를 높이기 위해서는 성공 경험을 자주 하는 것이 좋다. 큰 성공 하나보다 작은 성공 여럿이 훨씬 더 큰 효과를 거둘 수 있다. 여기서의 성공은 거창한 것이 아니다. 일상생활에서 자신이 계획을 세우고, 노력해 원하는 결과를 얻는 과정을 말한다. 아침에 일어나 물 한 잔 마시기, 선크림 바르기, 수업에 제 시간에 출석하기와 같이 사소하고 성공하기 쉬운 목표들을 통해 작은 성공 경험들을 쌓도록 한다. 반복적인 성취 경험은 자존감의 기초가 된다. 어려서부터 반복적으로 성취를 경험했던 사람은 현재의 능력이 다소 부족한 경우에도 자존감을 쉽게 잃지 않는다.

때로는 실패 경험도 필요하다. 장기적인 측면에서는 실패 또한 성공이다. 부모가 자녀를 위하는 마음에 미리미리 장애물을 제거해 주는 바람에 실패를 경험하지 못하고 자라는 경우 실패를 통해 새로운 면을 탐색하고 경험하는 기회를 놓치게 될 수 있다. 또, 작은 실패에도 쉽게 좌절하여 성취동기를 유지하지 못하고 한 번의 시도가 실패하면 금방 포기하게 된다.

2) 사회적 측면

(1) 지지적인 타인들

대인관계 능력은 우리가 반드시 갖추어야 할 보편적인 사회적 능력이다. 사회생활은 대인관계를 통해서만 가능하다. 대인관계 능력의 결함은 자존감 손상으로 직결될 가능성이 크다. 자존감 확립에는 반드시 타인들이 필요하다. 양보다는 질이 큰 영향을 주기 때문에 소수일지라도 건강한 타인들이 도움이 된다. 자존감은 타인들과는 전혀 상관없이 나의 내면에서 조작되는 주관적 심리가 아니다. 객관적인 자기개념과 자기가치에 대한 정확한 평가를 위해서 타인의 존재는 필수적이다. 돈이나 외모 따위로 평가하는 타인이나 사회집단은 자존감에 도움이 되지 않는다. 우리에게는 나를 인간으로서 사랑하고 존중해 주며 건강한 신념과 가치관을 공유할 수 있는 동료가 필요하다.

(2) 건강한 사회적 비교 기준

자존감이 낮을수록 사회적 비교에 더 민감하다. 비교는 상황을 인식하는 하나의 수단으로, 어떤 것의 본질과 특성을 파악하는 데 좋은 방법이므로 비교를 하는 것 자체가 문제되는 것은 아니다. 그러나 건강하지 못한 기준으로 사회적 비교를 시도하게 되었을 경우 자존감 형성에 오히려 해가 된다. 특히 타고난 것, 노력으로 바꿀 수 없는 것을 비교하는 것은 올바른 자존감 형성에 별다른 도움이 되지 않는다. 예를 들어 부모의 사회경제적인 지위는 나의 노력과는 무관하게 형성된 부분이며 나의 노력으로 개선될 여지가 없다. 이를 자신의 가치를 평가하는 근거로 사용할 경우 건강하지 못한 자아존중감을 형성하게 된다.

자존감은 사회, 현실과 불가분의 관계로 연결되어 있다. 따라서 주관적 내면세계를 조작하거나 어루만지는 것만으로는 절대로 자존감이 높아지지 않는다. 인간을 공정한 기준으로 평가하는 정의로운 사회가 전제되어 있지 않다면 자존감도 없다.

건강한 개인들이 모여 건강한 사회가 만들어진다. 자존감 높은 사람들로 구성된 창의적이고 개방적인, 신뢰롭고 정의로운 사회를 만들기 위해서는 올바른 가치평가 기준을 세우는 데 온 사회 구성원이 힘을 합쳐야 한다. 현재 우리 사회에서 중요하다고 여기는 가치 평가 기준인 돈, 외모, 스펙으로 사람의 가치를 평가하는 이들이 늘어날수록 이런 기준을 거부하거나 저항하기는 한층 더 어려워진다.

사회가 높이 평가하는 기준을 충족하지 못할 경우 세상은 나의 가치 판단 기준과는 상관없이 나의 가치를 낮게 평가하게 된다. 사회적 압력은 개인의 판단을 무력하게 만든다. 결국 많은 이들이 그런 가치 평가 기준이 잘못되었다고 생각하면서도 무의식 중에 이를 받아들여 타인을 평가하고 나를 평가하면서 살아가게 될 것이다.

만일 다수의 사회 구성원들이 건강한 가치 평가 기준을 가진다면 나도 건강한 가치 평가 기준을 받아들이기 쉬울 것이다. 사회는 구성원들의 쓸모나 가치에 상관없이 그들을 수용하고 존중해 주어야 한다. 부모가 자식을 인간으로서 사랑하고 존중해 주면 자식의 자존감의 기초가 튼튼히 닦이듯 사회가 사회 구성원들을 인간으로서 사랑하고 존중해 주면 모두의 자존감 향상에 도움이 될 것이다.

자존감 유지 및 향상

- 자존감 손상을 방지하거나 자존감 향상을 위해서 시도하고 싶은 방법을 써 보자.

제10장

대인관계

CONTENTS

시작 활동

대인관계 검사

- 자기보고식 검사를 활용하여 나의 대인관계를 평가해 보자.

한국가이던스 무료검사
http://me2.do/F9dKn1HO

1. 결과는?

2. 결과에 대한 나의 생각은?

1. 현대사회와 대인관계

사람은 한자로 "人間(사람 인, 사이 간)"으로 표기한다. 사람들 사이에 있는 것이 인간의 기본적인 특성임을 나타낸 것이다. 긍정적인 대인관계를 맺는 것은 자존감을 비롯한 정신 건강의 문제와 직결되어 있다. 뿐만 아니라 신체 건강에도 영향을 주어서 사회적 지지를 받는다고 느끼는 것은 신체적 기능을 향상시키고 질병에 걸려도 빨리 회복할 수 있도록 돕는다. 이렇듯 대인관계는 우리의 생활 전반에 걸친 만족도에 영향을 준다.

우리는 누구나 타인과 더불어 관계 속에서 살게 된다. 태어나서는 가족들 사이에서, 학교에서는 친구들과 선생님들 사이에서, 사회에서 직장 동료들과 끊임없이 관계를 형성한다. 진화적 관점에서 보면 먼 옛날부터 인간은 다른 동물에 비해 나약한 신체적 특성 때문에 생존을 위해서 협동하는 능력을 발달시켜야 했다. 서로가 위험에 빠지지 않도록 돌봐주고, 음식을 나눠 먹고, 지식을 공유하며, 함께 아이를 돌보면서 점점 생존 확률이 높아졌을 것이다.

현재도 우리는 여전히 타인들과의 관계 속에서 살아간다. 우리가 자주 사용하는 스마트폰 어플리케이션인 카카오톡, 페이스북, 인스타그램 등은 모두 사회관계망서비스(SNS)이다. 이전에는 싸이월드가 있었고, 버디버디가 있었다. 동창을 찾는 아이러브스쿨, 다모임 등의 큰 인기가 있었던 것도 관계에 대한 욕구를 반영한다. 하이텔, 나우누리 같은 PC통신의 활성화가 시작된 것은 사람들끼리 모여 대화할 수 있는 채팅방이 인기를 얻게 되면서부터였다. 요즘 거의 모든 도시에는 그 동네 주민들이 다양한 정보를 교환하는 온라인 '맘카페'가 존재한다. 혼자서는 다 알아내기 어려운 동네 소식부터, 맛집, 병원, 학원 정보 등 다양한 정보를 얻고 교류한다. 연대의 범위는 지역을 넘어서 나라로, 그 이상으로 급속히 확장되고 있다. 우리는 자신이 속한 문화 집단을 넘어서 전 세계의 다양한 사람들과 어렵지 않게 교류할 수 있는 사회에 살고 있다. 형태만 바뀌었을 뿐 우리는 여전히 관계

속에서 안전함과 즐거움을 느끼며 이를 유지하고 개발하고 싶어 한다. 4차 산업 혁명과 함께 시작된 언택트(untact)의 흐름은 코로나19 이후로 가속화되고 있다. 그러나 시대가 변하여도 대인관계는 그 가치를 잃은 적이 없다. 다가올 시대에도 형태를 달리한 대인관계는 그 중요성을 더하게 될 것이다.

2. 대인관계의 중요성

1) 지적 능력의 구성요소

하워드 가드너(Howard Gardner)는 인간의 지적 능력을 단일한 차원에서 해석하는 기존의 지능이론을 반박하며 다중지능의 개념을 소개하였다. 다중지능은 인간의 지능이 서로 독립적이며 상이한 여러 유형의 능력으로 구성되어 있음을 의미한다. 가드너의 다중지능 이론에 따르면 인간의 지적 능력은 [그림 10-1]과 같이

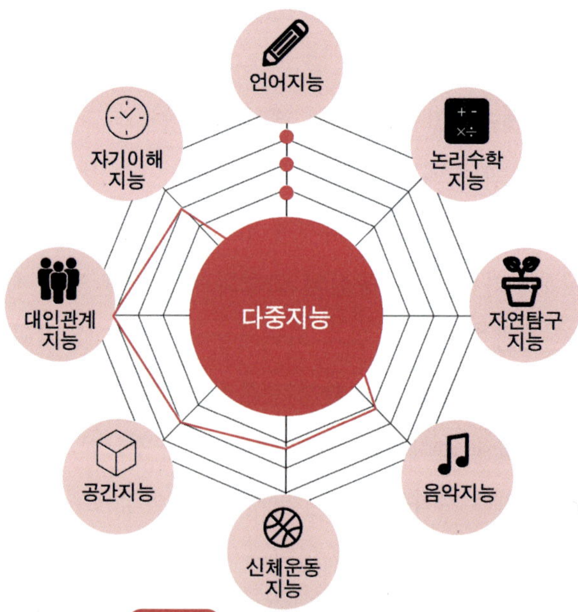

그림 10-1 가드너의 다중지능 이론

언어지능, 논리수학지능, 자연탐구지능, 음악지능, 신체운동지능, 공간지능, 대인관계지능, 자기이해지능으로 구성되어 있다. 가드너는 그중 대인관계능력을 하나의 중요한 지능 요인으로 평가하면서 타인을 이해하고 타인과 효과적으로 상호작용하는 능력이라고 정의하였다.

2) 기본적 욕구

다른 사람과 관계를 맺고자 하는 것은 인간의 기본적인 욕구로서 긍정적 인간관계는 그 자체로 만족감을 준다. 에이브러햄 매슬로우(Abraham Maslow)는 욕구위계이론을 통하여 인간의 욕구는 본능적이고 계층적 단계로 나누어져 있다고 하였다. 욕구의 위계는 그림 〈10-2〉와 같이 생리적 욕구, 안전 욕구, 소속 및 사랑의 욕구, 존중의 욕구, 자아실현의 욕구로 구성되어 있으며 이러한 욕구는 낮은 단계부터 해결되어야 다음 계층의 욕구가 생긴다고 하였다. 특히 자아실현의 욕구를 성장욕구로, 나머지를 결핍욕구로 구분하였는데 성장욕구는 욕구를 충족시킬수록 그 욕구를 충족시키기 위한 행동이 동기화되지만 결핍 욕구는 일단 욕구가 만족되고 나면 그 욕구를 충족시키고자 하는 동기가 감소하게 된다고 설명한다.

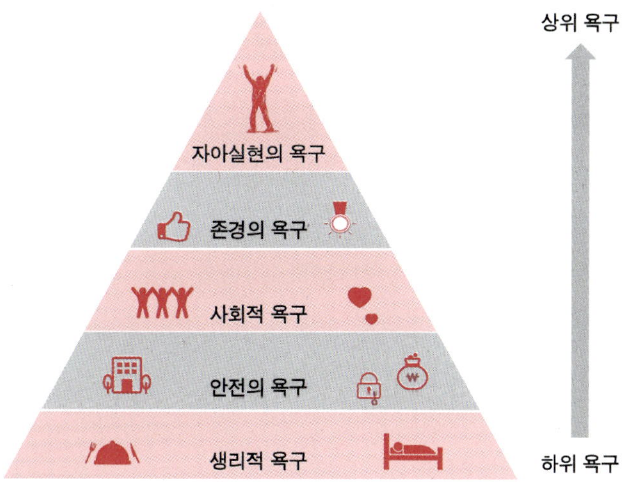

그림 10-2 매슬로우의 욕구위계이론

생리적 욕구는 음식, 물, 수면, 배설의 욕구를, 안전 욕구는 신체적, 정서적 위협으로부터 자신을 보호하려는 욕구를 의미한다. 사회적 욕구는 어떤 집단에 속하며 타인과 애정을 나누고 싶은 욕구에 해당한다. 사회적 욕구가 충족되면 존중을 받고 싶은 욕구가 나타난다. 이 욕구는 타인으로부터 존경받고 자신이 가치 있는 사람이라고 느끼고 싶어 하는 욕구이다. 최상위의 욕구는 자아실현의 욕구로서 하위의 욕구들이 충분히 만족되면 자신의 잠재력을 실현시키고자 한다.

욕구위계이론에 따르면 인간은 먹고 자는 문제와 안전문제와 같이 생존에 직결된 욕구만 해결되면 사회적으로 소속되고 싶어 하고 다른 사람들에게 존중받고 싶은 욕구를 갖게 된다. 욕구 위계 중 이에 해당하는 사회적 욕구와 존경의 욕구가 좌절되어 결핍이 충족되지 않으면 자아실현에 대한 욕구에 도달할 수 없으므로 진취적이고 독립적인 목표를 갖기 어렵게 된다.

3) 신체적 건강

1979년 캘리포니아 한 지역에서 주민 6900명을 대상으로 9년간 종단연구를 한 결과, 연령과 관계없이 친밀한 관계를 지닌 사람들은 전체의 9.6%만이 사망했지만 소외된 사람들의 경우 전체의 30.8%가 사망하였다. 또, 도움을 주는 배우자가 있는 여성은 심한 생활 스트레스를 받더라도 10%만이 우울증 증세를 보였으나 같은 스트레스에도 도움을 줄 수 있는 배우자가 없는 경우 41%의 여성이 우울증 증세를 호소하였다. 한 연구팀에서 30만 8천 명을 대상으로 이루어진 148건의 대인관계 관련 연구를 분석한 결과, 인간관계가 좋은 이들이 그렇지 않은 사람보다 먼저 죽을 확률이 50% 낮은 것으로 나타났다. 이러한 연구결과들을 종합해서 볼 때 친밀한 대인관계를 맺는 것은 건강과 수명에 직접적인 영향이 있다고 볼 수 있다.

4) 심리적 건강

대인관계는 행복의 필수적인 요소로 알려져 있다. 일반적인 예측과는 달리 돈이나 학력, 재산이 행복에 주는 영향은 제한적인 반면 대인관계는 결정적인 영향을 미치는 것으로 나타났다. 또한 가족을 잃거나 가족과 불화가 있거나 직장이나 또래 관계에서 주변 사람들과의 문제를 겪는 것이 매우 큰 스트레스 유발 사건이 된다는 다수의 연구 결과들이 보고되었다. 다른 이들과 친밀한 관계를 맺고 있는 사람은 생활 속에서 심한 스트레스를 받더라도 대처와 극복이 빠르다는 점을 볼 때 대인 관계는 정서적, 신체적 측면의 건강에 상당한 영향을 주는 것으로 볼 수 있다.

3. 대인관계와 정서

높은 정서지능을 갖고 있는 사람들은 그렇지 않은 사람들에게 비해 타인과 잘 소통하고 적응한다. 정서지능을 잘 발달시킨 사람은 긍정적인 안녕감, 공감능력과 친사회적 행동을 통해 타인과의 관계를 긍정적으로 맺는다. 대인관계에서 정서지능이 높다는 것은 자신과 타인의 정서를 이해하고 능숙하게 조절할 수 있는 것을 뜻한다. 다른 사람의 감정을 정확하게 이해하는 능력은 타인의 의도나 태도, 행동의 동기와 생각을 이해하는 데 바탕이 되어준다. 또한 정서 이해를 바탕으로 정서를 적절히 표현하고 상황에 따라 변화시키는 능력은 대인관계에서 일어날 수 있는 많은 부정적인 문제들을 예방할 수 있다.

1) 대인관계 결핍과 정서

우리는 대인관계를 통해 다양한 강도의 감정을 경험하게 된다. 대인관계는 우리의 행복과 고통에 큰 관여를 하는 기본적인 사회적 욕구이다. 사회적 관계에서 여러 번 좌절을 겪는 것은 강한 부정적 감정을 유발한다. 연구에 따르면 신체적 고통과 사회적 고통은 동일한 뇌 부위에서 발생한다. 매일 타이레놀을 복용한 집단은 통제집단에 비해 시간이 지날수록 일상의 사회적 상처를 덜 느꼈다는 보고도 있다. 즉, 우리는 사회적 욕구로 인해 진짜 '아픔'을 느낄 수 있는 것이다. 한 fMRI실험에서는 사회적 따돌림이 육체적 통증과 동일한 회로를 활성화한다는 사실을 밝혀냈다. 이 실험에서 참가자들은 다른 두 선수와 가상의 공 던지기 게임을 하는 동안 뇌 스캔을 받았다. 참가자들에게는 나머지 두 선수가 실제 사람이라고 말했지만 사실은 컴퓨터로 조작한 것이었다. 처음에 다른 선수들(실험도우미)은 참가자와 공을 잘 주고받다가 어느 시점부터 참가자들을 무시하고 둘이서만 공을 주고받았다. 그러자 육체적 통증을 겪을 때와 똑같이 전방대상피질과 섬엽이 활성화되었다.

2) 대인관계를 통한 긍정적 정서 유발의 필요성

대인관계 문제는 부정적 정서를 해결하는 것만으로는 부족하다. 넘어져서 다친 무릎이 다 나으면 우리는 '아프지 않은 상태'가 된다. 아프지 않은 상태는 중립적인 상태로 좋거나 나쁜 것과는 다르다. 마찬가지로 정서적 아픔도 부정적 정서를 해결한다고 기분이 좋아지지는 않는다. 대인관계가 불편한 감정을 일으키고 있다면 부정적 정서를 없애기 위한 활동뿐 아니라 대인관계를 통해 긍정적 정서를 유발하기 위해 노력해야 한다.

긍정적인 사회적 교류, 특히 애정적 접촉을 나누게 되면 신경화학물질 중 옥시토신의 수준이 높아진다. 애정어린 시선 교환부터 만지기, 껴안기 등의 신체적 접촉은 옥시토신 수준을 증가시킨다. 옥시토신은 친밀감을 높이고 스트레스 반응을 감소시킴으로써 신체 건강과 정신 건강에도 도움을 준다.

3) 타인의 존재와 정서

타인의 존재는 특별히 어떤 활동이 동반되지 않아도 통증과 불쾌감을 줄여준다. 얼음물이 담긴 통에 손을 담가 고통을 느끼도록 한 연구에서 어떤 참가자들은 혼자 앉아 있었고 다른 참가자들은 모르는 사람과 함께 앉거나 친구와 함께 앉아 있도록 하였다. 그러자 혼자 앉아 있었던 참가자들은 훨씬 강도 높은 고통을 느꼈고 친구와 함께 있었던 참가자들은 통증이 경감되었다. 전혀 모르는 사람이 말로 지지를 표하거나 그냥 곁에 앉아 있기만 해도 같은 효과가 나타났다. 만성 통증을 앓는 환자에게서도 이와 동일한 효과가 관찰되었다. 한 연구에서는 배우자나 연인이 함께 있을 때 환자들의 통증이 상당히 줄어든다는 사실을 밝혀냈다. 때로는 사랑하는 사람을 생각하기만 해도 통증이 줄어들었다. 모르는 사람과 이야기를 나눌 때에도 같은 결과가 나왔다. 연구 결과들을 종합하면 우리는 누군가와 함께 있는 것을 통해 좋은 기분을 느낄 수 있다. 연구 결과는 반드시 가까운 사람과의 관계만 강조하지는 않는다. 다소 효과가 다를 수는 있겠지만 가까운 사람이든 아니든, 누군가와 대인관계를 맺고 있을 때 우리는 더 유쾌한 감정을 유지할 수 있다.

4. 대인관계의 시작과 유지

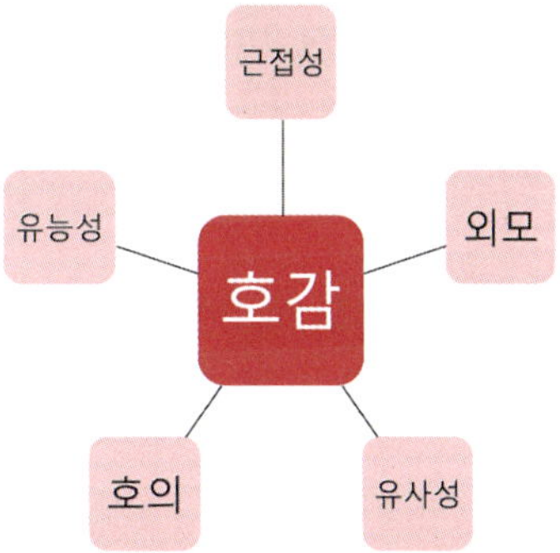

그림 10-3 호감을 주는 요소

인간의 관계 욕구는 회피적 태도보다 접근적 태도에 의해서 충족될 수 있다. 관계 욕구는 다른 사람과 친밀한 관계를 맺고 그 속에서 긍정적 정서를 경험함으로써 충족되는 것이지 부정적 정서를 회피한다고 해서 충족되지 않는다. 즉, 친밀한 관계에 대한 욕구는 타인과 함께 교류하는 과정을 통해서만 채워지는 것이다. 대인관계로 문제를 겪고 있다면 대인관계가 어떻게 시작되고 유지되는지를 참고하여 해결해 나갈 수 있다. 일반적으로 대인관계는 상대에 대한 호감으로 시작되고 친밀감을 통해 유지된다.

1) 호감

우리는 누구나 타인들과 원만한 관계 맺기를 원한다. 어떠한 조건들이 원만한 관계의 시작이 될 수 있을까? 호감을 주는 요건([그림 10-3])을 통해 살펴보도록 하자.

(1) 근접성

접촉 빈도는 친숙함을 느끼게 하고 이것이 호감의 원인으로 작용한다. 자주 만날 수 있어야 친숙해지기 때문이다. 새로운 자극을 반복해서 접하게 되면 호감이 증가하는 경향이 있는데 이를 단순노출효과라고 한다. 다만 첫인상이 부정적일 경우 단순노출효과는 나타나지 않는다. 가까이 있는 사람은 쉽게 만날 수 있어 시간이나 노력의 부담이 적기 때문에 자주 만나고 친해진다.

여러 연구들에 따르면 누구와 친구가 될 것인지를 예측하는 주요 요인은 '얼마나 가까이에 있는가'라고 한다. 교실에서 서로 옆에 앉는 학생들이 멀리 떨어져 있는 사람보다 훨씬 더 강한 관계를 형성한다. 근처에 있을 경우 마주칠 가능성이 높고 새로운 자극에 반복적으로 노출되면 그 자극에 대한 호감이 증가하기 때문이다.

(2) 외모

남녀노소를 불문하고 외모는 사람들에게 호감을 사는 중요한 요소 중 하나이다. 아이들도 성인과 같이 예쁘고 잘생긴 사람을 좋아한다. 영아들은 성인이 매력적이지 않다고 평가한 얼굴보다 매력적이라고 평가한 얼굴을 더 오래 보았는데, 이러한 선호는 3일된 영아들에게서도 나타났다. 인종, 성별, 나이와 무관하게 매력적인 얼굴을 선호하는 경향이 나타났다.

외모는 관계의 초기단계에서 중요하게 작용한다. 신체적 매력은 개인의 다른 특성도 돋보이게 만드는 데 이를 후광효과라 한다. 즉, 외모가 출중한 사람은 매력 있고, 지적이고, 따뜻하고, 유머가 있고, 정신적으로 건강하고 사회적 기술이

뛰어나다는 평가를 하게 된다는 것이다. 그러나 실제로 신체적 매력은 지능이나 재능과는 아무런 관련이 없다.

첫인상에는 초두효과!

처음 제시된 정보나 인상이 나중에 제시된 정보나 인상보다 더 기억에 잘 남는 현상을 초두효과라고 한다.

초두효과를 실험하기 위해 솔로몬 애쉬는 실험 참가자들에게 A와 B 두 사람에 대한 정보를 다음처럼 제공했다

A: 똑똑하다, 근면하다, 충동적이다, 비판적이다, 고집스럽다, 질투심이 많다

B: 질투심이 많다, 고집스럽다, 비판적이다, 충동적이다, 근면하다, 똑똑하다

A, B 두 사람에 대한 정보는 순서만 다를 뿐 같은 내용으로 구성되어 있었으나, 이 실험 참가한 사람들은 A에게 호감을 나타낸 반면 B는 비호감을 나타냈다. A에서는 긍정적 말이 초두효과를 일으키고 B에서는 부정적 말이 초두효과를 일으켰기 때문이라고 볼 수 있다.

(3) 유사성

유사성 실험
https://youtu.be/-CJDFB26HuA

사람들은 자신과 유사한 나이, 흥미, 태도, 가치, 신념을 가진 사람을 선호하는 경향이 있다. 문화적 특징, 사회경제적 계층뿐 아니라 겉모습도 유사할수록 호감을 갖는다. 누군가 자신과 비슷한 특징을 지니거나 유사한 견해를 가지고 있다는 것은 상대와 공유할 수 있는 것이 많다는 뜻이다. 또한 동일한 의견을 가진 사람이 자신의 의견을 지지해 주고 옳은 것으로 인정해 줄 가능성이 높다. 그렇다면 정반대의 사람에게 끌리는 경우는 어떻게 생각하면 좋을까? 먼저 관계가 어느 정도 진행된 이후에는 차이점이 관계의 질적인 면

을 풍부하게 할 수 있다. 이 경우에도 핵심적인 부분에서는 공통점이 있어야 하고 부차적인 면에서 차이점이 존재해야 한다. 또한 두 사람이 한 팀으로서 상보적인 역할을 요구하는 활동을 하게 될 때에도 상반된 성격의 사람들이 잘 맞을 수 있다.

(4) 호의

사람들은 자신을 좋아하고 긍정적으로 평가하는 사람을 좋아한다. 자신에게 호

실수효과(pratfall effect)

사람들은 지나치게 완벽한 사람을 어려워하고 약간 빈틈이 있는 사람을 좋아한다. 이러한 현상은 실수효과(pratfall effect)로 설명되는데 차갑거나 다가가기 어려웠던 사람의 실수가 오히려 호감을 갖게 하고 매력을 증진시킨다는 이론이다.

미국의 심리학자 캐시 애론슨(Kathy Aaronson)은 흥미로운 실험을 했다. 퀴즈쇼 참가자 A, B를 인터뷰 한 내용을 녹음해 실험참가자들에게 미리 들려주었다. A는 말실수 없이 완벽하게 대답을 했고 B는 인터뷰 도중 커피를 엎지르는 실수를 하도록 했다. 이후 퀴즈쇼가 시작되자 실험 참가자들은 커피를 엎지르는 실수를 한 참가자 B가 정답을 맞힐 때 더 큰 박수를 치며 응원했다.

그렇다고 무조건 실수를 많이 해야 호감을 산다는 것은 아니다. 어느 정도 완벽한 모습을 갖춘 상태에서 약간의 허점을 보이거나 실수를 해야 그것이 매력으로 작용한다.

A : 완벽하지만 실수하는 사람
B : 완벽하고 실수 없는 사람
C : 평범하지만 실수하는 사람
D : 평범하고 실수 없는 사람

누가 제일 호감을 살까? 정답은 바로 A이다. 완벽한 사람의 실수는 호감을 사는 조건이 되기도 한다. 매사 허술하고 습관적으로 잦은 실수를 하는 사람에게는 해당하지 않는 얘기이다.

의를 보이는 상대를 좋아하는 이유는 상대에게 호의를 받은 만큼 자신도 동일한 정서로 보답해야 한다는 일종의 의무감을 느끼게 되기 때문이다. 이를 상호성의 원리라고 한다. 이 원리에 따르면 우리가 좋아하는 사람은 우리를 좋아하고, 우리가 싫어하는 사람은 우리를 싫어한다.

(5) 유능성

유능한 사람은 그렇지 않은 사람보다 더 호감을 사곤 한다. 자신의 분야에서 두각을 보이는 사람들은 대체로 인기가 좋다. 그렇다면 완벽한 사람일수록 가장 호감을 많이 받을까? 잘하는 것이 하나도 없다면 혹은 늘 잘못한다면 호감이 떨어지지만 유능한 사람이 실수하면 오히려 호감이 증가한다. 똑똑한 사람에게 어딘가 어리바리한 구석이 있을 때 그 사람에 대한 호감도가 증가한다는 것이다.

2) 친밀감

호감을 토대로 관계가 형성 된다면, 관계를 유지시키는 것은 친밀감이다.

(1) 친밀감의 필수 요소 : 이해, 인정, 중요한 대화, 즐거운 활동

친밀감을 느끼기 위해서는 '상대방으로부터 이해받고 인정받는다는 느낌', '중요한 일에 관해서 이야기를 나누는 것', '즐겁거나 재미있는 활동을 함께 하는 것'이 영향을 미친다. 상대방과의 갈등이나 거부 경험은 친밀감에 큰 영향을 주지 않는 것으로 나타났다. 즉, 상대와 부정적 감정을 얼마나 경험했는가는 크게 영향을 주는 요인이 아니었으나 상대방과 긍정적 감정에 대한 기억이 많다면 친밀한 관계가 될 수 있는 것이다. 갈등을 자주 겪더라도 즐거운 시간에 대한 경험이 많은 가족, 친구, 연인들과의 친밀도가 높은 것은 친밀감이 부정적 경험보다는 긍정적 경험에 의존하기 때문이라고 볼 수 있다.

(2) 친밀도 수준과 일치하는 자기공개

사적인 이야기를 하게 되는 자기공개 과정이 친밀한 관계 형성을 돕는다. 무조건 자신의 개인적 비밀을 많이 털어놓는 사람을 좋아하는 것이 아니라 친밀도 수준과 일치하는 자기공개를 할 때 친밀감이 지속된다. 별로 친하지 않은데 심각한 이야기를 하거나 일방적으로 너무 빨리 다가오는 사람에게는 불안과 경계심을 갖게 된다. 반대로 매우 친하다고 생각했는데 속내를 전혀 드러내지 않거나 중요한 문제를 다른 사람에게만 공유했다는 것을 알게 되면 섭섭함을 느끼게 된다.

(3) 친밀감의 왜곡

정신건강의학과 의사 박용철은 저서 『감정은 습관이다』에서 친밀감이라는 감정을 적절히 다루지 못해 친밀감을 얻는 방식에 왜곡이 생겨난 경우를 폭식, 거식 등의 식이장애에 비유하여 설명한다(〈표 10-1〉 참조).

표 10-1 친밀감의 유형과 특징

친밀감 유형	특징
친밀감 폭식형	친밀감이 늘 부족하다고 느끼며 기회만 되면 부족한 친밀감을 한꺼번에 충족시키기 위해 과도한 에너지를 사용하는 경우
친밀감 포기형	친밀에 대한 욕구는 있으나 과거 좌절 경험으로 인해 적극적인 행동을 하지 못하는 경우. 깊은 관계를 강하게 원하지만 막상 원하는대로 되려고 하면 포기한다
친밀감 거식형	거식증 환자가 자신에게 있는 배고픈 느낌을 무시하고 거부하듯 자신의 친밀 욕구를 부정하는 경우. 친밀감이 성공에 방해가 된다고 생각하기도 한다. 자라면서 친밀감을 충분히 획득하지 못했을 가능성이 있다

대인관계로 인해 부정적인 감정을 느끼는 상황이 반복된다면 새로운 습관을 통해 개선할 수 있다. 먼저 어떤 습관을 반복하는지 깨닫는 과정이 필요하다. 다음

의 설명을 통해 자신의 친밀감 유형을 탐색해 보고 개선을 위한 노력을 실행해 보도록 하자.

친밀감 폭식형은 상대방의 관심을 지나치게 갈구하며 버림받을 것을 걱정해 수시로 애정을 확인하려 한다. 버림받지 않기 위해 상대의 의견에 무조건 따르며 상대에게 지나치게 의존하는 경향이 있다. 친밀감 폭식형에서 벗어나기 위해서는 자신의 신념에 대한 증거를 찾아보는 것이 좋다. 타인에게 의존하고 따르지 않으면 상대가 나를 싫어하고 떠날 것이라는 생각에서 벗어나 자신의 의견을 표현해도 큰 문제가 생기지 않는 것을 경험해 보아야 한다. 아무리 가까운 관계라도 어느 정도의 거리 유지가 필요하다. 혼자 있는 시간을 얼마나 편하게 보낼 수 있느냐가 중요하다. 경우에 따라 잠시 떨어지는 것에 익숙해지고 편해져야 한다. 혼자 즐길 수 있고 성취할 수 있는 것을 찾아야 한다.

친밀감 포기형은 자신은 어디에도 잘 어울리지 못한다고 생각한다. 스스로를 결함이 많다고 생각하여 남들이 자신에 대해 알게 되면 떠날 것이라고 생각한다. 따라서 소외감을 자주 느끼고 친밀 욕구가 높지만 깊은 대인관계를 시도하기도 전에 포기하기도 한다. 이 경우 친밀감을 얻는 본질적인 요소가 외모나 말솜씨, 돈, 지식 등이 아님을 주변 사람을 관찰함으로써 깨달을 수 있어야 한다. 또한 자신이 부족하다고 생각되는 부분이 실제로 그런지, 그 결점이 대인관계를 유지하지 못할 정도로 중요한 것인지 생각해 볼 필요가 있다. 처음에는 다소 불편한 감정이 들더라도 타인에게 질문하고 웃으면서 자연스럽게 대답하는 모습을 연상하면서 타인과 친해지는 연습을 할 수 있다.

친밀감 포기형이 자신의 욕구를 포기하는 것이라면 친밀감 거식형은 자신의 친밀 욕구조차 부정한다. 상대의 의도에 대해 항상 의심하며 아무도 믿으려 하지 않는다. 다른 이의 생각에는 관심이 없고 자기 위주의 행동을 하기 때문에 남들을 배려하지 않고 이기적인 느낌을 준다. 친밀감 거식형의 사람이라면 내가 먼저 상대를 공격하고 상처를 주지는 않는지 탐색해 보아야 한다. 자신의 친밀 욕구를 들여다보고 그동안 상처받았던 과거를 잘 보듬어 주어야 한다. 또한 나에게 상처 주었던 사람들과 다른 유형의 사람들을 만나 편안한 관계를 맺고 그러한 관계가 익숙해지도록 해야 한다.

3) 공감

공감은 다른 사람의 입장에서 생각해 볼 수 있는 능력이다. 공감능력이 높으면 타인의 필요나 욕구를 헤아리고 적절하게 대처함으로써 적절한 대인관계를 맺게 된다. 감정이입의 표현은 상대의 적개심을 감소시키는 반면 감정이입의 표현이 없을 때에는 이를 증가시킨다.

공감이라는 용어는 1872년에 로베르트 피셔(Robert Vischer)가 미학에서 사용한 독일어 Einfühlung(감정이입)에서 유래되었다. 감정이입은 관찰자가 흠모하거나 관조하는 물체에 자신의 감성을 투사하는 방법을 설명하는 용어로 실제로는 예술 작품을 감상하고 즐기는 원리를 밝히기 위해 만들어진 것이었다. 독일의 철학자이자 역사가인 빌헬름 딜타이(Wilhelm Dilthey)는 이 미학 용어를 빌려와 정신과정을 설명하는 데 사용했다. 그에게 감정이입은 다른 사람의 입장이 되어 그들이 어떻게 느끼고 생각하는지 이해하는 것을 의미했다.

어린이들이 시시한 선물을 받았을 때
https://youtu.be/NBXDaXO-TgM?t=1474

인간은 어린 시절부터 공감능력을 갖추고 있다. 만 6, 7세도 타인의 다른 사람의 입장을 고려하여 친사회적인 행동을 할 수 있다. 만약 누군가 선물을 주겠다고 해서 잔뜩 기대했는데 정말 시시한 물건이 들어 있다면 상대에게 뭐라고 말할까? 일반적으로는 아마도 상대방의 기분을 고려하여 '고맙다', '잘 쓰겠다'고 말하며 실망감을 감출 것이다. 이러한 행동이 가능한 것은 타인의 마음을 공감할 수 있는 능력이 있기 때문이다.

공감에는 인지적 공감과 정서적 공감이 있다. 인지적 공감이 지적 능력을 통해 갖게 되는 공감 능력이라면 정서적 공감은 성장과정에서 얼마나 따뜻한 공감을 받았는지와 관련되어 있다. 인지적 공감 능력은 상대방의 상황을 고려하여 그의 생각과 느낌을 유추할 수 있는 능력이다. 우리는 타인의 생각과 감정을 읽으려고 노력하는 의식적 과정 속에서 인지적 공감 능력을 사용하게 된다. 따라서 지능이 정상적인 아이들일수록 인지적 공감을 더 쉽게 할 수 있다. 정서적 공감은 교육이나 개인적 노력보다는 양육자와의 정서적, 감정적 교류를 통해 발달된다. 우리는 어린 시절 양육자와의 안정적인 애착관계를 형성함으로써 타인에 공감하는 능력을 갖게 된다. 애착 능력이 제대로 형성되지 않으면 상대의 상황에서 인식하고 이해하는 것이 어렵다. 또한 자기 중심성을 벗어나지 못하여 협업 능력이 떨어지게 된다.

공감 능력은 개별적인 대인관계를 넘어 전 사회적인 문제가 되었다. 우리 사회는 세대 간, 성별, 이념 간, 지역 간 갈등과 분열로 어려움을 겪고 있다. 개인과 개인 간의 공감을 넘어 집단과 집단 간의 공감이 절실히 필요하다. 공감 능력이 결여된 사회는 수많은 문제만을 남기게 될 것이다.

4) 갈등

갈등은 일반적으로 부정적인 것으로 인식되지만 공공연하게 나타나며 역기능뿐 아니라 순기능도 가지고 있다. 갈등은 주로 자신의 욕구나 목표가 충족되지 않을 때 일어난다. 그 대상과 형태가 다양하여 개인 간의 갈등, 집단 간의 갈등뿐 아니라 개인 내에서 자신과의 갈등이 일어나기도 한다. 갈등이 일어나면 생산성이 떨어지고 심할 경우 신체적, 정서적 상처를 입게 되거나 큰 좌절을 겪게 된다. 그러나 갈등은 때로 변화와 성장의 계기가 되고 좌절을 견뎌 목표를 달성하게 한다.

인간은 모두 서로 다른 욕구와 생각을 갖고 있기 때문에 대인관계에서의 갈등은 피할 수 없다. 때로는 갈등을 피하는 것이 필요할 때도 있지만 대부분의 경우 갈등을 견디고 해결해 나가는 것이 장기적인 관계 유지에 도움이 된다.

5. 대인관계 기술

대인관계 기술은 타인 혹은 집단과 상황에 맞게 의사소통하는 기술이다. 우리는 의사소통을 통하여 정보, 감정, 사상, 의견 등을 전달하고 받아들인다. 대인기술은 크게 비언어적 기술과 언어적 기술로 나누어 볼 수 있다. 앨버트 메라비언(Albert Mehrabian)의 연구에 따르면 타인과 의사소통을 할 때 언어적 요소의 영향은 7%에 불과한 반면 음성을 포함한 비언어적 요소는 93%의 영향력을 가진 것으로 조사되어 의사소통과 대인관계에 있어서 비언어적인 요소의 중요성이 강조되었다.

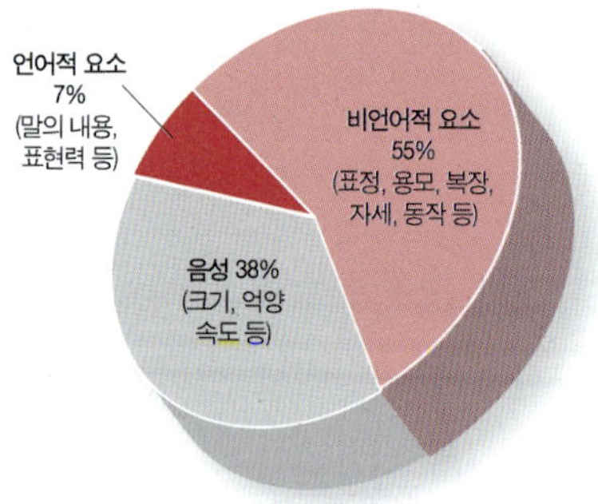

1) 비언어적 의사소통

의사소통의 비언어적인 요소에는 얼굴표정이나 몸짓, 자세와 같은 동작 요소와 음고, 음속, 음량, 음률, 음간 등의 음성 요소가 있다. 의사소통을 할 때 우리는 상대방의 발화 내용뿐 아니라 동작언어를 관찰하고 음성언어에 귀 기울이면서 대화 내용을 다각적으로 받아들이기 때문에 의사소통에서는 비언어적인 부분에 관심을 가져야 한다.

(1) 동작 요소

대화할 때는 일반적으로 상대방의 눈을 보는 것이 옳다. 그러나 뚫어지게 쳐다보는 것은 실례가 되므로 가끔 눈을 마주칠 수 있도록 적절히 시선을 분배한다. 상황에 맞는 적절한 표정을 지어 상대방의 이야기를 잘 듣고 있으며 공감하고 있음을 표현해야 한다. 상대방을 향하여 편안하고 바른 자세를 취하며 너무 가깝거나 멀지 않은 거리를 유지하는 것이 좋다. 상황에 맞게 고개를 끄덕이거나 적절한

손동작은 자연스럽게 대화에 활력을 불어넣을 수 있다.

(2) 음성 요소

우리는 말소리의 크기나 음의 높낮이 같은 음성의 작은 차이로도 상대방의 발화 내용을 다른 느낌으로 인식한다. 따라서 상대방이 알아들을 수 있는 적당한 크기로 말하면서 발음을 분명하는 것이 좋다. 말소리가 너무 빠르거나 너무 느리게 대화하지 않도록 한다.

뇌에는 얼굴을 처리하는 부분이 따로 있다?

얼굴실인증
https://youtu.be/-vQGPcYfIAo

뇌에는 '방추상회(fusiform gyrus)'라는 얼굴에 대한 정보를 처리하는 영역이 있다. 이 구조에 문제가 생기면 얼굴을 제대로 인식할 수 없는 얼굴실인증(prosopagnosia)을 겪게 된다. 이 장애는 시각 정보를 '감각'할 수 있지만 '지각'이 불온전하여 얼굴 전체를 재인할 수가 없다. 다시 말하면 시각 정보는 대뇌에 정상적으로 입력되지만 그것이 무엇인지 해석하는 데 문제를 겪는 것이다. 따라서 시각 기능에는 전혀 문제가 없음에도 불구하고 친숙한 얼굴, 심지어 자신의 가족도 알아보지 못한다. 얼굴실인증을 겪는 사람들에게 낯선 얼굴을 보여주면 아무런 반응을 보이지 않지만 친숙한 얼굴을 보여주면 땀을 흘리는 등 자율신경계가 반응을 보인다. 그럼에도 불구하고 그 사람이 누구인지는 전혀 인지하지 못한다. 눈, 코, 입 같은 이목구비는 각 부위별로 이해할 수 있지만 각 부위를 종합한 얼굴은 인식을 하지 못한다. 마치 각각의 퍼즐은 인식할 수 있지만 그 퍼즐을 맞추지 못하여 전체 모양을 모르는 것과 같다. 얼굴 이외의 물체를 인식하는 것에는 별다른 문제가 없기 때문에 체형이나 음색, 머리 모양 등으로 사람을 구분하는 식으로 적응하여 생활한다.

2) 언어적 의사소통

비언어적 기술이 중요하다 하더라도 말의 내용이 적절하지 않으면 대화가 제대로 이루어질 수 없다. 언어적 기술은 의사소통의 주된 통로로 자신의 생각과 감정, 정보를 전달하는 핵심 요소이다. 언어적 의사소통 기술은 경청하기, 물어보기, 거절하기, 도움 요청하기, 칭찬과 고마움 표현하기 등이 있다.

(1) 경청하기

경청을 통해 상대방을 먼저 이해하고 상대방이 어떻게 받아들일 것인가에 대한 고려가 먼저 이루어진 다음 그에 맞추어 상대방에게 나의 메시지를 전달해야 한다. 경청은 의사소통의 시작이며 기본이다.

- 이청득심(以聽得心) : 들어야 마음을 얻는다. 귀 기울여 경청하는 일은 사람의 마음을 얻는 최고의 지혜라는 말이다.
- "삶의 지혜는 종종 듣는 데서 비롯되고 삶의 후회는 대개 말하는 데서 비롯된다"(이기주 『말의 품격』 중)
- "마음의 문을 여는 손잡이는 바깥쪽이 아닌 안쪽에 있다"(독일의 철학자 게오르크 헤겔(Georg Hegel)

상대방의 이야기를 잘 듣는다는 것의 중요성을 강조한 구절을 통해서 의사소통에서 가장 중요한 요소가 경청임을 다시금 생각해 볼 수 있다. 상대에게 경청하고 있다는 것을 알려주기 위해서는 고개를 끄덕이며 '그랬구나'와 같은 추임새를 적당히 넣어주는 것이 좋다. 상대방의 말을 반복해서 돌려주거나 상대방의 말과 느낌을 자신의 말로 재진술하는 것도 상대방에게 잘 듣고 있다는 메시지를 전달하는 방법으로 좋다.

(2) 질문하기

질문은 경청을 위한 필수적인 요소로 설명이나 설득을 위한 가장 효과적인 의사표현의 기술이다. 우리는 상황에 따라 다른 목적을 가지고 질문을 한다. 구체적으로는 정보를 얻을 때, 생각을 자극하기 위해, 마음을 열기 위해, 생각을 자극하고자 할 때, 설득이 필요할 때, 대화의 흐름을 통제하기 위하여, 대화에 집중시키기 위하여 질문하는 방법을 사용하는 것이 도움이 된다.

(3) 거절하기

타인의 요청을 거절하는 것은 좀처럼 쉽지 않은 일이다. 많은 사람들이 거절이 어려워 차라리 버거운 부탁을 들어주고 만다. 그러나 거절을 하지 못하는 것은 장기적으로 대인관계에 해가 될 수 있다. 거절의 과정을 [그림 10-4]와 같이 4단계로 나누어 설명할 수 있다. 거절을 시작하는 단계에서는 유감을 표현하며 받은 요청을 재확인할 수 있다. 거절하는 단계에서는 직접적으로 거절하거나 우회적으로 거절하는 방법이 있다. 거절을 뒷받침하기 위해 근거나 가치관을 통한 거절 이유를 설명하고 다른 대안을 제시한다. 거절을 마무리하는 과정에서는 대화의 주제를 바꾸거나 분위기 전환을 위해 유쾌한 농담으로 정리하도록 한다.

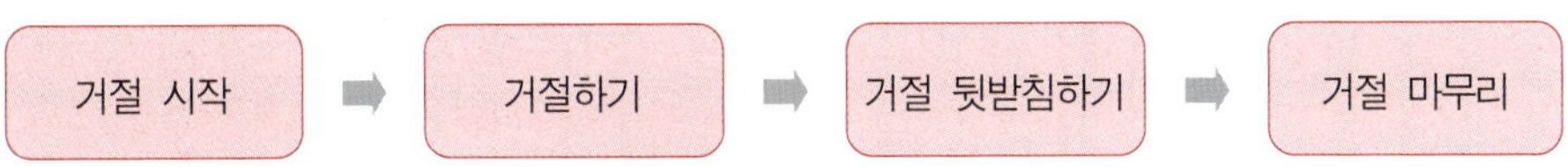

그림 10-4 거절의 과정

(4) 사과하기

사과란 자신의 잘못을 인정하고 상대방에게 용서를 비는 것이다. 미국 오하이오 주립대학 경영학과 로이 르위키(Roy Lewicki) 교수가 755명의 참가자를 대상으로 실험한 결과, 사과문에 필요한 6가지 요소를 많이 포함할수록 상대가 용서할 확률이 높아졌다.

사과문에 필요한 6요소

- 후회 표시
- 무엇이 잘못이었는지에 대한 설명
- 책임에 대한 인정
- 재발 방지 약속
- 보상 또는 보완책 제시
- 용서 구함

이 중 가장 효과를 보이는 것은 책임에 대한 인정이었고, 두 번째로는 보완책을 제시한 것이 효과가 좋았다. 용서만 구하는 것은 가장 낮은 효과를 보였다.

(5) 칭찬하기

칭찬은 아이들뿐 아니라 어른들에게도 매우 강한 보상이다. 사람들은 다른 사람들의 인정과 존중을 높이 평가하는 경향이 있다. 칭찬과 격려는 사람의 힘을 북돋워, 갈수록 잠재력을 발휘하게 하지만 질책과 비판은 사람의 힘을 빠지게 해 점점 더 좌절감과 위축감을 느끼게 한다. 칭찬은 아첨이나 비위를 맞추는 일이 아니다. 따라서 진정성과 진심이 전달될 수 있도록 구체적인 칭찬을 하는 것이 좋다.

(6) 감사하기

잘못했을 때 사과를 하는 것과 고마운 일에 감사를 하는 것은 인사만큼이나 당연한 대인관계의 기본 예의라고 할 수 있다. 감사를 할 때에는 미소를 지으며 시선을 맞춘다. 감사의 말은 간단하면서도 감사의 근거가 드러나게끔 준비하는 것이 좋다. 장황한 감사인사는 아부로 느껴질 수 있으니 유의한다.

데일 카네기(Dale Carnegie) 인간관계론

데일 카네기의 인간관계론은 『친구를 만들고, 사람을 설득하는 법』이라는 제목으로 1936년 처음 출간된 이후 최소 6천만 부 이상 팔린 자기계발서로서 인간관계론의 바이블이라 할 수 있다. 거의 백 년의 세월이 흐른 지금까지도 데일 카네기의 책은 수많은 사람들에게 영향을 끼치고 있다. 데일 카네기는 이 책에서 '사람들과 잘 지내는 법'에 대한 원칙들을 제시한다. 여기 그중 일부를 소개한다.

〈사람들이 당신을 좋아하게 만드는 6가지 방법〉

- 규칙 1. 타인에게 진정한 관심을 가져라.
- 규칙 2. 미소지어라.
- 규칙 3. 상대방에게 이름은 그 어떤 말보다도 달콤하고 중요한 말이라는 것을 명심하라.
- 규칙 4. 상대방의 이야기를 잘 들어주는 사람이 되라. 상대방이 자신에 대해 이야기하도록 격려하라.
- 규칙 5. 상대의 관심사에 대해 이야기하라.
- 규칙 6. 상대방이 스스로 중요한 사람이라고 느끼게 만들어라.

맺는 활동

나의 대인관계

1 자신이 개선하고 싶은 대인관계의 측면을 생각해 보자.

2 어떻게 바꾸고 싶은지 구체적으로 목표를 정해 보자.

제11장

스트레스

CONTENTS

시작 활동

자신의 스트레스 정도 파악하기

다음은 코헨(Cohen)이 개발한 지각된 스트레스 척도(Perceived Stress Scale)이다. 각 문항을 잘 읽고 지난 1달 동안 경험한 것을 기억하여 자신과 가장 일치하는 것을 고르시오.

질문	전혀 없었다	거의 없었다	가끔 있었다	자주 있었다	매우 자주 있었다
1. 지난 한 달 동안, 예상치 못한 일이 생겨서 기분 나빠진 적이 얼마나 있었나요?	0	1	2	3	4
2. 지난 한 달 동안, 중요한 일들을 통제할 수 없다고 느낀 적은 얼마나 있었나요?	0	1	2	3	4
3. 지난 한 달 동안, 초조하거나 스트레스가 쌓인다고 느낀 적은 얼마나 있었나요?	0	1	2	3	4
4. 지난 한 달 동안, 짜증나고 성가신 일들을 성공적으로 처리한 적이 얼마나 있었나요?	4	3	2	1	0
5. 지난 한 달 동안, 생활 속에서 일어난 중요한 변화들을 효과적으로 대처한 적이 얼마나 있었나요?	4	3	2	1	0
6. 지난 한 달 동안, 개인적인 문제를 처리하는 능력에 대해 자신감을 느낀 적은 얼마나 있었나요?	0	1	2	3	4
7. 지난 한 달 동안, 자신의 뜻대로 일이 진행된다고 느낀 적은 얼마나 있었나요?	4	3	2	1	0
8. 지난 한 달 동안, 매사를 잘 컨트롤하고 있다고 느낀 적이 얼마나 있었나요?	4	3	2	1	0
9. 지난 한 달 동안, 당신이 통제할 수 없는 범위에서 발생한 일 때문에 화가 난 적이 얼마나 있었나요?	0	1	2	3	4
10. 지난 한 달 동안, 어려운 일이 너무 많이 쌓여서 극복할 수 없다고 느낀 적이 얼마나 있었나요?	0	1	2	3	4

자신이 표시한 칸의 점수를 모두 더한 후 총점이 어느 수준에 해당하는지 확인한다.

총점	스트레스 지각 수준
0~7점	평균보다 아주 낮음
8~11점	평균보다 조금 낮음
12~15점	평균 수준
16~20점	평균보다 조금 높음
21점 이상	평균보다 아주 높음

1. 스트레스란?

1) 스트레스의 정의

스트레스는 '적응하기 어려운 환경에 처할 때 느끼는 심리적·신체적 긴장 상태'이다. 스트레스는 압력(pressure)이나 긴장(strain)이라는 용어로 대체되어 사용되기도 한다. 심리학에서는 스스로 지각하는 역량 이상의 것을 요구받을 때 스트레스가 발생한다고 본다. 따라서 스트레스를 경험할 때에는 자신에게 기대되는 요구 수준이 어느 정도인지, 자신의 능력은 그에 비해 어떤 수준인지를 평가한다. 그래서 유사한 스트레스 상황을 경험하더라도 스트레스 상황에 대한 개인의 지각, 통제능력에 대한 평가, 실제로 수행된 대처행동에 따라 개인의 적응이 달라질 수 있다.

우리는 끊임없이 변화를 경험하고 이러한 변화에 적응하기 위해서 다양한 강도의 스트레스를 경험하게 된다. 연구에 따르면 대학 진학 후 경험하는 급격한 학습 환경의 변화는 대학생들에게 많은 스트레스를 야기한다. 서울시 광역 정신보건센터에서 조사한 결과, 조사에 참여한 대학생 중 97%가 스트레스로 인해 도움을 받고 싶다고 보고하였고 10%는 정신건강에 위험 신호를 보이는 것으로 나타났다.

2) 좋은 스트레스와 나쁜 스트레스

스트레스는 때로 긍정적 결과를 초래하기도 하고 일반적으로 알려졌듯 부정적 결과를 가져오기도 한다. 지나친 스트레스는 해롭지만 적절한 스트레스는 우리에게 성취감과 성공을 제공해 준다.

(1) 좋은 스트레스(eustress)

좋은 스트레스는 우리가 불쾌하거나 고통스러운 환경에 처했을 때 그 상황을 극복할 수 있도록 도와주는 스트레스를 말한다. 좋은 스트레스는 어떠한 영향을 주는가? 첫째, 우리는 좋은 스트레스를 통하여 기본적 욕구를 충족시킬 수 있다. 사람들은 적당한 스트레스가 있어야 만족감을 느낀다. 스트레스 호르몬으로 알려진 코르티솔은 특히 육체적인 스트레스에서 생기는데 적당한 양의 코르티솔은 도파민과 상호작용하며 강한 만족감과 초월적인 쾌감을 일으킨다. 또한 기분이 고양되고 집중력이 높아지는 효과도 있다.

둘째, 성장과 발달의 기회가 된다. 우리는 변화와 성장을 추구하는 존재이며 변화와 성장에는 스트레스가 따른다. 다소 벅차거나 시간이 촉박한 일을 해야 할 때, 큰 책임을 맡았을 때 우리는 스트레스를 느끼지만 이 과정을 겪고 어려운 과제를 성공적으로 수행하게 되면 큰 만족과 쾌감을 느끼게 되기도 한다. 혹은 실패하는 경우에도 경험을 통해 깊은 의미나 통찰력을 얻게 되거나 새로운 것을 배울 기회를 갖게 된다. 우리는 스트레스를 통해 개인적 성장이 촉진될 수 있다.

셋째, 다음 스트레스에 대한 충격을 완화할 수 있다. 작은 스트레스들로 미래의 큰 스트레스에 대한 연습이 가능하다. 우리는 삶의 과정에서 다양한 스트레스들을 경험하며 이를 피할 수 없는 경우가 대다수이다. 생활환경이 바뀌거나 새로운 친구들을 사귀거나 시험을 앞두고 있는 것과 같은 스트레스들은 흔히 경험할 수 있는 상황들이다. 우리는 앞으로 닥칠 수 있는 유사한 스트레스 상황에 미리 대처해 봄으로써 미래에 대한 대비를 할 수 있다.

(2) 나쁜 스트레스(distress)

우리가 일반적으로 이야기하는 스트레스는 '좋은 스트레스'와 대비되는 의미의 '나쁜 스트레스'를 뜻한다. 나쁜 스트레스는 개인의 발전과 성장에 전혀 도움이 안 될 뿐 아니라 여러 부정적 정서를 일으킨다. 코르티솔의 긍정적 효과는 하루치 분비량인 20~40mL를 투여했을 때만 나타나며 그 이상으로 증가하면 불안해지거나 온갖 스트레스 징후가 나타난다. 나쁜 스트레스가 미치는 영향은 〈표 11-1〉 같다.

표 11-1 나쁜 스트레스의 대표적인 증상들

증상	내용
신체적 증상	피로, 어지러움, 두통, 불면증, 목, 어깨, 허리의 근육통, 빠른 맥박, 흉부, 복부의 통증, 구역질, 손발이 차가움, 안면홍조, 땀, 자주 감기에 걸림 등
심리적 증상	집중력이나 기억력의 감소, 우유부단, 무기력, 마음이 텅 빈 느낌, 혼동, 불안, 신경과민, 우울증, 분노, 좌절, 근심, 걱정, 불안, 성급함, 인내 부족 등
행동적 증상	안절부절못함, 신경질적인 습관(손톱 깨물기, 발 떨기), 과식, 과음, 흡연, 울거나 욕설, 공격적인 행동 등

첫째, 건강상의 문제를 일으킨다. 스트레스를 받게 되면 교감신경이 활성화되어 신체를 각성시킨다. 먼저 호흡이 빨라지고 얕은 숨을 쉬게 된다. 심장 박동수도 증가되어 심할 경우 가슴이 두근거리는 것을 느끼게 된다. 위장기관에서 사용되는 혈액까지 근육이나 신체 중요기관으로 보내기 때문에 위장장애나 소화장애를 겪을 수 있다. 심할 경우 궤양으로 진행되기도 한다. 근육의 긴장도가 높아져 목이나 어깨, 허리의 근육통을 느끼게 된다. 신체적인 활동 없이도 피로나 소진감을 느낄 수 있는데, 간이 비축하고 있던 포도당을 혈액에 분비하여 신체가 위협에 빠르게 대처할 수 있도록 에너지를 공급해 주기 때문에 신체 에너지원인 포도당이 많이 소비되어 지치고 피곤한 것이다. 편두통을 느끼거나 폭식 또는 식욕 부진을 겪을 수 있다. 불면증을 겪거나 감기나 독감에 자주 걸리거나 잘 낫지 않을 수 있으며 천식과 알레르기가 악화되는 문제를 겪을 수 있다.

둘째, 불안, 분노, 우울과 같은 심리적 문제를 일으킨다. 우리는 자신의 행복이나 안녕이 보장되지 않거나 그것을 추구할 만한 자원이 부족하여 위협을 느낄 때 불안을 경험한다. 불안은 생활에 몰입할 수 없게 하고 타인을 회피하여 일상에의 적응을 방해한다. 수면장애, 주의집중 곤란 및 과잉 경계 등과 관련이 있으며 특히 심한 고통을 유발하는 사건을 경험한 사람들은 외상 후 스트레스 장애로 인한 심각한 불안 증상을 보이기도 한다. 자신의 목표나 기대가 성취되지 못할 때 좌절을 경험하면서 분노와 공격성을 나타내기도 한다. 좌절의 이유가 타인을 비롯하여 외부에 있거나 부당하다고 생각할 때 공격적 행동으로 이어질 수 있다.

스트레스로 인해 좌절을 느끼면 분노하고 공격적인 행동을 보이기도 하지만 반대로 위축되고 무기력해지는 우울한 정서가 나타나기도 한다. 학습된 무기력 이론에 따르면 어떠한 상황에 처해 있을 때 그 상황을 통제할 수 없어서 피하지 못했다면 새로운 상황에서도 이전의 경험이 학습되어 벗어날 수 없다고 생각하여 무기력과 우울이 발생한다.

물론, 통제된 상황에서 모두가 무기력이나 우울을 나타내는 것은 아니다. 셀리그만의 개에 대한 전기 충격 실험에서 8마리의 개 중 6마리는 무기력이 학습됐지만 2마리는 그렇지 않았다. 사람을 대상으로 한 실험에서도 1/3에 해당하는 사람들은 무기력이 학습되지 않았다.

학습된 무기력 이론이 누구에게나 맞는 것은 아니지만 스트레스를 받은 사람이 왜 우울해지고 포기하는 경향이 나타나는지 알 수 있다. 사람은 누구나 스트레스를 경험하게 되면 정서적으로 우울해지거나 열등감 혹은 후회 등을 경험하게 된다.

셋째, 주의 집중과 문제 해결에 어려움이 생긴다. 스트레스로 인해 부정적 정서를 자주 경험하게 되면 각성 수준이 과도하게 높아지거나 낮아지게 되어 주의 집중의 폭이 좁아지므로 정보처리를 적절하게 하지 못한다. 주의 집중의 폭이 좁아지면 판단력이 낮아지는데, 새로운 문제를 해결하는 상황에서 여러 가지 해결책을 생각하지 못하고 기존에 사용해 왔던 방법만을 적용하려 한다.

2. 스트레스 유발 상황

스트레스는 다양한 상황에서 유발될 수 있으며 재난, 주요 생활사건, 사소한 생활 사건으로 나누어 살펴볼 수 있다.

1) 재난(catastrophe)

재난은 주로 갑자기 발생하는 매우 강한 스트레스원으로 동시에 수많은 사람들에게 영향을 끼친다. 지진, 태풍, 홍수와 같은 자연재해를 비롯하여 전쟁, 폭발, 건물 붕괴, 방사능 오염 등 인간이 만들어 낸 사고도 포함된다. 재난으로 인한 스트레스는 강력하고 오래 지속될 수 있지만 항상 그런 것은 아니다. 특히 자연재해로 인한 스트레스는 시간이 지나면서 그 영향력이 줄어드는 경향이 있다.

2) 주요 생활 사건(major life events)

개인의 생활에서 주요한 의미를 가지는 사건들로 가족의 사망, 결혼이나 이혼, 실직과 같은 사건들이 여기에 해당된다. 재난은 겪을 가능성이 적지만 생활 사건은 일생에서 상대적으로 자주 경험하게 된다. 생활에서 일어나는 중요한 일들은 사람들의 삶에 큰 변화를 가져오고 이로 인해 강한 스트레스를 받게 된다. 결혼이나 임신 같은 긍정적인 사건도 스트레스를 유발하는데, 변화와 그에 따른 재적응이 필요하기 때문이다.

〈표 11-2〉는 토머스 홈스(Thomas Holmes)와 리처드 라헤(Richard Rahe)의 사회적 재적응 평정 척도(Social Readjustment Rating Scale: SRRS)이다. 어떤 사람이 특정 기간 동안 어느 정도의 스트레스를 경험하는가를 측정하기 위해 개발된 것으로, 스트레스를 주는 수십 개의 사건 목록을 수집하여 점수를 부여하였다. 지난 1년간 겪은 생활사건을 체크하고 그 사건에 해당하는 스트레스 점수를 더하면 자신이 경험한 삶의 변화와 그에 따른 스트레스 정도를 알 수 있다. 총점이 150점 이

하면 정상으로 간주되고, 150~199점은 경미한 스트레스, 200~299점은 중간 정도의 위기, 300점 이상은 중대한 인생의 위기를 의미한다.

표 11-2 홈즈와 라헤의 사회적 재적응 평정척도

주요 생활사건	스트레스 점수	주요 생활 사건	스트레스 점수
배우자의 죽음	100	자녀가 집을 떠남	29
이혼	73	친척과의 불화	29
별거	65	괄목할 만한 개인적 성취	28
교도소 수감	63	아내가 직장에 나가거나 그만둠	26
가까운 가족 구성원의 죽음	63	입학이나 졸업	26
개인적 부상이나 질병	53	생활 조건의 변화	25
결혼	50	자신의 습관 교정	24
직장에서의 해고	47	상사와의 불화	23
별거 후의 재결합	45	작업 시간이나 작업 조건의 변화	22
은퇴	45	이사	20
가족 구성원의 건강상 변화	44	전학	20
임신	40	여가활동의 변화	19
성문제의 곤란	39	교회활동의 변화	19
새로운 가족이 생김	39	사회적 활동의 변화	18
사업상의 재적응	39	다소의 부채	17
재정상태의 변화	38	수면 습관의 변화	16
친한 친구이 죽음	37	동거 가족 수의 변화	15
직장 부서의 변화	36	섭식 습관의 변화	15
배우자와의 언쟁 횟수의 변화	35	휴가	13
부채가 많음	31	크리스마스	12
저당물이나 채권의 권리 상실	30	사소한 법률 위반	11
직장에서의 책임 변화	29		

3) 사소한 생활 사건(hassles)

사소한 생활 사건은 사람들이 살아가면서 거의 매일 부딪히는 것이며 짜증스럽게 느끼는 일들이다. 일상의 작은 골칫거리가 많을수록 부정적인 기분에 빠져들

게 되고 스트레스를 강하게 느끼게 되며 그에 따라 신체적 질병에 걸릴 확률이 높아진다. 최근 스트레스를 연구하는 학자들은 가끔 경험하는 크고 부정적인 사건들보다 일상적으로 경험하는 사소한 부정적 사건들이 스트레스를 더 많이 유발시킬 가능성을 제시한다. 일상적 사건은 많은 경우 반복적이고 만성적으로 발생하며 자신이 통제하지 못할 때가 많다. 새치기를 당하거나 층간 소음을 겪거나 소지품을 잃어버리는 것과 같은 사소한 사건들이 여기에 속한다. 이러한 사건들은 어쩌다 한 번 겪는 것으로 끝나는 경우도 있지만 지속될 수도 있다. 보통 사건이 일회성으로 끝나는 경우 불쾌한 정서를 유발할지라도 이에 대한 대처가 크게 필요한 것은 아니다. 그러나 아무리 사소한 사건이라도 스트레스가 지속되거나 누적되면 우리의 신체적, 정신적 건강에 영향을 줄 수 있다.

사소한 일상 사건으로 인한 스트레스는 우리가 생활하는 어느 곳에서나 나타날 수 있다. 소음이나 오염, 밀집된 상황 같은 물리적 환경과 차별, 직업, 대인관계와 같은 심리사회적 환경으로 나누어 좀 더 살펴보도록 하자.

(1) 물리적 환경

- **소음**: 소음이 많은 곳의 아동들은 생리적 각성이 만성적으로 높았으며 인지과제를 수행할 때 쉽게 포기하였다. 소음은 객관적인 크기보다 소음에 대한 주관적 태도가 더욱 중요하다.
- **오염**: 오염된 곳에 거주하는 것은 신체에 나쁜 영향을 주기도 하지만 스트레스로 인한 영향도 간과할 수 없다. 사람들은 오염을 통제할 수 없다고 지각할 때 더 큰 스트레스를 받았다.
- **밀집 상황**: 밀집된 상황에서는 공격성이 높아지고 업무를 수행하는 능력이 낮아지며 대인관계가 위축되고 범죄율이 증가하였다. 또한 사망률에도 영향을 미치는 것으로 나타났다.

(2) 심리사회적 환경

- **차별**: 인종, 나이, 성별, 직업에 따른 차별 등은 스트레스를 유발하고 심혈관질환의 위험도를 높인다.
- **직무**: 직업이나 직무 역할이 어떠한 특성을 가지고 있느냐가 영향을 미칠 수 있다. 지위가 낮은 말단 사원은 일반적으로 관리직보다 스트레스를 더 많이 경험하며 매일 많은 결정을 내려야 하는 회사 중역들에 비해 결정된 사항에 따라 일을 처리해야 하는 부하직원이 직무와 관련된 스트레스가 더 높다.
- **대인관계**: 일반적으로는 대인관계가 활발하지 않은 것이 스트레스 요인으로 작용하지만 대인관계가 많다고 해서 덜 스트레스를 경험하는 것은 아니다.

3. 스트레스 관련 성격 및 사회적 요인

1) 낙관주의

세상이나 인생을 희망적으로 보는 긍정적인 태도나 시각을 가진 사람은 스트레스를 긍정적인 시각으로 바라보고 효율적인 대처방안을 찾아내려고 노력한다. 문제 상황에 맞닥뜨리면 문제 중심적인 대처나 사회적 지지와 같은 적극적인 방법을 사용하여 그 상황에 대응한다. 낙관적인 사람들은 스트레스를 적게 느끼며 스트레스와 관련된 신체질환이 적다. 반면 비관적인 사람들은 스트레스를 부정적인 것으로 지각하고 문제에 직면하게 되면 해결하기보다는 회피하려는 경향이 높았다. 이들은 분노와 짜증, 두려움, 불안과 같은 부정적인 정서를 강하게 느끼며 지속적인 스트레스가 질병으로 이어지는 경우가 많다.

스트레스가 자신에게 그렇게 나쁘지 않다는 사실을 인지하는 것만으로도 좋은 호르몬이 분비된다. 한 연구에서 스트레스가 몸에 꼭 나쁘지만은 않다는 것을 알려준 집단과 이러한 교육을 받지 않은 집단을 비교한 실험을 수행하였다. 실험 참여자들이 아주 심한 스트레스 상황을 겪도록 한 다음, 실험 전후의 혈압과 말초혈관의 저항도, 심장 박동수 등을 비교해 보았다. 그 결과, 미리 교육을 받은 사람들의 경우 심박수는 올라갔지만 말초혈관이 수축되거나 혈압이 올라가지는 않았다. 반면 교육을 따로 받지 않은 집단은 심박수와 혈압이 모두 상승하였고 말초혈관이 수축되었다. 미리 교육받은 사람들에게서는 코르티솔, 에피네프린만 분비된 것이 아니라 혈관을 이완시켜 주는 옥시토신도 함께 분비되었기 때문이다. 즉, 같은 상황을 경험하더라도 낙관적인 태도와 인식을 갖는다면 호르몬의 분비가 달라지고 나아가 스트레스를 덜 받을 수 있는 것이다.

2) 통제의 소재

자신의 삶을 어느 정도 통제할 수 있느냐 하는 믿음의 정도가 사람마다 다르다. 어떤 사람은 자신의 삶은 자기가 통제할 수 있다고 믿는데 이런 신념을 심리학에서는 내적 통제 소재(internal locus of control)라 부른다. 반대로 자신의 노력보다는 운이나 우연이 자신의 삶을 지배한다고 믿는 것은 외적 통제 소재(external locus of control)라고 한다. 외적 통제 소재를 가질 경우 도전의 상황을 위협으로 지각하여 불안, 두려움과 같은 부정적 정서를 높게 느낀다. 반면 내적 통제 소재를 가진 경우 낯선 상황을 위협보다는 도전으로 해석하고 그에 따라 긍정적인 정서가 높아져 스트레스를 적게 느끼게 된다.

통제 소재와 스트레스의 관계에 대한 연구에서는 내적 통제 소재를 지닌 사람들보다 외적 통제 소재를 지닌 사람들이 스트레스를 더 크게 느끼는 것으로 나타났다. 자신의 성공을 외적 요인으로 귀인시키는 외적 통제자보다는 능력이나 노력으로 내부 귀인시키는 내적 통제자가 스트레스에 대한 내성이 강하고 낮은 수준의 긴장을 경험하게 된다. 동일한 스트레스 상황에서도 외적 통제자보다 내적 통제자가 자신의 성공이나 목적을 성취하기 위해서는 스트레스 상황도 통제할 수 있다고 믿기 때문에 스트레스에 의한 긴장을 덜 경험한다. 예를 들어 시험에서 좋은 성적을 받지 못한 경우 '운이 나빴다'거나 '시험이 너무 어렵게 나왔다'고 평가하는 것은 외적 통제 소재에 해당한다. 운이나 시험의 난이도는 자신이 통제할 수 없는 영역으로 결과에 대한 반성적 평가가 이루어질 수 없다. 반면 '노력이 부족했다'는 평가는 내적 통제 소재에 해당하며 일시적으로 좌절이나 죄책감 같은 부정적 정서를 경험하지만 노력을 통해 성장과 발전을 도모할 수 있다.

3) A유형 성격

A, B유형의 성격은 메이어 프리드먼(Meyer Friedman)과 레이 로젠만(Ray Rosenman)에 의하여 처음으로 명명된 성격유형으로 A유형의 사람들은 B유형에 비해 스트레스에 훨씬 민감한 것으로 나타났다. 이는 스트레스 관련 질환에도 영향을 주어 연구 결과에 따르면 A유형의 남자들이 B유형의 남자들에 비해 10년 이내에 심장질환에 걸릴 확률이 3배나 되었다.

〈표 11-3〉의 성격 유형 검사를 작성해 보자. "예"라고 대답한 응답의 수가 "아니오"라고 대답한 응답의 수보다 많으면 당신의 성격은 A유형이고 반대로 "아니오"가 많으면 B유형 성격에 해당한다.

표 11-3 A·B유형 성격검사

문 항	예	아니오
1. 나는 가끔 두 가지 일을 하려고 시도한다.		
2. 나는 다른 사람에 비해 밥을 빨리 먹는 편이다.		
3. 나는 일을 하고 있을 때 다른 사람의 방해를 받으면 몹시 불쾌하다.		
4. 나는 사소한 일로 다른 사람에게 짜증을 내기도 한다.		
5. 나는 다른 사람에 비해 말을 빨리 하는 편이다.		
6. 나는 다른 사람이 일(공부)을 잘하면 몹시 긴장된다.		

7. 나는 야망이 있고 모든 일에 정력적이다.		
8. 나는 어떤 일을 다하지 못하면 심장박동이 빨라지고 몹시 긴장하는 편이다.		
9. 나는 일을 서두르는 경향이 있다.		
10. 나는 줄을 서서 기다리는 것을 싫어한다.		
11. 나는 앞 차가 우물쭈물거리면 짜증이 난다.		
12. 나는 게임을 하면 양보하지 않는다.		
13. 나는 일이 항상 효과적으로 처리되기를 바란다.		
14. 나는 일의 질보다는 양을 중시하는 편이다.		
15. 나는 약속시간에 빨리 도착해서 상대방을 기다리는 편이다.		
16. 나는 일을 하지 않고 놀고 있으면 죄의식을 느낀다.		
17. 나는 하루가 너무 짧아 불만인 경우가 종종 있다.		
18. 나는 다른 사람보다 어떤 일이든지 더 잘 해야 한다고 생각한다.		
19. 나는 사회적 경제적으로 성공하는 것만이 최선이라고 생각한다.		
20. 나는 두 가지 일을 한꺼번에 처리하기 위해 고민한다.		

A유형의 성격 특징은 다음과 같다.

- **시간 개념이 강하다**: 제 시간에 일을 마쳐야 하고 단기간에 많은 일을 해야 하기 때문에 늘 초조하고 바쁘다. 시간 낭비를 싫어한다.
- **참을성이 없고 공격적이다**: 말을 빨리 하고 대화 중에 핵심 단어를 지나치게 강조하거나 감정이 폭발하면 욕설을 퍼붓기도 한다. 다른 사람이 하고 있는 일이 자기의 마음에 들지 않으면 참지 못하고 스스로 나서서 일을 한다.
- **경쟁적이며 승부욕이 강하다**: 어떤 상황이든지 무조건 이기려고 한다. 친선 게임이나 경쟁적 속성을 지니지 않은 놀이에서도 마찬가지이다.
- **성취 지향적이다**: 여러 개의 과제를 동시에 수행하고 자신의 일정을 지나치게 많이 잡는다. 휴식시간 없이 투쟁적으로 일을 한다. 일을 하지 않고

가만히 있으면 죄책감과 불안감을 느낀다.

- **예술과 세상의 아름다움에 관심이 부족하다**: 다른 사람의 감정과 자신의 감정에 대한 대화를 즐기지 않는다.

A유형들은 가능하면 빠른 시간 안에 제한된 자원을 획득하기 위해 노력한다. 보통 야망이 있고 조급하며 쉽게 적대감을 표출하고 시간에 쫓기는 성격 특성이 있으며, 가장 두드러진 특성은 가급적 시간을 덜 들이면서 많은 것을 성취하려 한다. 시간을 절약하기 위해 노력한 덕분에 직업적 성공과 부를 누리기도 한다. 상황을 통제하는 것을 좋아하고 책임감도 강하며 혼자 일하는 것을 즐긴다. 정확하게 일을 처리하고 일의 진척도 빠르며 대학이나 전문영역에서 많은 성취를 이루기도 한다.

B유형은 덜 쉽게 좌절하고 좌절하더라도 느긋한 태도를 보인다. 온화한 표정, 침착하고 조용한 사려 깊은 태도, 가벼운 악수, 적당한 걸음 속도, 부드럽고 나직한 목소리가 일반적인 특징으로 융통성이 있고 현실적이기 때문에 스트레스를 덜 받는다. 서두르지 않고 느긋하며 인내심이 있고 여유 있는 성격으로 스트레스를 받더라도 저항력이 강하고 스트레스를 어느 정도 조절할 수 있다.

4) 강인성(hardiness)

강인성이란 스트레스에 저항할 수 있는 성격 특성이다. 강인한 성격을 가진 사람은 삶에 대한 통제감을 가지며 자기 일에 몰입한다. 강인한 사람은 스트레스에 대한 생리적 반응을 적게 보이고 따라서 질병에 걸릴 가능성도 적다. 높은 업무 스트레스에도 불구하고 건강하게 잘 적응하는 사람들은 강인성이 있는 것으로 볼 수 있다. 강인성에는 3가지 하위 요소가 있는데 몰입(commitment), 통제감(control), 도전(challenge)이다. 몰입은 명확한 가치관과 삶의 목표를 가지고 자신이 하는 일에 몰두하는 것, 통제감은 자신에게 일어나는 일들이 외부 요인에 있는 것이 아니라 자기 스스로가 선택하고 결정할 수 있다고 믿는 것으로 자신의 행위가 상황에 직접 영향을 미칠 수 있다고 생각하는 것, 도전은 변화를 받아들이고 문제를 적극적으로 대처하려는 자세를 뜻한다. 강인성을 가진 사람들은 스트레스 상황에 대해 소극적인 대처를 하기보다는 문제를 해결하려고 하는 적극적인 대처를 하는 경향성을 가지고 있어 강인성이 적은 사람보다 스트레스에 대해 더 잘 적응할 수 있다.

5) 사회적 지지

사회적 지지는 개인이 가족, 친구 집단, 회사 등과의 사적, 공적 접촉을 통해 도움이나 위로, 정보, 편안함 등을 얻는 것이다. 충분한 사회적 지지는 개인이 심리적으로 보호받고 있다는 느낌을 주기 때문에 스트레스의 부정적 효과를 완화해 주는 역할을 한다. 사회적 지지의 방법으로는 정서적, 정보적, 평가적, 도구적 지지가 있다.

- **정서적 지지**: 개인이 겪는 어려움이나 난관에 대해 관심이나 공감, 이해를 해주는 것
- **정보적 지지**: 난관에 봉착한 문제를 해결할 수 있는 방법이나 전략을 알려주는 것
- **평가적 지지**: 문제가 무엇인지 명확하게 해주고 개인의 능력에 대해 피드백을 해 주는 것
- **도구적 지지**: 물질적 도움이나 필요한 자원을 제공하는 것

4. 스트레스 대처 방법

우리는 스트레스를 다루는 데 있어 다양한 대처 방법들을 사용한다. 어떤 사람들은 스트레스가 일어난 상황의 원인을 알아내어 이를 해결하는가 하면, 어떤 사람들은 스트레스를 통해서 일어난 불편한 감정 해결에 더 몰두하기도 한다. 문제가 해결될 수 있는 경우에는 문제 중심의 대처 방법이 효과적인 반면에, 노력이나 상황의 변화를 통해 문제 해결이 될 수 없는 경우 정서 중심의 대처 방법이 효과적이다. 따라서 스트레스에 대한 효과적인 대처는 우리가 바꿀 수 있는 것과 그럴 수 없는 것을 명확하게 인식하는 것부터 시작된다. 복잡한 문제를 해결하는 데는 이 두 가지 방법을 적절하게 같이 사용하는 것이 효과적이다. 문제 해결이 우선되어야 하는데 정서적 대처를 하는 경우 상황이 악화될 수 있다.

1) 문제 중심 대처와 정서 중심 대처

스트레스 상황을 능동적이고 계획적으로 해결하려고 노력하거나 문제를 해결하는 데 있어 다른 사람들에게 도움을 구하거나 자기주장을 통해 대인관계 문제에 대한 해결책을 모색하는 것은 우리가 처한 상황을 바꿀 수 있을 뿐만 아니라 앞으로의 상황에 대처할 수 있는 힘을 주기도 한다. 우리나 해결할 수 없는 스트레스 상황에서 문제 중심 대처를 하게 되면 자기 자신이나 처해 있는 상황에 대해 좌절감을 느낄 수 있다.

문제 중심 대처는 스트레스를 유발하는 사람이나 환경 그 자체를 바꾸려고 하는 것이고 스트레스의 근본 원인에 영향을 미치고자 하는 노력이다. 문제 해결을 목적으로 의사결정을 하거나 스트레스 상황을 변화시키고자 적극적으로 노력하고 다양한 해결책을 만들어 계획적으로 문제해결 행동을 실천하는 대처 방식이다.

다음과 같은 방법들이 문제 중심 대처에 해당한다.

문제 중심 대처

- 주어진 상황에서 앞으로 어떻게 할 것인지 계획 세우기
- 협상 기술 사용하기
- 다음 단계에 집중하기
- 자기 주장하기
- 같은 문제에 대해서 다른 해결책 만들어 보기
- 시간 관리 기술 적용하기
- 다른 사람의 관점에서 보기
- 과거 경험 돌아보기
- 문제를 다루는 데 있어 체계적인 접근하기
- 살아가면서 도움이 되는 기술 습득하기

실제로 문제를 해결할 수 없는 경우라면 문제 중심 대처보다 정서 중심 대처를 사용하는 것이 적절하다. 정서 중심적 대처는 스트레스 자극으로 인해 유발되는 고통, 당황스러움, 두려움 등의 부정적인 정서를 조절하고 통제하려는 노력을 의미한다. 이는 스트레스로 인해 유발되는 정서적 고통을 줄이고 완화시키려고 하는 것이다. 문제 상황을 수용하거나 다른 사람들에게 정서적인 지지를 구하거나 기도를 하는 것은 문제 자체를 해결하는 데 도움이 되지 않지만 스트레스로 인해 생길 수 있는 여러 가지 부정적 감정이나 사고에 쉽게 영향을 받지 않도록 도와준다.

정서 중심 대처에 해당하는 방법들은 다음과 같다.

정서 중심 대처

- 유머 사용하기
- 상황 받아들이기
- 운동하기
- 용서하기
- 생각과 감정을 기록하기
- 정서적 지지 구하기
- 주의를 다른 곳으로 돌리기
- 이완 요법 사용하기
- 다른 측면에서 상황을 보거나 긍정적 측면 찾기
- 부정적인 생각에 대해 도전하기

2) 적응적 대응과 부적응적 대응

적응적 대응이란 스트레스에 효과적으로 대응하는 것으로서 스트레스로부터 받은 부작용을 최소화할 수 있는 대응 방법이다. 반대로 부적응적 대응이란 부적절한 대응으로 인해 부작용이 야기될 가능성이 높은 것을 의미한다. 스트레스를 해소하기 위해 흡연, 과음, 과식, 과다 수면, 텔레비전이나 컴퓨터 앞에서 오랜 시간 보내는 것, 일을 지연시키는 것, 스트레스를 다른 사람에게 푸는 것, 대인관계를 피하는 것 등은 대표적인 부적응적 대응에 해당된다. 부적응적 대응은 단기적으로는 긴장을 완화하고 부정적 감정이 해소되는 듯한 느낌을 받지만 문제 해결에 도움이 되지 않고 곧 다시 부정적 감정에 빠지게 된다.

우리는 쉽게 접할 수 있는 부적응적 대응 방법 대신 문제의 적극적 해결과 불쾌한 감정 제거, 나아가 긍정적 감정을 유발할 수 있는 적응적 방법을 사용할 수 있다. 다음에서 소개하는 적응적 방법들은 다소 인지적인 노력이 필요하고 실행까지 시간과 노력이 필요하지만 장기적으로 보았을 때 문제 해결과 불쾌한 정서의

스트레스에 대한 적응적 대응

- **불필요한 스트레스 피하기** : 거절하는 법 배우기, 스트레스를 유발하는 사람 피하기, 환경 통제하기, 논쟁을 일으키는 대화 주제 피하기, 할 일 줄이기
- **스트레스 상황 바꾸기** : 감정을 밖으로 표현하기, 타협하기, 자기 주장하기, 시간을 효율적으로 관리하기
- **스트레스원에 적응하기**: 문제 재조명하기, 좀 더 큰 맥락에서 스트레스 상황 보기, 기준 수정하기, 긍정적인 면에 초점 두기
- **바꿀 수 없는 것 수용하기**: 통제할 수 없는 것은 통제하지 않기, 상황을 다른 면에서 보기, 감정 공유하기, 용서하는 법 배우기
- **여가시간을 만들거나 이완하기**: 이완시간을 따로 만들기, 다른 사람과 어울리기, 좋아하는 일 매일 하기, 유머 유지하기
- **건강한 생활 양식 취하기**: 꾸준하게 운동하기, 건강한 식단, 카페인이나 설탕 섭취 줄이기, 음주, 흡연, 약물복용 피하기, 충분한 수면 취하기.

재경험 방지에 도움이 된다.

어떠한 상황에서 주로 스트레스가 발생하는지를 알고 있으면 문제가 일어나기 전에 불필요한 스트레스를 피하여 스트레스를 미리 방지할 수 있다. 스트레스 상황을 바꿀 수 있는 경우에는 적극적으로 개입하여 스트레스를 덜 받는 쪽으로 변화를 유도할 수 있다. 만약 스트레스의 원인이 되는 상황을 바꿀 수 없다면 반응하는 방법을 바꾸어 볼 수 있다. 스트레스 원인에 대한 기대나 태도를 바꿈으로써 스트레스 상황에 어느 정도 적응할 수 있고 스트레스에 대한 통제감도 얻을 수 있다. 때로는 스트레스 원인을 피할 수 없는 경우도 있다. 사랑하는 사람의 죽음이나 심각한 질병 같은 것은 사전에 예방할 수 없는 경우가 많다. 이를 대처하는 가장 좋은 방법은 스트레스 상황을 있는 그대로 인정하고 받아들이는 것이다. 상황을 인정하는 것은 쉽지 않지만 바꿀 수 없는 상황에 감정을 소비하고 에너지를 쏟는 것보다는 수용하고 다음을 계획하는 편이 더 낫다.

스트레스를 덜 받기 위해 평소에 꾸준한 노력이 필요한 방법들도 있다. 정기적인 여가시간이나 이완하는 시간을 갖게 되면 스트레스에 좀 더 잘 대처할 수 있다. 마음을 단련하여 일상에서 언제 찾아올지 모를 스트레스에 낙천적이고 강인하게 대응할 수 있도록 부정적인 정서를 관리하고 긍정적인 정서를 유발하는 노력이 필요하다.

또한 건강한 생활양식을 취함으로써 신체 건강을 증진시키고 스트레스에 견디는 능력을 높일 수 있다.

나의 스트레스와 대처방법

1 내가 주로 스트레스 받는 요인은?

2 내가 주로 스트레스에 대처하는 방식은?

문제 중심 대처	정서 중심 대처

제12장

습관

CONTENTS

시작 활동

습관에 대해 생각해 보기

1. 습관 형성에 성공/실패 했던 경험을 생각해 보자.

2. 왜 성공 또는 실패했다고 생각하는가?

건강하게 성장하는 삶의 기술을 습득하는 것은 생활 속에서 일어나는 다양한 문제를 예방해 주고 행복한 삶의 기술과 적응능력을 기를 수 있게 해준다. 늘 반복되는 일상에 삶을 위한 좋은 기술을 습관화하면 인생의 기회와 위기에 훨씬 더 능동적이고 신속하게 대처할 수 있다. 문제는 도움이 된다는 것을 '아는 것'과 그것을 실제로 '하는 것'이 다르다는 것이다. 운동이 심신의 건강에 도움이 된다는 것은 모두가 안다. 그러나 실제로 운동을 꾸준히 하는 사람은 드물다. 이 장에서는 나에게 필요한 활동들을 습관으로 만드는 방법을 소개하고자 한다.

1. 습관이란

1) 습관의 중요성

인간은 습관의 동물이다. 습관은 어떤 행동을 할지 생각하지 않고 그냥 하는 행동이다. 우리의 아침 일과를 떠올려 보자. 알람을 듣고 잠에서 깨어나 집을 나서기 전까지 우리는 거의 자동화된 기계처럼 행동한다. 한 연구에 따르면 사람들은 하루 중 43%의 행동을 습관에 따라 움직인다. 별다른 고민이나 판단 없이 무의식적으로 반복하는 행동이 반 정도는 된다는 것이다(<그림 12-1> 참조). 연구의 참여자들이 보고한 가장 흔한 습관은 샤워, 이 닦기, 옷 입기, 취침, 기상 등이었다. 샤워나 옷 입기 같은 일상적인 행동의 88%는 의식적 자아의 개입 없이 반복적으로 이뤄지는 것으로 나타났다. 일과 관련된 행동 중에서는 55%, 운동과 관련된 격한 신체활동에서는 약 44%, 휴식과 관련된 행동에서는 48%가 습관이었다.

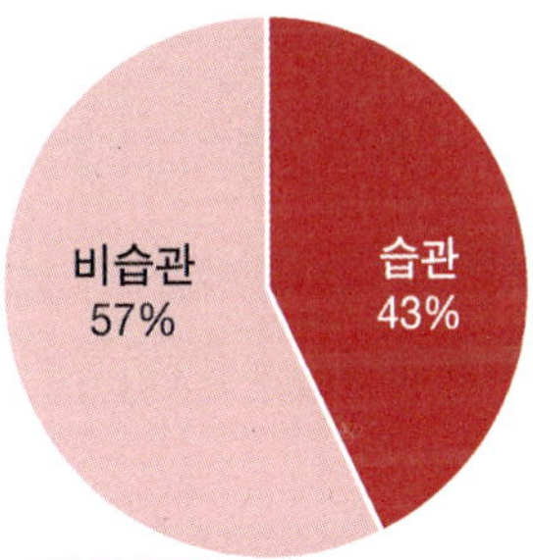

그림 12-1 삶에서 습관이 차지하는 비중

일단 한 번 습관이 몸에 배면 큰 관심과 노력을 기울이지 않고도 우리가 원하는 활동을 할 수 있다. 그것이 좋은 습관이든 나쁜 습관이든 우리는 이미 많은 부분을 습관에 의존하고 있다. 우리는 스스로의 생각과 의도에 따라 행동하고 있다고 믿지만 반 정도는 무의식적으로 반복하는 일들이었던 것이다. 인간은 자신이 합리적이고 이성적이라는 착각을 한다. 그러나 인간의 행동 대부분은 '불합리성'에 기초하며, 인간은 자신의 행동을 이끄는 원인을 제대로 알지 못한다.

한 연구에서 사람들에게 똑같은 스타킹을 네 켤레 주고 각각의 제품을 꼼꼼히 비교하여 가장 좋은 하나를 고르도록 하였다. 그 결과 사람들은 가장 오른쪽에 있는 스타킹을 가장 왼쪽에 있는 것보다 네 배 더 많이 선택하였다. 선정 이유는 모두 달랐지만 아무도 스타킹이 놓인 위치가 자신의 선택에 영향을 주었다고 말하지 않았다. 우리는 많은 선택들을 자신의 의도된 의지이고 이성적인 사고에 근거한 판단이라고 굳게 믿지만 그렇지 않은 경우가 대부분이다. 심리학자들은 이러한 생각, 감정, 의도에 대한 인간의 과도한 신념을 내성착각이라고 부른다. 인간은 내성착각을 하면서 자신의 모든 행동이 의식적으로 이루어진다고 과대평가하는 경향이 있다. 습관을 형성하기 위해서는 우리의 삶이 다수의 비의도적인 행동들로 가득 차 있음을 이해하고 자신의 의지와 이성에만 의존하기보다는 반복되는 행동을 잘 설계할 필요가 있다.

2) 습관과 뇌

습관을 기를 때와 습관이 된 다음에 쓰이는 뇌는 서로 다르다. 습관이 되기 전 우리가 의도를 통해 하는 행위는 전전두피질이 관여하지만 습관은 뇌 깊은 곳에 자리한 오래된 처리 중추인 선조체가 통제한다. 선조체는 전전두피질과는 달리 이성적이지 않다. 단지 여러 번 반복된 행동을 다시 한 번 반복하게 할 뿐이다. 좀 더 구체적으로 설명하자면 학습을 형성할 때에는 자기제어, 계획, 추상적 사고를 담당하는 기저핵의 미상핵이 중뇌와 전전두엽 피질과 함께 활동한다. 학습이 반복되어 습관이 되면 기저핵의 피각이 감각운동피질과 함께 활성화된다. 즉, 학습과 습관의 뇌 기저가 다르다는 것이다.

의도적인 행위를 실행하는 것은 전전두피질이며 습관을 방해하는 충동을 억제하려면 전전두피질에서 세로토닌이 제 기능을 해야 한다. 일반적인 시기보다 시험기간에 우리는 나쁜 습관을 더 유지하게 된다. 스트레스로 인해 충동을 억제하는 전전두피질의 세로토닌 공급량이 부족한 까닭이다. 세로토닌의 공급량에는 한계가 있어서 충동을 하나씩 억제할 때마다 다른 충동을 억제하기가 점점 어려워진다. 스트레스로 인해 세로토닌 공급이 줄어들면 의지나 의도에 따라 행동하기보다는 예전에 하던 습관대로 행동하도록 만들기 때문에 스트레스를 받으면 새로운 대처행동보다는 습관적인 나쁜 행동들을 하기 쉽다.

우리의 뇌는 자극을 많이 받으면 더 발달하도록 되어 있다. 따라서 새로운 좋은 습관을 들이려면 뇌가 새로운 길에 익숙해질 때까지 계속해서 반복하는 수밖에 없다. 선조체 중에서도 특히 배측 부분은 일단 길들이고 나면 자동적이고 습관적인 행동을 하도록 돕는다. 우리가 어떤 활동을 하고 싶어 하는지 하기 싫어하는지에 상관없이 그 활동을 반복할 때마다 배측 선조체에 더 깊이 새겨진다. 처음 몇 번은 의식적인 노력이 필요하기 때문에 전전두피질에 의존하지만 계속하다 보면 그 역할이 배측선조체로 넘어간다. 배측선조체는 좋고 싫음, 옳고 그름을 판단하지 않고 그저 익숙한 행동을 한다. 따라서 습관에 대한 학습이 이루어진 후부터는 별다른 인지적 노력 없이 행동에 옮길 수 있다.

3) 습관에 대한 오해

책을 읽거나 공부를 하거나 운동을 하는 것을 일상 속에서 꾸준히 실천하고 싶다면 그것을 '습관'으로 만들면 된다. 그러나 습관을 만드는 과정은 시간과 노력이 많이 든다는 것을 알고 있기에 결심을 하는 것조차 어렵게 느껴진다. 우리는 대부분 의지력이 부족하고 습관을 만드는 데 필요한 노력과 고통과 인내의 시간을 견디기 어려워한다. 좋은 습관을 가진 사람들은 나와는 다른, 독하고 인내심이 강하고 강한 동기를 갖고 있는 사람들이라고 생각하기 쉽다. 그러나 최근 심리학자들의 연구 결과들은 일반적으로 갖고 있는 습관에 대한 생각이 잘못되었을 가능성을 시사한다. 즉, 고통을 겪지 않아도 우리는 꾸준히 좋은 행동을 할 수 있다는 것이다.

(1) 습관을 만드는 데 걸리는 시간

어느 학자는 21일이면 습관이 형성된다고 이야기한다. 그러나 습관이 형성되기까지 걸리는 시간은 사람마다 다르고 행동의 종류에 따라 다르다. 문을 닫고 전등 스위치를 끄는 습관은 여러 번 반복하지 않아도 금방 익히게 되지만 매일 같은 시간에 공부를 하거나 운동을 하는 것 같은 습관에는 좀처럼 익숙해지지 않는다. 연구에 따르면 점심식사 때마다 과일을 먹는 식습관을 기르기까지는 65일이 필요하고 탄산음료 대신 건강한 음료를 마시는 것은 59일간 반복이 필요하다. 매일 30분 이상 운동을 하는 습관은 91일이 걸렸다. 그러나 이 또한 개개인마다 다른 시간이 걸릴 것으로 예상할 수 있다.

물론, 습관을 만드는 데 걸리는 시간을 상기시키는 것이 습관 형성에 도움이 될 수도 있다. 21일 후에 습관이 정착된다고 생각하면 그때까지는 목표를 달성하기 위해 노력할 수 있다. 그러나 습관은 21일 전에도 형성될 수 있고 그 이후에 자리 잡기 시작할 수도 있다. 따라서 21일간 습관을 만들기 위해 노력했지만 22일이 되는 날에도 여전히 힘이 든다고 해서 실망하거나 좌절할 필요는 없다. 습관을 만드는 데 걸리는 시간은 정해져 있지 않다. 정해진 날짜를 채우는 것이 아니라 별다른 노력을 기울이지 않고도 목표 행동을 하게 되는 때 비로소 우리는 습관을 갖게 된 것이다.

(2) 의지력의 영향

우리는 습관을 형성하게 되는 중요한 요인을 '의지력' 또는 '인내력'이라고 생각한다. 의지나 인내와 같은 마음은 무한하지 않고 쓸수록 고갈되지만 평소에 이런 부분에 주의를 기울이지 않기 때문에 소모를 눈치 채기 어렵다. 습관을 형성하는 과정을 의지력만에 기대게 되면 고민하고 결정하고 다짐하고 고통받고 다시 갈등하고 후회하는 과정을 반복하면서 지치게 된다. 매번 의지와 인내의 힘을 빌려 억지로 행동을 일으키는 것은 매우 고통스러운 과정이며 한계가 있다.

수년간의 연구 결과에 의하면 성공한 사람들이 특별히 엄격하고 의지가 강하여 좋은 습관을 형성한 것이 아니다. 그들은 처음부터 무언가를 자제하거나 인내할 상황 자체를 만들지 않았다. 습관을 유지하는 데 인내, 의지, 자제가 필요 없도록 하여 고통스럽지 않게 문제를 해결한 것이다. 어떻게 가능한 일일까? 연구에 따르면 일주일에 4회 이상 달리기를 하는 사람 중 93퍼센트는 운동하는 장소와 시간, 즉 상황에만 집중한다. 즉, 아침이 됐으니까, 눈을 떴으니까, 공원에 왔으니까 그냥 운동을 하는 것이다. 새로운 습관을 들이고 싶은데 의지력이 부족한 것이 문제가 되었다면 더 근본적인 문제는 의지력이 많이 필요한 상황에서 습관을 형성하려고 한 것이라고 볼 수 있다.

로이 바우마이스터(Roy Baumeister)는 실험 참여자에게 6분 동안 코미디를 보여주고 악력기를 힘껏 눌러 달라고 요청했다. 그리고 실험 참여자가 얼마나 오랫동안 힘을 줄 수 있는지 측정하였다. 첫 번째 집단에게는 코미디를 보여주고 마음껏 웃게 하였으며, 두 번째 집단에게는 웃음을 참도록 하였다. 그 결과 웃음을 참은 집단이 힘을 주는 시간은 20%나 감소하였다. 무언가를 참아야 하는 상황에 인내력을 사용하여 다른 일에 대한 인내력이 줄어들었던 것이다.

의지력은 일정하게 유지되는 게 아니라 쓸수록 소진된다. 스마트폰을 사용하면 배터리가 닳듯 의지력도 쓰다보면 고갈된다. 우리는 이성적 능력의 한계를 인정하고 인내와 자제력을 통해 습관을 형성하려는 노력을 멈추어야 한다.

2. 습관을 만드는 유용한 방법

다음에서 소개하는 방법들은 습관을 형성하는 데 영향을 주는 요인들을 고려하여 설계되었다. 다음의 방법들이 인내력의 저항을 최소화하고 꾸준히 실행할 수 있도록 목표를 설계하는 데 도움이 될 것으로 기대한다.

1) 상황 탐색 : 방해가 적은 상황을 선택하기

습관을 형성하는 핵심 요소는 '상황'이다. 이미 습관이 형성된 사람은 장소나 시간 같은 상황이 신호가 되어 특별한 의지력 없이 바로 행동을 실행하게 된다. 습관 행동을 하기 전에 충분히 심사숙고할 시간이 주어지면 의식적 자아가 개입을 하여 습관행동을 방해할 수 있다. 바람직하지 않은 습관이 형성되는 과정도 마찬가지이다. 자기 전에 스마트폰을 놓지 않고 있는 습관은 의식적인 생각 없이 자연스럽게 이루어진다. 하루 이틀 반복하던 것이 습관이 된 것이다.

만족지연능력에 대한 유명한 실험, 마시멜로 실험에서는 어떤 아이는 마시멜로를 보여준 채로 기다리게 하였고 다른 아이는 마시멜로를 보여주지 않고 기다리게 하였다. 그 결과 마시멜로가 안 보이는 곳에 있었던 상황의 아이들은 약 10분을 기다릴 수 있었지만 마시멜로가 눈앞에 있을 때는 6분 동안만 기다릴 수 있었다. 마시멜로를 보면서 참는 것이 더 어려웠던 것이다.

마시멜로실험
https://youtu.be/52TVJEpAaw8

습관이 형성되기까지는 작은 장애물을 넘는 데도 큰 의지가 필요하다. 따라서 의지를 줄이기 위해 상황에서 방해물을 제거해야 한다. 유혹에 저항하는 것보다는 처음부터 유혹을 피하는 것이 더 쉽다. 새로 만들고 싶은 습관이 나쁜 습관을 없애는 것이라면 나쁜 습관을 유발하는 상황을 제거하기만 해도 습관을 끊을 수 있다. 충동이든 반복 행동이든 모든 나쁜 습관에는 그것을 촉발하는 계기가 있다.

베트남전쟁에서 마약에 중독된 이들이 미국으로 돌아오게 되었을 때, 그들이 마약 중독자가 되어 미국 사회에 미칠 파장에 대해 많은 이들이 걱정했다. 우려와는 달리 그런 상황은 나타나지 않았다. 연구에 따르면 매우 적은 숫자의 군인만이 마약중독에서 벗어나지 못했고 대부분은 문제 없이 일상에 복귀하였다. 전쟁터에서 마약을 시도하게 했던 상황이 바뀌자 습관도 쉽게 바뀌었던 것이다.

습관을 형성하려면 처음부터 의지가 많이 필요하지 않은 상황을 만드는 것이 중요하다. 감정은 통제할 수 없지만 환경은 비교적 통제가 가능하다. 우리가 속한 환경은 지속적으로 그 습관을 촉발한다. 나쁜 습관을 바꾸고 싶다면 그 습관을 촉발하는 구체적인 환경 신호가 무엇인지 밝혀내고 그 신호를 피하거나 바꾸어야 한다.

2) 바꾸기 : 나쁜 습관을 좋은 습관으로 대체한다.

파괴적인 대처 습관을 무작정 없애려 한다고 해서 그냥 그 행동을 멈출 수 있는 것은 아니다. 그러면 도리어 더 큰 스트레스만 남는다. 오래된 습관은 스스로 제거되지 않는다. 그저 더 강력한 새 습관을 들이면 예전 습관이 약해지는 것뿐이다. 따라서 나쁜 습관을 없애고 싶다면 다른 습관으로 대체해야 한다. 건강하지 못한 식사를 밤늦게 하는 습관이 있다면 처음부터 아예 먹지 않는 것보다는 음식을 먹을 수 없도록 그 시간에 학원을 가거나 건강한 음식으로 바꾸는 식으로 바꿀 수 있다.

3) 덧붙이기 : 기존 습관 + 새로운 습관

기존 습관에 새로운 습관을 덧붙이면 습관형성이 수월하다. 행동심리학에서 연쇄법(chaining)이라 부르는 이 기술은 이미 존재하는 행동에 다른 행동을 연결하여 보다 복잡한 행동을 학습하도록 하는 방법이다. 예를 들어 매일 아침 커피를 마시는 습관이 있다면 커피 한 잔을 내린 후 1분 동안 명상을 하는 것이다. 우리 몸은 신호가 없으면 시작하지 않는다. 따라서 쇠사슬처럼 이어나가는 것이 중요하다.

4) 구체화 : 숫자가 들어간 목표를 세워라.

목표는 구체화되었을 때 실행하기가 좋다. 대개 목표에 숫자가 들어가면 구체화되기 쉽다. '열심히 공부한다'보다는 '1시간 동안 공부한다' 혹은 '10페이지를 공부한다'가 구체적인 목표로서 적합하다. 얼마나 열심히 했을 때 스스로 '열심히' 했다고 느낄 것인가? 어떤 '공부'를 할 것인가? 미리 정하고 시작해야 한다. '열심히', '꾸준히', '성실하게'와 같은 추상적인 단어가 포함되지 않도록 조심한다. 목표는 그 달성 여부를 누구라도 파악할 수 있을 만큼 상세해야 한다. 목표를 구체화하는 것은 차후에 자신이 목표를 달성했는지 알아보기 위해서도 반드시 필요하다. 목표 달성을 확인하면서 우리는 더욱더 추진력을 얻을 수 있다. 목표에는 기한도 들어가 있어야 한다. 기약 없는 목표는 실행을 미루게 한다. 처음에는 1주, 2주로 시작하여 1개월, 1년의 목표까지 점차 기한을 늘려가는 것이 좋다.

5) 단계화 : 목표를 여러 단계로 나눠라.

의지력이 필요하지 않게끔 시작 단계의 난이도를 크게 낮추어야 한다. 의욕을 내려면 일단 시작해야 하고 시작하려면 진입장벽을 낮추는 것이 중요하다.

책상을 정리하는 것이 목표라면 책상에 잡동사니들을 보는 순간부터 의지력이 소모된다. 연필 하나만 연필꽂이에 꽂겠다는 마음으로 시작해야 한다. 의지가 너무 많이 필요하게 되면 시작조차 하지 않게 된다. 조금씩 노력을 더 할 수 있도록 단계를 세분화하는 작업이 필요하다. 실내 자전거 운동을 하기로 마음 먹었다면 일단 자전거에 매일 앉았다가 일어나는 것처럼 아주 작은 목표를 세워야 한다.

처음부터 자신의 의지력을 과신하여 무리해서는 안 된다. 우습도록 쉬운, 의지력이 거의 소모되지 않는 1단계를 꾸준히 실행하여 행동하는 것에 대한 부담을 최대한 줄이고 자연스러워질 때까지 연습할 수 있어야 한다. 하버드대 석좌교수인 테레사 에머빌은 "학습과 일에 있어서 가장 강력한 동기부여는 바로 작은 성공 경험이다"라고 말한다. 습관도 행동을 학습하는 과정이므로 이에 해당한다. 우리는 작은 성공 경험들을 통해 동기를 계속해서 불어넣을 수 있다.

책을 읽기로 마음먹었다면 책 읽기와 관련된 행동을 찾아야 한다. '책 빌리기', '읽을 책 검색하기'는 매일 해도 소용없다. 부담만 더 늘게 될 뿐이다. 책장에 가서 책을 하나 골라 책장 위에 내려놓는다. 책 첫 장 열었다 닫기, 한 문장 읽기, 한 문단 읽기, 두 문단 읽기, 한 페이지 읽기 식으로 점차 그 분량을 늘려가야 한다. 이러한 방법을 '작은 목표 세우기'라고 한다.

작은 목표의 효과

- 포기하지 않게 된다.
- 자기효능감이 올라간다.
- 목표치 이상을 하게 된다.
- 의지력이 강해진다.
- 계속 실천이 가능하다.

목표를 작게 쪼개면 포기하지 않게 된다. 우리가 애써 세운 목표를 자꾸만 포기하게 되는 이유는 목표를 너무 높게 잡았기 때문이다. 어제까지는 새벽 2~3시에 잠들던 사람이 갑자기 밤 11시에 잠드는 습관을 갖게 될 수는 없다. 하루에 운동시간에 1분도 안 되었던 사람이 1시간씩 운동하게 되는 것도 어렵다. 특별한 계기가 있는 사람의 경우 갑작스럽게 변화가 일어나는 경우도 있지만 그것은 매우 드물게 일어나는 일이다. 따라서 자신에게 맞는 아주 작은 목표를 꾸준히 단계별로 수행하여 최종 목표에 다다르는 것이 좋은 방법이다.

작은 목표는 워낙 성공하기가 쉽기 때문에 작은 성공 경험들을 자주 하게 된다. 이러한 결과로 자기효능감이 오르는 효과를 보게 될 수 있다. 큰 목표를 세워서 좌절하는 것보다는 작은 목표 달성을 통해 성공을 거듭하고 결과적으로 큰 목표도 달성하게 되는 편이 낫다. 처음 작은 목표를 세울 때에는 하찮고 목표까지 너무 많은 단계가 있어 꺼리게 될 수도 있다. 그러나 단계를 거듭하면서 꾸준히 성취감을 느끼게 될 것이다.

목표를 작게 세웠다고 꼭 그 목표만 달성해야 하는 것이 아니다. 목표를 작게 만들면 초과 성취가 가능해진다. 최종 목표를 '책 10페이지 읽기'로 정하였다면 '책 표지 열었다 닫기' 정도가 1단계 목표가 될 수 있다. 그런데 어느 날은 책을 열었다 닫을 뿐 아니라 읽게 될 수도 있다. '팔굽혀 펴기 한 번'이 1단계 목표인 경우도 마찬가지이다.

작은 목표라고 해도 꾸준히 반복함으로써 뇌에 길을 한 번 만들어주면 뇌는 이러한 반복에 익숙해지고 어느새 습관으로 자리 잡히게 된다. 꼭 크고 대단한 목표를 달성하지 않더라도 여러 번에 걸친 성공 경험으로 인해 어느새 의지력이 강해진 자신을 발견할 수 있을 것이다.

작은 목표 세우기의 가장 좋은 점은, 너무 쉽고 의지력이 거의 들지 않기 때문에 계속해서 실천하는 데 부담이 없다는 것이다. '하루에 40분 조깅하기' 같은 어려운 목표는 하루 이틀 정도 효과가 갈지 모르지만 그 이상 지속하기가 매우 힘들다. 그러나 '조깅을 위해 옷 갈아 입기' 정도는 매일 해도 지치지 않기 때문에 꾸준히 실천할 수 있다.

다만, 1단계가 아주 쉬운 목표라고 해서 '~에 대해 생각하기'와 같이 설정하는 것은 안 된다. 행동의 시작이 필요하다. 생각은 행동이 아니라 마음이다. 마음이야 얼마든지 먹을 수 있다. 한 발짝 나아가 행동을 해야 그 행동이 연속성을 가지고 다음 행동으로 이어질 수 있다. 겉으로 드러나 측정이 가능한 목표를 세워야 한다. 시작하지 않으면 의욕이 나지 않는다. 일반적으로는 의욕이 있어야 시작을 한다고 생각하지만 실제로는 뇌의 측좌핵이 활동해야 의욕이 생긴다. 측좌핵은 무언가를 시작하지 않으면 활동하지 않기 때문이다. 일단 무언가를 하기 시작해야 의욕이 생긴다. 이를 작동 흥분 이론(Work excitement theory)이라고 한다.

반복을 위해서는 주 2~3회보다는 매일 하는 것이 좋다. 매일 하기로 정하면 오늘 할지 말지 고민할 일도 결단할 일도 없다. 또한 자주 반복해서 뇌가 학습이 아니라 습관의 과정으로 빨리 넘길 수 있도록 도와주어야 한다.

작은 목표 세우기라고 해서 계속해서 1단계만 반복하는 것은 아니다. 정해진 기한까지 1단계를 반복했으면 2단계 목표를 향해 나아가야 한다. 2단계가 완성되면 3단계로, 3단계가 익숙해지면 다음 단계로 가면서 자신의 최종 목표에 어느새 도착해 있는 자신을 발견하게 될 것이다.

6) 써붙이기 : 목표를 기록하라.

고심해서 정한 목표는 반드시 어딘가에 쓰도록 한다. 1953년 한 연구자가 미국의 예일대 졸업생들을 대상으로 삶의 목표에 대한 조사를 한 적이 있다. "당신은 인생의 구체적인 목표와 계획을 글로 써 놓은 것이 있습니까?" 졸업생 중 단 3%만이 인생의 구체적인 목표와 계획을 글로 써 놓았다고 답했다. 나머지 97%는 그저 생각만 하거나 아니면 아예 목표가 없다고 하였다. 20년이 지난 1973년 그때의 학생 중 생존자들을 대상으로 경제적인 부유함을 조사했다. 졸업할 당시 구체적인 목표가 있다는 3%의 졸업생들이 나머지 97%의 졸업생들보다 훨씬 더 많은 부를 가지고 있었다. 이후 하버드 경영대학원에서도 비슷한 연구가 수행됐다. 1979년 하버드 MBA 과정 졸업생 중 3%는 자신의 목표와 그것을 달성하기 위한 계획을 세워 기록했다고 답했고 13%는 목표는 있었지만 기록하지 않았고, 84%는 목표조차 없었다. 그로부터 다시 10년 후, 목표가 있었던 13%는 목표가 없었던 84%의 졸업생들보다 평균 2배의 수입을 올리고 있었다. 뚜렷한 목표를 가진 3%는 나머지 97%보다 무려 평균 10배의 수입을 올린 것으로 조사됐다.

우리는 목표를 쓰는 행위를 통해 자기실현적 예언(자기충족적 예언, self-fulfilling prophecy)을 할 수 있다. 자기실현적 예언이란 어떤 기대나 생각이 이루어질 거라고 믿음으로써 기대를 실현시키는 쪽으로 행동하게 되는 것을 뜻한다. 즉, 단지 스스로 명확한 기대를 형성함으로써 그렇게 행동하도록 압력이 가해진다는 것이다. 구체적 계획을 세워 놓고 긍정적 기대를 형성하면 적극적인 태도로 삶의 변화를 주도하는 노력을 하게 된다. 어떻게 될지 모르는 미래를 두고 구체적인 계획을 세우는 것은 어찌 보면 어리석은 짓이다. 우리는 삶의 방향을 예측할 수 없고 대비할 수 없는 부분들이 존재하기 때문이다. 그러나 미래를 예측할 수 없다고 해서 우연과 운에 자신의 인생을 맡기는 것 또한 현명한 판단이라고 볼 수 없다. 앞에서 살펴보았듯, 계획을 구체적으로 세우는 것은 행동 가능성을 높여주고 우리로 하여금 목표를 쉽게 기억하고 달성하도록 돕는다. 〈표 12-1〉과 같이 목표 달성 여부를 매일 체크할 수 있도록 눈에 잘 띄는 곳에 붙여 주는 것이 좋다. 단지 달력에 O, X표시를 하는 것만으로도 목표 달성에 한층 더 가까워질 것이다.

표 12-1 목표수행 여부 기록지

목표:

	월	화	수	목	금	토	일
실행 여부							

3. 습관 만들기 활용

앞에서 소개한 '습관을 만드는 유용한 방법 6가지'를 습관 만들기에 어떻게 적용할지 자세히 알아보도록 하자. 감정 인식과 조절을 위해 도움이 되는 활동으로 소개하였던 운동과 수면을 예로 들어 살펴보도록 하겠다.

1) 운동 습관 만들기

운동은 우리를 우울과 불안에서 빠져나오도록 해주고 전반적인 신체 건강과 관련이 있으며 수면을 돕는다. 무엇보다도 살을 빼고자(혹은 찌우고자) 하는 목적으로 운동 계획을 세우게 되는데 대부분의 운동 계획은 몇 번의 시도 끝에 실패로 돌아가곤 한다. 더 자주 실행하게 되고 좀처럼 포기하지 않게 되는 운동 습관 계획을 세워 보자.

(1) 상황

대부분의 운동 습관은 방해가 되는 상황으로 인해 형성이 어렵다. 아무리 굳은 의지가 있다고 해도 방해물이 많으면 앞으로 나아갈 수 없다. 장소나 시간이 방해가 되지 않는지 살펴보자. '집에서 홈트레이닝하기'가 목표일 때 '집'은 우리에게 '쉼'의 장소로 익숙하기 때문에 꾸준히 집에서 운동을 한다는 것은 쉽지 않은 일이다. 자신이 집에서 운동하기 적합한 사람인지 잘 생각해 보도록 하고 아닐 경우 운동장소를 바꾸는 것이 방해를 제거하는 방법이다.

(2) 바꾸기

지하철역에서 집까지 또는 학교까지 버스를 활용했다면 이를 걷기로 바꿀 수 있다. 엘리베이터를 타던 습관을 계단 오르기로 바꿀 수도 있다.

(3) 덧붙이기

TV 보는 습관이 있다면 TV를 보는 동안 실내 자전거를 타는 계획을 세운다. 그냥 실내 자전거를 타는 것보다 행동의 시작과 습관 유지가 쉬울 것이다.

(4) 구체화

구체적인 시간과 운동 방법, 운동 장소를 정해 놓는 것이 좋다. 운동 방법을 실내 자전거타기로 정했다면 'TV 볼 때마다 언제든 실내 자전거를 타겠다'보다는 '9시 드라마가 시작될 때부터 20분 동안 실내 자전거를 타겠다'가 낫다. '운동을 열심히 한다'보다는 '20분 동안 빨리 걷는다'와 같이 구체적인 행동 목표를 세우도록 한다.

(5) 단계화

스스로 달성하고 싶은 최종 목표를 정하고 그것과 관련된 아주 쉬운 목표를 1단계로 설정한다. 운동의 시작 행동부터 단계화하도록 한다. 운동을 하기 위해 옷을 갈아입고 나가야 한다면 옷을 갈아입는 것부터 단계에 넣는다. 혹은 집 밖으로 일단 나가는 것이 1단계가 될 수도 있다. 실내 자전거를 타는 경우라면 1단계는 일단 실내 자전거에 앉는 것이다. 그리고 점차 더 어려운 목표를 다음 단계로 설정한다. 이때 전 단계에서 다음 단계로 넘어가는 것이 크게 어렵지 않을 정도로 단계를 설정하는 것이 중요하다. 1단계에서 '운동할 장소를 검색한다', '운동복을 산다', '운동할 때 들을 음악을 다운로드 받는다'와 같이 1회성의 목표를 세우지 않도록 주의한다. 1단계 목표는 매일 반복할 수 있고 최종 목표 행동의 시작이 될 수 있는 밀접한 관련이 있는 행동이어야 한다.

'오후 9시에 실내 자전거 40분 동안 타기'를 최종 목표로 세웠다면 〈표 12-2〉와 같이 단계화할 수 있다. 이전 단계에서 다음 단계로 이동할 때 너무 많은 의지력 소모가 일어나지 않도록 단계 설정에 유의한다.

표 12-2 운동 습관 단계화의 예

단계	목표
5단계	오후 9시에 실내 자전거를 10분 동안 탄다.
4단계	오후 9시에 실내 자전거를 5분 동안 탄다.
3단계	오후 9시에 실내 자전거를 1분 동안 탄다.
2단계	오후 9시에 실내 자전거에 5분 동안 앉아 있는다.
1단계	오후 9시에 실내 자전거에 앉았다 일어난다.

(6) 써 붙이기

1단계 목표를 설정했다면 〈표 12-1〉과 같이 목표와 달성 여부를 체크할 수 있는 표를 작성하여 자신이 매일 볼 수 있는 곳에 붙이도록 한다. 1단계 목표를 2주 정도 지속해 보면서 이전에 비해 몇 번이나 더 달성하게 되는지 탐색해 보도록 한다. 모든 칸에 O표시를 하는 것이 목표가 아니다. 이전보다 더 꾸준히 포기하지 않고 하는 것을 목표로 하자.

자신의 상황을 고려한 운동 목표를 세심하게 설정해 보자. 하지 않을 수 없도록 쉽게, 오며 가며 할 수 있도록, 다른 습관과 함께 자연스럽게 시작할 수 있도록 고려한 목표는 건강한 운동 습관을 갖는 중요한 시작이다.

2) 수면 습관 만들기

수면에 대한 욕구는 식욕, 배설 욕구 등과 함께 가장 기본적인 인간의 욕구이다. 잘 자는 것은 기본적인 인지능력의 유지와 장기적인 신체 건강에 큰 영향을 준다. 따라서 건강한 수면 습관을 들이는 것은 안정적인 상태를 확보하는 중요한 활동이다. 수면 습관을 계획할 때 고려해야 할 점을 생각해 보자.

(1) 상황

수면은 잠을 방해하는 것들을 차단하는 것에서 시작된다. 수면에 방해가 되는 상황은 없는지 점검해 보자. 낮에 카페인을 섭취하고 있지는 않은지, 잠이 들기에 침구는 깨끗한지, 소음과 밝기는 적합한지, 편안하고 청결한 옷을 입었는지, 수면 공간에서 수면에 방해되는 물건(스마트폰 등)이 있지는 않은지 살핀다.

상황에 문제가 있다면 상황을 바꾸기 위해 노력해야 한다. 침구를 알맞은 것으로 바꾸거나 소음과 밝기의 조절은 꾸준한 노력 없이도 문제를 해결할 수 있는 것이다. 그러나 평소 카페인이 든 음료를 즐겨 마시고 있다면 수면과 관련하여 가져야 할 새로운 습관은 카페인 줄이기를 목적으로 해야 할 것이다.

햇볕을 덜 쬐고 있거나, 운동을 하지 않고 있다면 이러한 것이 수면과 연계된 습관 목표로 볼 수 있겠다. 혹은 수면 환경이 적절하지 못하다면 이러한 것에 대한 통제가 필요하다. 잠자리에서 스마트폰을 하는 것이 수면에 방해가 된다면 잠이 올 때까지 스마트폰을 다른 곳에서 하다가 졸릴 때 다시 침대로 오는 것도 좋은 방법이다.

(2) 바꾸기

자기 전에 스마트폰을 하는 습관은 수면을 방해한다. 스마트폰을 대체할 다른 활동을 찾아 나쁜 습관을 좋은 습관으로 대체하는 것이 스마트폰을 사용하지 않기로 결심하는 것보다 훨씬 더 쉽다. 스마트폰을 보는 대신 책 읽기를 추천한다. 평소에 책을 읽지 않아서 지루하게 느낀다고 해도 상관없다. 목표는 책을 읽는 것이 아니라 잠이 드는 것이기 때문이다. 이러한 습관 대신 책을 읽으면 좋은 습관을 하나 갖게 될 뿐더러 안구에 들어가는 빛의 양이 줄어들어 뇌가 잠에 들 준비를 하는 것을 도울 수 있다.

(3) 덧붙이기

건강한 수면 환경을 조성하기 위해 침구 정리가 필요하다면 다른 습관과 연계하여 침구 정리하는 습관을 갖도록 하자. 일어나자마자 씻는 습관이 있다면 씻은 후에 침구 정리하는 습관을 끼워 넣을 수 있다.

(4) 구체화

잠을 자는 시간이 너무 늦은 것이 문제라면 '12시 30분 전에는 스마트폰 없이 침대에 눕기'와 같은 구체적인 행동 목표가 정해질 수 있다. '너무 늦게 자지 않기'는 추상적일 뿐더러 이미 머릿속에 있는 목표와 다름 없다. 현실적으로 달성 가능한 잠 자는 시간을 정해 놓고 그 전에는 반드시 잠자리에 들 수 있도록 한다.

(5) 단계화

늦게 잠드는 습관을 고치기 위해 잠자리에서 스마트폰 대신 책을 읽을 목표를 세웠다면 일단 책을 머리맡에 두는 것부터 시작하도록 한다. 머리맡의 책을 표지만이라도 펴본다. 이것이 습관의 시작이 될 수 있다. 1단계는 아주 우습도록 쉬운 행동을 매일 반복하면서 완성된다는 것을 잊지 말자.

표 12-3 독서 습관 단계화의 예

단계	목표
5단계	12시에 잠자리에서 책을 세 쪽 읽는다.
4단계	12시에 잠자리에서 책을 한 쪽 읽는다.
3단계	12시에 잠자리에서 책을 한 문단 읽는다.
2단계	12시에 잠자리에서 책을 한 문장 읽는다.
1단계	12시에 잠자리에서 책을 폈다 덮는다.

수면을 촉진하는 방법

첫째, 운동을 꾸준히 한다.

운동의 여러 장점 중에 하나는 숙면을 돕는다는 것이다. 다른 바쁜 활동을 하는 것보다 특히 운동을 꾸준히 하는 것이 수면에 도움이 된다. 어떤 연구에서 한 집단은 일주일에 나흘을 중간 강도로 운동하고 다른 집단은 요리 수업을 받거나 박물관에 가는 등 다른 재밌는 일을 하도록 하였다. 네 달 후, 두 집단을 비교해보았다. 그 결과 운동 집단에 속한 사람들이 더 빨리 잠들고 더 오래 잠을 잤다. 운동 집단의 사람들은 기분이 좋아지고 에너지가 많아져 전반적인 삶의 질이 향상되었다고 보고하였다.

둘째, 세로토닌 활동을 촉진한다.

수면 호르몬인 멜라토닌은 세로토닌으로부터 생성된다. 따라서 수면을 잘 취하고 싶으면 세로토닌 생성에 신경써야 한다. 햇빛을 쬐거나 마사지를 받거나 운동을 하는 것, 행복한 기억을 되새기는 것은 세로토닌을 증가시킨다.

셋째, 수면 환경을 조성한다.

멜라토닌은 우리 뇌가 빛을 감지하면 분비를 억제하기 시작하기 때문에 잘 자고 싶으면 빛부터 잘 통제해야 한다. 밝은 전등이 켜져 있으면 뇌는 아직도 낮이라고 생각한다. 따라서 잠이 잘 들기 위해서는 조명을 조절하여 뇌에게 지금 잘 시간이라고 알려줘야한다. 또한 잠을 자는 공간은 잠만 자는 곳으로 인식을 해야 한다. 침대 위에서 하는 다른 활동들은 잠을 방해 한다. 따라서 잠이 오지 않을 때에는 침대 밖으로 나가 잠이 올 때 다시 침대에 눕는 것이 좋다. 처음에는 여러 번 왔다 갔다 하게 될 수 있다. 하지만 시간이 지나고 여러 번 반복할수록 '침대=잠' 이라는 습관이 생기게 될 것이다.

(6) 써 붙이기

구체적인 목표와 기한을 설정하였다면 목표를 달성하였는지 매일 기록한다. 연속해서 달성하는 것에 실패했다고 하더라도 계속해서 시도해 본다. 반복이 습관을 만든다는 것을 잊지 말자. 뇌에 습관을 만들고 있다는 신호를 꾸준히 보내주는 것이 무엇보다도 중요하다.

앞서 소개한 습관 만들기 방법들은 개개인의 상황과 성향을 고려하지 않은 방법이므로 자신에게 잘 맞도록 재구성할 필요가 있다. 또한 각자에게 잘 맞는 약이 따로 있는 것처럼 적합한 방법이 모두 다르다. 따라서 여러 가지 시도를 통하여 자신만의 노하우를 개발하고 발전시켜 나가는 시도가 필요하다.

습관 관련 목표 만들기 체크리스트

- 새로 형성하고자 하는 습관을 하나 정하고 '습관을 만드는 유용한 방법'을 고려하여 다음 빈칸을 채워보도록 하자.
- 앞서 소개한 운동, 수면, 글쓰기, 명상과 같은 생활 습관뿐 아니라 자기계발을 위한 공부 습관, 영양제, 물, 채소 먹기와 같이 음식과 관련된 습관 등 자신이 평소에 염두에 두고 있었던 것 중에서 선택하도록 하자.

<table>
<tr><td>상황탐색</td><td></td></tr>
<tr><td>바꾸기</td><td></td></tr>
<tr><td>덧붙이기</td><td></td></tr>
<tr><td>구체화</td><td></td></tr>
<tr><td>단계화</td><td><table>
<tr><th>단계</th><th>목표</th></tr>
<tr><td>5단계</td><td></td></tr>
<tr><td>4단계</td><td></td></tr>
<tr><td>3단계</td><td></td></tr>
<tr><td>2단계</td><td></td></tr>
<tr><td>1단계</td><td></td></tr>
</table></td></tr>
<tr><td>써붙이기</td><td></td></tr>
</table>

	월	화	수	목	금	토	일
실행 여부							

References

곽윤정, 강민수, 이지혜, & 엄채윤 (2013). *내 아이의 강점지능*. 21세기북스.

권석만 (2008). *긍정 심리학*. 학지사.

권석만 (2013). *현대 이상심리학*. 학지사.

김붕년 (2012). *아이의 친구관계 공감력이 답이다*. 조선앤북.

김정운 (2001). *관계적 정서와 문화적 정서*. 한국심리학회.

김태형 (2018). *가짜 자존감 권하는 사회*. 갈매나무.

남승규, & 이재창 (2015). *심리학: 원리와 적용*. 학지사.

남승규, 이재창, 우석봉, & 박준호 (2015). *심리학: 원리와 적용*. 학지사.

다윈 넬슨, & 개리 로우 (2012). *감성지능* (안종상, 이용철 & 김성옥 역.). 시그마프레스.

대니얼 골먼, 엘리슨 비어드, 크리스티나 콩글턴, 브리타 K.휠첼, & 사라 W.라자르 (2018). *마음챙김* (김효원 역.). 21세기북스.

문용린 (2011). *문용린 교수의 정서 지능 강의*. 북스넛.

문은주 (2014). 대학생용 감사프로그램 개발. 한국심리학회.

박용철 (2013). *감정은 습관이다 : 부정의 나를 긍정의 나로 바꾸는 힘*. 추수밭.

박은미, & 정태연 (2015). *외향성인 사람과 내향인 사람 간 행복의 차이*. 한국심리학회.

박인조, & 민경환 (2005). *한국어 감정단어의 목록 작성과 차원 탐색*. 한국심리학회.

박준호, & 서영석 (2010). *대학생을 대상으로 한 한국판 지각된 스트레스 척도 타당화 연구*. 한국심리학회.

박혜경, & 김상아 (2018). *한국인의 문화성향에 관한 메타분석: 집단주의와 개인주의를 중심으로*. 전북대학교 사회과학연구소.

박홍석, & 이정미 (2016). *정적정서 부적정서 척도*(PANAS)의 타당화. 한국심리학회.

사사키 후미오 (2019). *나는 습관을 조금 바꾸기로 했다* (정지영 역.). Sam & Parkers.

스티븐 기즈 (2014). *습관의 재발견* (구세희 역.). 비즈니스북스.

신원섭, 연평식, 이정희, 김시경, & 주진순 (2007). *산림경험이 참여자의 불안감과 우울감에 미치는 영향*. 한국산림휴양복지학회.

앨릭스 코브 (2018). *우울할 땐 뇌과학* (정지인 역.). 심심.

양정은 (2019). *한국적 집단주의(우리성, we-ness)가 대인 커뮤니케이션에 미치는 영향에 대한*

연구. 한국콘텐츠학회.

요시다 다카요시 (2019). *제대로 화내면 인생이 편해진다* (송소영 역.). 한국경제신문.

웬디 우드 (2019). *해빗* (김윤재 역.). 다산북스.

윤가현, 권석만, 김문수, 남기덕, & 도경수 (2012). *심리학의 이해.* 학지사.

이기주 (2017). *말의 품격.* 황소북스.

이동환 (2018). *나의 슬기로운 감정생활.* 비즈니스북스.

이소라 (2017). *감정에 솔직하지 못한 나에게.* 알에이치코리아.

이수상 (2016). *한글 감정단어의 의미적 관계와 범주 분석에 관한 연구.* 한국도서관·정보학회.

이은경, 서은국, Thai Chu, Hee Jung S. Kim, & David K. Sherma (2009). *정서억제와 주관적 안녕감.* 한국심리학회.

이지영 (2017). *정서조절코칭북* . 박영스토리.

이케가야 유지 (2018). *세상에서 가장 재미있는 63가지 심리실험* (서수지 역.). 사람과나무사이.

이현희, 김은정, & 이민규 (2003). *한국판 정적 정서 및 부적 정서 척도 (Positive Affect and Negative Affect Schedule; PANAS)의 타당화 연구.* 한국심리학회.

장은아 (2016). *한국인 내담자의 문화적 성향과 의존성향에 따른 상담방식 선호에 대한 연구* (국내석사학위논문).

정옥분, 정순화, & 임정하 (2018). *정서발달과 정서지능*. 학지사.

조긍호, & 김은진 (2001). *문화성향과 동조행동*. 한국심리학회.

조긍호, 김지연, & 최경순 (2009). *문화성향과 분노통제.* 한국심리학회.

차드 멍 탄 (2012). *너의 내면을 검색하라* (권오열 역.). 알키.

천성문, 이영순, 박명숙, 이동훈, & 함경애 (2015). *상담심리학의 이론과 실제* . 학지사.

최성욱 (2015). *홉스테드(G. Hofstede)의 문화차원에 대한 타당성 검증.* 한국정부학회.

최인철 (2018). *굿라이프.* 21세기북스.

최해연 (2012). *한국의 대학생과 직장인이 경험하는 긍정정서의 구조.* 한국심리학회.

최해연, & 최종안 (2016). *한국인의 정서 구조와 측정.* 한국심리학회.

탈 벤 샤하르(저) 왕옌밍 (편), *행복이란 무엇인가* (김정자 역.). 느낌이있는책.

탈 벤 샤하르 (2007). *해피어* (노혜숙 역.). 위즈덤하우스.

편집부 (2015). *감정은 억제 아닌 조절, 긍정 마인드를 가져라!.* 한국뇌과학연구원.

프랑수아 를로르, & 크리스토프 앙드레 (2008). *내 감정 사용법* (배영란 역.). 위즈덤하우스.

한국심리학회 (2012). *심리학을 만나다*

한규석, & 신수진 (1999). *한국인의 선호가치 변화-수직적 집단주의에서 수평적 개인주의로.* 한국심리학회.

한성열, 한민, 이누미야 요시유키, & 심경섭 (2015). *문화심리학.* 학지사.

한준 (2017). *한국인의 정서 표현과 주관적 웰빙.* 한국사회학회.

Gerald Matthews, Moshe Zeidner, & Richard D. Roberts (2014). *정서지능 101* (김정희 역.). 시그마프레스.

Gross, J. J (2015). Emotion regulation: Current status and future prospects. *Psychological Inquiry, 26*(1), 1-26.

Orth, U., & Robins, R. W (2014). The Development of Self-Esteem. *Curr Dir Psychol Sci, 23*(5), 381-387. 10.1177/0963721414547414

Ramirez, G., & Beilock, S. L (2011). Writing about testing worries boosts exam performance in the classroom. *Science, 331*(6014), 211-213.

Robert S. Siegler, & Martha Wagner Alibali (2007). *아동 사고의 발달* (박영신, 이현진 & 정윤경 역.). 아카데미프레스.

Spera, S. P., Buhrfeind, E. D., & Pennebaker, J. W (1994). Expressive writing and coping with job loss. *Academy of Management Journal, 37*(3), 722-733.

블루 (2016). *1년 중 비가오지 않는 날은 며칠일까? 기상청 강수량 분석.* https://m.blog.naver.com/juneyna/220887684543

한국민족문화대백과사전 http://encykorea.aks.ac.kr/

찾아보기

〈인 명〉

〈내 용〉

저자소개 / 이 화 인

중앙대학교 심리학과
중앙대학교 일반대학원 석사 (발달심리학 전공)
(현) 대림대학교, 동남보건대학교 외래교수

심리학으로 알아보는 마음 사용법
감정익힘책

1판 1쇄 인쇄 2020년 9월 1일
1판 1쇄 발행 2020년 9월 5일

저 자 | 이화인
발 행 인 | 박철용
발 행 처 | 양서원
주 소 | 경기도 파주시 직지길 522 파주출판도시
전 화 | 031-955-8000(代)
팩 스 | 031-955-8005
홈페이지 | www.yswpub.co.kr
이 메 일 | yswpub@chol.com
출판등록 | 1987년 11월 24일 제 406-2003-037 호

ISBN 978-89-994-1049-9

정가 17,000원